商事仲裁
律师办案指引

郭平珍　宋美霞◎著

法律出版社
LAW PRESS·CHINA
北京

图书在版编目(CIP)数据

商事仲裁律师办案指引 / 郭平珍, 宋美霞著. -- 北京 : 法律出版社, 2023
ISBN 978 - 7 - 5197 - 7898 - 9

Ⅰ. ①商… Ⅱ. ①郭… ②宋… Ⅲ. ①商事仲裁-案例-中国 Ⅳ. ①D925.705

中国国家版本馆 CIP 数据核字(2023)第 092247 号

商事仲裁律师办案指引
SHANGSHI ZHONGCAI LÜSHI BANAN ZHIYIN

郭平珍　宋美霞　著

策划编辑 沈小英
责任编辑 杨大康
装帧设计 汪奇峰

出版发行 法律出版社
编辑统筹 法治与经济出版分社
责任校对 王　丰
责任印制 吕亚莉
经　　销 新华书店

开本 710 毫米×1000 毫米　1/16
印张 14.5　字数 292 千
版本 2023 年 6 月第 1 版
印次 2023 年 6 月第 1 次印刷
印刷 天津嘉恒印务有限公司

地址:北京市丰台区莲花池西里 7 号(100073)
网址:www.lawpress.com.cn
投稿邮箱:info@lawpress.com.cn
举报盗版邮箱:jbwq@lawpress.com.cn

销售电话:010-83938349
客服电话:010-83938350
咨询电话:010-63939796

书号:ISBN 978-7-5197-7898-9
定价:88.00 元

凡购买本社图书,如有印装错误,我社负责退换。电话:010-83938349

序

不久前，我的同行好友、山西轩明律师事务所创始人郭平珍主任请我对他和他的助手新近完成的20余万字《商事仲裁律师办案指引》一书写几句话，诚惶诚恐中我答应先认真阅读学习一下。说心里话，粗略一翻，作为一个执业近30年、担任仲裁员和仲裁专家委员也已20多年的老律师，一种对老友的崇敬之感油然而生。律师本就业务繁忙，作为主任，各种闲杂事务更不必说，能从繁重的业务当中，静下心来做学问、著书立说，需要有何等的心理定力和执着精神。相比之下，我对仲裁相关问题的研究就少得可怜，少有探讨文章问世，深感汗颜。同时，我也为山西律师界能有郭主任这样孜孜不倦地从仲裁实践到理论进行探索、提升的学者型律师感到欣慰和骄傲。

为了完成"任务"，同时我也把阅读这本著作当作一次很好的学习和总结机会，间断性地通读了一遍。不读则已，读完顿感这是一本不仅对于年轻律师，而且对有一定执业经历的律师以及从事仲裁活动的专家仲裁员，都是不可多得的工具书。作为商事仲裁实务的办案操作指引，有叙有议、有血有肉，颇为实用。同时，我感到这本书对商事仲裁律师办案的理论和实践会是一个贡献。通过作者对于仲裁和仲裁法及规则实操的全过程、大视角、全方位地解读、诠释、质疑，得出书中的点评、分析、议论这无不凝聚着作者多年的实践总结和理论思考。下面我具体谈谈阅读本书的几点感受和体会。

一是本书的问世恰逢其时。《仲裁法》颁布近30年，但作为诉讼、仲裁、调解三大纠纷处理机制的其中一个重要手段和途径，仲裁在过去相当长的一段时间内并未受到各方当事人足够的重视，仲裁受理的案件较少，仲裁没有成为解决商事纠纷的重要途径，仲裁代理更没有成为律师业务的主流，有仲裁代理经历的律师人数不多，仲裁业务也没有受到律师的特别关注。近年来，随着商事纠纷当事人越来越多地选择仲裁解决方式，仲裁已然成为律师活动的重要领域。正如本书前言中所述，自《仲裁法》1994年颁布实施以来，全国270家仲裁机构共办理了400多万件仲裁案件，且仲裁案件数量正呈现逐步上升趋势，仲裁业务逐步成为律师业务的重要方面，特别是仲裁的实践越来越多地与法院的关系密切起来，有关保全、执行、司法审查等问题凸显，最高院为此颁布了200多个司法解释和批复。此外，随着互联网的快速发展，新的仲裁审理方式也应运而生。本书关注和聚焦近年来的仲裁理论和实践的发展背景，为从事仲裁代理业务的律师以及仲裁员履职提供了很好的解读和释义，是满满的干货。可以说，本书所体现的系统性、全面性、稀缺性为其自身的价值增色不少，无论对于仲裁员或代理律师而言，"一书在手,解决仲裁问题不愁”。

二是本书与所见不多的仲裁实务、操作指南等书籍不同的特点是,作者认真研究了仲裁法的立法本意和内涵,融合了《民法典》以及二十余家仲裁机构的仲裁规则,对仲裁规则,律师代理仲裁案件的方法步骤进行了翔实的剖析。相对于诉讼程序的不同,针对仲裁规则和程序的特点进行了翔实解读和释义。仲裁解决纠纷的一个重要特征是“专家断案、一裁终局”。律师代理仲裁案件与代理诉讼案件的显著区别在于仲裁无太多的程序“技巧”可言,通过仲裁程序规则来维护当事人合法权益无更多的“文章”可做。如何有效地应用好仲裁规则,帮助当事人正确地行使法律所赋予的权利,帮助仲裁庭还原商事活动的本来面貌,有效地促成矛盾纠纷的解决,“化干戈为玉帛”,这是仲裁解决纠纷的一大特点,也是代理仲裁区别于代理诉讼的特点之一。因此,律师在代理仲裁过程中的执业活动应当慎之又慎,少些“零和思维”,多用“共赢思维”,使仲裁成为“定分止争、案结事了”的最佳纠纷解决途径。

三是本书以较大篇幅涉猎了仲裁司法审查、保全、执行以及被撤销等与法院衔接的重要实务问题。这也是本书的一个特色及具有重要指导作用的部分。仲裁的一大特点就是“一裁终局”,体现了处理纠纷的高效率。但也存在因启动了请求撤销的司法审查以及在保全、执行等环节上出现瑕疵被迫进入司法程序而使仲裁的高效率打了不少折扣。因此,最高人民法院也多围绕撤销仲裁、保全以及执行方面密集地出台了司法解释,以解决仲裁中的程序和实体的关系问题,避免司法过度介入影响仲裁的效率。本书梳理了这些问题,并通过具体案例进行了释义和解读,对于代理仲裁的律师和仲裁员审理案件具有较高的指导意义。近年来,我作为仲裁委的专家委员,参加了多起针对撤销仲裁裁决以及裁决得不到有效执行的案例研讨,由于多方面的原因,“一裁终局”的案件历经几年不能尘埃落定,给仲裁机构平添了不少的“烦恼”,也因此被一些当事人所诟病,影响了仲裁机构的声誉。本书的问世,如能受到代理仲裁案件的律师和仲裁员广泛关注,从而对不断提高仲裁质量有所裨益,进而对减少司法审查的仲裁案件数量,节省司法资源起到一定的积极作用,应当为作者所期待。

最后我想说的是,以上对“操作指引”的肯定和溢美之词,应属一家之言。其实,通读一遍也并不能完全理解本书的精髓,但直觉上感到写作的体例上还有推敲的余地,内容和结构还有优化的空间。任何一个作品不可能不存在缺陷和不足,每个读者都会站在自己的角度,发现不尽满意之处。作为一个“操作指引”,作者不可能把仲裁的所有问题、每一个细节都关注到,更不可能回答仲裁程序中的所有疑问。实践总是不断发展的,还有大量的实际问题需要从事仲裁事业的学者、律师、法官和专家去研究解决。既然是“操作指引”,随着实践的发展,规则就会有变化,“操作指引”就应当修订和更新,以继续发挥“操作指引”的作用。我相信作者会不断跟踪实践和规则的变化,使“操作指引”紧跟时代的步伐,假以时日完成再版,为仲裁事业作出更大的贡献。

“自古良将多读书,将在谋不在勇”,一位资深律师前辈如是说。感谢作者给我先“读”为快和发表议论的机会,我也希望蜻蜓点水般的点评能帮助广大律师和仲裁工作者对“操作指引”给予足够的重视,指导仲裁实践。若能因此而产生对相关仲裁问题的研究兴趣,我相信也是本书作者的希望所在。重视仲裁,研究仲裁,实践仲裁,发挥仲裁在解决商事纠纷中的独特作用是法律人的重要使命。

实践之树永远年轻。

孙　智*

2022 年 9 月 18 日夜于家中

* 中共党员,山西华炬律师事务所党委书记、主任,经济学博士,一级博士,山西省律师协会名誉会长。

前　言

诉讼、仲裁、调解构成三位一体协调发展的纠纷解决机制。随着多元化纠纷解决机制的构建，除诉讼和非诉案件外，仲裁在律师业务中的地位也越来越重要。《仲裁法》自 1994 年颁行至今(2009 年和 2017 年对个别条款进行了修正)，我国的民商事仲裁已经走过了 27 年的发展历程。随着《仲裁法》的实施和商事争议解决实践需要，《民事诉讼法》及最高人民法院《关于适用〈中华人民共和国民事诉讼法〉的解释》对法院与仲裁的关系、仲裁保全、仲裁司法审查、仲裁裁决执行等问题不断作出相应的规定，体现了司法对仲裁的支持与监督。针对仲裁司法实践中的新问题，最高人民法院先后发布了 260 多个司法解释和批复。2017 年的最高人民法院《关于审理仲裁司法审查案件若干问题的规定》、最高人民法院《关于仲裁司法审查案件报核问题的有关规定》和最高人民法院《关于仲裁司法审查案件归口办理有关问题的通知》以及 2018 年的《关于人民法院办理仲裁裁决执行案件若干问题的规定》构成了仲裁司法审查的基本法律框架体系。2021 年司法部《关于〈中华人民共和国仲裁法(修订)(征求意见稿)〉的说明》有关数据显示，仲裁法实施 26 年来，全国共依法设立组建 270 多家仲裁机构，办理仲裁案件 400 多万件，涉案标的额 5 万多亿元，解决的纠纷涵盖经济社会诸多领域，当事人涉及全球 100 多个国家和地区。此次修法的思路是坚持以习近平新时代中国特色社会主义思想为指导，以习近平法治思想为根本遵循，全面贯彻落实党中央、国务院关于仲裁工作的决策部署，坚持正确的政治方向，尊重立法工作的规律，结合实践需求，立足我国国情，借鉴国际有益经验，完善具有中国特色与国际接轨的仲裁法律制度。

2016 年最高人民法院《关于人民法院进一步深化多元化纠纷解决机制改革的意见》提出“积极支持仲裁制度改革……尊重商事仲裁规律和仲裁规则，及时办理仲裁机构的保全申请……”2019 年 4 月 16 日中共中央办公厅、国务院办公厅印发了《关于完善仲裁制度提高仲裁公信力的若干意见》，从顶层设计的角度对我国商事仲裁机构的性质、工作任务、行为准则、监督等提出了新规范、新要求，旨在充分发挥仲裁在尊重当事人意思自治和便捷、高效解决纠纷中的作用。2020 年 1 月 1 日起施行的《优化营商环境条例》第六章中也提及了仲裁在优化营商环境中的作用。商事仲裁已成为我国多元化纠纷解决机制的重要“一元”。

2020 年 5 月《民法典》的颁行在新中国法治建设史上具有里程碑意义。《民法典》与商事仲裁纠纷有关的规范主要分布在总则编、物权编、合同编。法典化立法的最大特点就是集大成、成体系、成系统。《民法典》的颁行对律师办案影响深远,除涉及具体的新规变化外,更体现了规范化、体系化、专业化思维,要求律师办案要更有高度、更加严谨,从请求权基础论证、请求事项确定到各类文书撰写都要探究本源、字斟句酌、精益求精。处理具体纠纷要立足解决实际问题,更要有大局意识,而且要适时学习专业知识和相关领域知识,不断提升发展自己以适应新时代新要求。

新的发展阶段,新的历史机遇。我国已开启全面建设社会主义现代化国家新征程,在法治国家、法治政府、法治社会一体建设的伟大实践中,律师队伍使命光荣、责任重大,大有可为、大有作为。仲裁是国际通行的纠纷解决方式,是我国多元化解纠纷机制的重要"一元",在维护当事人合法权益,保障社会主义市场经济健康发展,促进国际经济交往等方面发挥着不可替代的重要作用。习近平法治思想是新时代全面依法治国必须长期坚持的指导思想,也是推动新时代律师事业发展的根本遵循。在办理仲裁业务中律师应当自觉做习近平法治思想的坚定信仰者、模范实践者、积极传播者,坚定正确的政治立场和政治方向,坚持社会主义法治,坚持依法诚信执业,全面提升律师工作质量和效能。

在人工智能、大数据、法律科技手段赋能的新时代,律师应当紧跟时代步伐持续学习,提升自身能力,实现自我价值。律师在承办仲裁案件中对各类信息综合分析后进行传递与处理,依据事实和法律作出价值判断供当事人参考,从而实现自身法律服务的价值。"规范、精细、专业、务实"的执业理念和"讲政治、守底线、高标准、严要求","一把尺子(标准),一面镜子(检视),一条红线(法律),一条底线(道德),一颗红心(真诚)","主动服务、深度服务、融合服务、创新服务","穷尽时间和智慧,达到精准且极致"的工作要求,始终是律师从业者的基本遵循。多年的律师实务工作,让笔者深深体会到律师的工作不仅仅是向裁决者表达自己的观点和当事人的诉求,还要用法理、事理、情理相融合的方式说服裁决者作出有利于己方当事人的裁决。对律师自身成长而言,也需要适时总结,从个案中提炼裁判规则与法律适用方法,不断提升执业技能,提高办案质效,并形成可供借鉴、可以传承的办案法则和律师文化。

最高人民法院副院长贺小荣说"判例是一个国家法律认知水平的生动注脚,也是法治进步的鲜明标识"。我们要凝心聚力办好每一个仲裁案件,使之成为可借鉴、可参考的判例。律师代理仲裁案件要在做好具体的业务工作的同时,更要依法合理行使程序性权利以最大限度维护当事人合法权益,但是也要防止仲裁诉讼化,保障仲裁活动的效率。律师是法治中国的参与者和践行者,律师仲裁业务是法治建设的重要组成部分。律师应提高政治站位,有大局意识,有过硬的政治觉悟,有原则、有底线、有情怀、有担当,才可能被委以重任,才能行稳致远。我们在多年的法律服务实践中探索了一些行之有效的方法,积累了一些可供借鉴的经验,尤其在规范执业行为、避免执业纠纷、防范执业风险、强化细节意识、强化责任意识、提高业务质量、提升专业品质、展现良好形象、培养职业精神等方面形成了自己独特的风格和做法,这些经验都渗透和体现在办理仲裁业务中,起到了明显的作用。

法律的生命在于实施,裁判的价值在于执行。本书以作者经办的上百件仲裁案件为素材,经过整理、归纳、思考、提炼与总结,就律师办理仲裁案件实务中常见的争议和重点内容进行了梳理。结合检索"中国裁判文书网"公开的仲裁司法审查三百余件案例获得的裁判规则,在研究现行仲裁法律体系的基础上,查阅了三十余部法律法规及司法解释,梳理了三十余家仲裁机构的仲裁规则,以律师工作"听、说、读、写"四大基本功以及"一阅读一分析两检索一总结"的工作方法和"规范、精细、专业、穷尽、总结、提升"的办案理念为主线,结合新时代法治中国建设对律师工作的新要求,就常见的商事仲裁案件代理工作流程和内容进行整理写作。律师仲裁业务的范围主要有担任申请人代理人、担任被申请人及案外人代理人和担任仲裁员,也有少量案件担任专家委员会成员。本书基于律师办理仲裁案件的思考和总结,重点阐述律师担任代理人的实务技能和分析、解决实务问题的方法。

法律不是作为冲突的答案而存在,而是作为疏导冲突、解决纷争的手段而存在。本书以解决仲裁实务问题为导向,对仲裁案件常见的问题进行整理、归纳、筛选,从中提炼有价值的裁判规则。本书对于律师执业初期者有办案指引的价值,常见问题都能在其中找到答案;对于执业多年的从业者,是本"索引"式的工具书,可以起到补漏作用。

为节约篇幅,法律、法规、规章、其他规范性文件名称中的"中华人民共和国"省略,相关法律法规一般指写作时的现行有效(适用)版本。为践行仲裁不公开、保护信息隐私的原则,本书涉及的具体问题仅探讨法律问题提炼和法律规则适用,不展开讨论具体案情。本书以现行《仲裁法》及相关司法解释规定为依据,《仲裁法(修订)(征求意见稿)》关于撤销裁决、重新仲裁制度和执行制度的完善以及新增的临时仲裁制度等,本书暂未涉及。

司法实践复杂多样,法律问题形形色色难以穷尽,尽管笔者希望力所能及地全面归纳与提炼律师代理国内商事仲裁案件的实务要点,鉴于能力水平所限,疏漏在所难免,衷心希望广大读者提出宝贵意见。

郭平珍　宋美霞

2023 年 4 月

于山西太原

目　录

第一章
商事仲裁概述

第二章 律师代理仲裁案件实务

第三章 律师代理申请人和被申请人的特殊事项

第四章
重新仲裁

第五章
仲裁案件司法审查

第六章 仲裁案件执行

第八章
仲裁案件网络庭审实务

第九章
涉仲裁案例精选

第一章　商事仲裁概述

仲裁源于当事人将争议提交仲裁机构裁决的意思表示，其功能就是根据当事人双方的自主意志，按照当事人双方选择的程序规则，解决当事人之间的纠纷。仲裁协议是商事仲裁的基石，仲裁协议或者合同中的仲裁条款是当事人仲裁合意的载体。争议事项是否提交仲裁、将哪些事项提交仲裁、仲裁机构和仲裁地点的选定、仲裁员的选定和仲裁庭的组成、仲裁请求的变更乃至于纠纷解决准据法的适用等，全都取决于当事人双方的仲裁协议。所以说，仲裁的灵魂是意思自治，当事人双方的合意是仲裁裁决正当性和有效性的基础。

2019 年 4 月 16 日中共中央办公厅、国务院办公厅印发的《关于完善仲裁制度提高仲裁公信力的若干意见》首次明确提出我国仲裁机构应当是提供公益服务的非营利法人，这对我国仲裁机构找准定位、深化改革具有重要意义。

我国的《仲裁法》由 80 个条款及 1 个附件（《民事诉讼法》）组成。仲裁案件中当事人最重要的权利是：**(1) 申请人提出、放弃、变更仲裁请求的权利**。在仲裁程序中，申请人可以基于一定的事实和理由提出仲裁请求，因某些因素的变化，可以对仲裁请求行使处分的权利，即在提出仲裁请求后放弃自己原来在仲裁请求中对实体权利的要求，撤回申请，或增加、减少自己实体权利的要求。**(2) 被申请人承认或者反驳仲裁请求的权利与提出反请求的权利**。被申请人可以表示愿意接受申请人提出的实体性权利要求，也可以就申请人提出的仲裁请求予以否认或认为理由不足。这种反驳，既可以从实体权利上进行反驳，也可以从程序权利上进行反驳。同时，被申请人还可以提出反请求。反请求是在已经发生的仲裁程序中，被申请人通过仲裁委员会向申请人提出的仲裁请求，但这种反请求必须在仲裁委员会作出裁决之前提出。**(3) 强制执行的权利**。当义务方当事人在规定的期限内不履行仲裁裁决时，权利方当事人有权请求人民法院强制执行。即让裁决结果落到实处，执行到位实现权益。

此外，仲裁当事人有**申请财产保全**的权利。

第一节　仲裁与诉讼的关系

仲裁与诉讼作为争议解决的方式，既有相似之处，又有显著的区别，还有互通、融合与衔接的地方。

一、仲裁与诉讼的相似之处

仲裁与诉讼有许多相似之处，具体体现在：(1) 都是在第三者主持之下解决争议；

(2)都以法律规定作为解决争议的依据;(3)都必须按照一定的程序解决争议;(4)分配权利义务的法律文书均具有强制执行力,当事人必须遵守与履行。

二、仲裁与诉讼的区别

(一)性质不同

诉讼由人民法院审判,属于国家的司法程序。仲裁由仲裁机构裁决,仲裁机构是非官方机构。

(二)受理依据不同

诉讼管辖由法律规定,当事人虽可以约定管辖,但必须限定在法律规定的范围内,不能违反级别管辖、专属管辖的规定,且需遵守最密切联系原则,选择的法院与争议事项有一定的联系。仲裁管辖的依据就是争议双方的约定,只要事先有书面仲裁协议或争议发生后达成书面仲裁协议,仲裁机构均可受理,不受级别和专属管辖的限制;选择的仲裁机构只要存在、明确即可。

(三)体制不同

法院有四级,上级法院对下级法院具有监督、指导作用。仲裁机构是民间自治组织,没有上下级关系,也不按行政区划层层设立,仲裁不实行级别管辖和地域管辖,由当事人以仲裁协议约定的仲裁委员会仲裁;当事人之间约定仲裁条款或签订仲裁协议时,可以在全国范围内选择确定裁决水平高、信誉好的仲裁机构。

(四)审判组织和仲裁庭组成方式不同

诉讼程序中,审判组织由人民法院确定,当事人不能选择。一审案件有普通程序和简易程序,普通程序由审判员或者由审判员和人民陪审员共同组成合议庭,简易程序由审判员一人独任审理。二审案件由审判员组成合议庭。

在仲裁中,当事人可以约定由1名仲裁员或者由3名仲裁员组成仲裁庭,仲裁员由当事人直接或者间接选定。1名仲裁员组成仲裁庭的,由当事人共同选定或者共同委托仲裁委员会主任指定;3名仲裁员组成仲裁庭的,当事人各自选定或者各自委托仲裁委员会主任指定一名仲裁员,第3名仲裁员由当事人共同选定或者共同委托仲裁委员会主任指定,第3名仲裁员是首席仲裁员。

(五)审理原则不同

诉讼以公开审理为原则,只有涉及国家秘密、个人隐私,经当事人申请不公开审理的离婚案件、涉及商业秘密案件才不公开审理。仲裁原则上不公开进行,当事人协议公开的才可以公开进行。

(六)审理程序不同

诉讼可以经过一审、二审和再审三个不同的审级或阶段。仲裁实行一裁终局制,裁决作出后当事人不得就同一事实再次申请仲裁,也不能向人民法院再行起诉、上诉和再审。

(七)收费标准不同

仲裁机构收取仲裁费的标准与人民法院一个诉讼程序收取诉讼费的标准相近。诉讼可能会经一二审程序两次收费,仲裁费用只收取一次。

(八)案件审限不同

诉讼一审普通程序6个月,二审普通程序3个月。仲裁普通程序为4个月。

(九)财产保全不同

诉讼中由法院采取保全措施,分为诉前财产保全和诉讼中财产保全。仲裁中的财产保全,是通过仲裁机构向法院申请财产保全,即仲裁程序中的保全措施由法院实施。

(十)调查取证不同

法院是国家司法机关,在审理纠纷过程中,法官有权进行调查取证,有权签发调查令,而且有司法公权力保障相关部门积极配合;而仲裁机构作为民间组织,其管辖权源于当事人的意思自治,没有这种公权力保障,实践中其调查取证存在一定的困难,仲裁双方当事人原则上只能自行收集、提供证据。

(十一)裁决结果的实现程序不同

法院的判决是由法院自己强制执行;仲裁裁决必须通过法院来执行。法院作出的生效判决(一审没有上诉或者二审判决)是对纠纷的最终处理结果,具有法律强制力。如当事人拒绝履行裁判文书确定的义务,将进入法院执行程序,由法院强制执行。仲裁裁决也具有法律强制力,但不能由仲裁机构自己强制执行,需要申请法院执行。如果不服仲裁裁决,可以向法院申请不予执行或撤销仲裁裁决,如果符合法定事由,法院有权裁定撤销仲裁裁决或不予执行。

(十二)参与主体不同——其他参与人

诉讼可以有第三人,分为有独立请求权的第三人和无独立请求权的第三人。仲裁不允许有第三人,即使追加当事人也须有明确的仲裁协议或者仲裁条款。

(十三)其他不同

在受案范围、审理范围及检察监督等方面也存在差异。

三、仲裁与诉讼的衔接

人民法院对仲裁不予干涉,但是可以对其进行必要的支持和监督。司法对仲裁的支持主要体现在对当事人的财产保全或者证据保全申请,法院有权依职权审查和依法决定是否采取保全措施,对当事人申请的仲裁裁决强制执行,法院依法受理并执行,保障了仲裁裁决的公信力和执行力。司法对仲裁的监督主要是仲裁司法审查,如仲裁协议效力确认、不予执行仲裁裁决、撤销仲裁裁决等。仲裁司法审查的内容下文将专章阐述。

第二节　仲裁案件的受理范围

《仲裁法》第 2 条规定：平等主体的公民、法人和其他组织之间发生的合同纠纷和其他财产权益纠纷，可以仲裁。

《仲裁法》第 3 条规定：下列纠纷不能仲裁：(1) 婚姻、收养、监护、扶养、继承纠纷；(2) 依法应当由行政机关处理的行政争议。

一、仲裁范围

当事人约定的仲裁事项必须符合法律规定，否则会影响仲裁协议的效力和仲裁机构的受理。

根据《仲裁法》的规定，只有平等主体之间的合同纠纷和财产权益纠纷可以仲裁。关于财产权益纠纷，通常理解为因财产侵权而产生的纠纷。

二、不能仲裁的事项范围

1. 婚姻、收养、监护、扶养、继承纠纷。

2. 依法应当由行政机关处理的行政争议。

3. 劳动、人事争议。

根据《劳动法》《劳动合同法》等法律规定，劳动争议实行仲裁前置，由劳动人事争议仲裁委员会进行裁决，对劳动仲裁裁决不服的可向法院起诉，然后按照诉讼程序进行，不适用《仲裁法》。

4. 农村集体经济组织内部的农村土地承包合同纠纷的仲裁，依据《农村土地承包经营纠纷调解仲裁法》由农村土地承包仲裁委员会仲裁或者人民法院裁判，不适用《仲裁法》。

相关法律索引：

《仲裁法》第 77 条：劳动争议和农业集体经济组织内部的农业承包合同纠纷的仲裁，另行规定。

《农村土地承包经营纠纷调解仲裁法》第 2 条：农村土地承包经营纠纷调解和仲裁，适用本法。农村土地承包经营纠纷包括：(1) 因订立、履行、变更、解除和终止农村土地承包合同发生的纠纷；(2) 因农村土地承包经营权转包、出租、互换、转让、入股等流转发生的纠纷……

第4条:当事人和解、调解不成或者不愿意和解、调解的,可以向农村土地承包仲裁委员会申请仲裁,也可以直接向人民法院起诉。

三、几类特殊争议事项的仲裁性

1. 行政争议不具有可仲裁性,但行政合同中的民事权利义务具有可仲裁性

如绍兴市中级人民法院(2020)浙06民特4号民事裁定书,其裁判规则为:本案纠纷是否具有可仲裁性取决于案涉PPP项目投资协议的法律性质。首先,案涉项目虽然与行政机关事项行政管理目标、履行公共管理职责有一定的关联,但该项目并非完全无偿、单一地向社会公众提供的公共服务。其次,从合同订立及内容确定来看,合同相对人仍享有充分的意思自治,并不受单方行政行为强制。最后,从合同内容看,合同并未就行政审批、行政许可等行政法上权利义务内容进行约定,而只是包括项目设计、投融资、建设、运营管理及维护等事宜。合同约定的具体权利义务及违约责任,均体现了当事人平等、等价协商一致的合意。

2. PPP合同中的民事争议具有可仲裁性

如北京市第四中级人民法院(2020)京04民特677号民事裁定书。其裁判规则为:《PPP投资合作合同》是否属于行政协议,涉案争议是否属于行政争议,应当根据协议的具体内容和当事人的争议事项及仲裁请求进行判断。从《PPP投资合作合同》的内容来看,合同相对人某公司在订立合同及决定合同内容等方面享有充分的意思自治。协议的签订遵循了平等自愿、等价有偿的原则。有关双方的权利义务和违约赔偿等协议约定体现了当事人协商一致的合意,为当事人设定的是民事权利义务,而非行政法上的权利义务。因此,《PPP投资合作合同》的性质应属平等主体之间的民商事协议,而非行政协议。从某人民政府向某仲裁委员会提出的仲裁请求和双方争议事项来看,并非针对行政机关的具体行政行为。就本案纠纷而言,双方当事人处于平等的法律地位,可以提起仲裁解决。因此,本案争议具有可仲裁性,不属于依法应当由行政机关处理的行政争议。

3. 国有土地使用权出让合同的仲裁性

此类合同是否具有可仲裁性,实务中一直存在争议。《民事案件案由规定》将"建设用地使用权出让合同纠纷"确定为民事案由,但是实践中有认定为民事争议的,有认定为行政争议的。

(1)认定为行政争议的案例

一些案例将此类纠纷认定为行政协议,如最高人民法院2016年12月发布的指导案例76号指出"行政协议是行政机关为实现公共利益或者行政管理目标,在法定职责范围内与公民、法人或其他组织协商订立具有行政法上权利义务内容的协议,本案行政

协议即是国土局代表国家签订的国有土地使用权出让合同”。最高人民法院在(2016)最高法民终822号民事调解书中认为,“建设用地使用权出让合同是出让方为实现社会公共利益或者行政管理目标,在法定职责范围内,与公民、法人或其他组织协商订立的,具有行政法上权利义务内容的行政协议”。最高人民法院在(2020)最高法行申11747号行政裁定书中也将此案纠纷认定为行政协议,“依据《中华人民共和国城市房地产管理法》《中华人民共和国城镇国有土地使用权出让和转让暂行条例》等规定,国有土地使用权出让合同属于行政协议。从签订主体看,签订国有土地使用权出让合同的一方是土地管理部门,系行政主体;从目的要素看,此类协议是为了实现公共利益或者国家对有限的土地资源合理、有效利用的管理目标;从双方权利义务关系看,此类协议与行政机关履行行政职责或者完成行政管理任务密切相关,行政机关在协议的签订和履行中享有基于社会公共利益或者法定事由单方收回土地等权利”。

(2)认定为民事合同的案例

根据最高人民法院(2019)最高法民终1376号民事裁定书可知,将之认定为民事合同理由有三:其一,土地使用权是国家作为土地所有人将土地使用权在一定年限内出让给受让人,从而创设土地使用权的一种民事行为。原《物权法》也明确将建设用地使用权列为法定的用益物权。土地行政管理部门在土地使用权出让合同法律关系中,只是代表国家对土地使用权进行处分,并不是以土地管理者身份出现。其二,国家在以土地所有权人身份从事土地使用权出让行为时,其法律地位是特殊的民事主体,与土地使用权受让人的法律地位完全平等,土地使用权出让合同的订立遵循的是平等、自愿、有偿的原则,合同内容是当事人真实意愿的表达。其三,《民事案件案由规定》已明确将“建设用地使用权出让合同纠纷”列为民事案由。2019年11月27日最高人民法院发布的《关于审理行政协议案件若干问题的规定》未明确列举国有土地使用权出让合同。

4. 旅游合同纠纷的仲裁性——限于违约责任

旅游者与旅游经营者签署的旅游服务合同中常常会将争议解决方式选择为仲裁。实践中经常出现在旅游过程中因旅游辅助服务者原因造成旅游者损失的情形。例如,由于实际提供交通、游览、住宿、餐饮、娱乐等服务的第三方的原因造成旅游经营者未能按照旅游服务合同的约定完成旅游服务。在这种情况下,就产生了侵权和违约的竞合,旅游服务合同约定仲裁,旅游者却将旅游经营者作为被申请人提起仲裁,仲裁请求的内容很多是侵权法律规范事项内容,而且还要追加真正侵权人第三方辅助服务机构(通常为旅游景区娱乐设施经营者)为被申请人参加仲裁。在这种情况下,如果选择违约作为请求权基础,仲裁机构就具有管辖权;但是如果以侵权法律规范作为请求权基础且要追加当事人,则已经超出了仲裁机构的受案范围,通常会被驳回仲裁申请。

5. 特许经营协议的仲裁性

之前特许经营协议的仲裁性在实务界一直存在争议。一种观点认为，政府特许经营协议是行政协议，基于该协议产生的纠纷属于行政争议，而行政争议无法通过仲裁的方式解决。理由在于《行政诉讼法》及最高人民法院《关于适用〈中华人民共和国行政诉讼法〉的解释》（以下简称《行政诉讼法司法解释》）对此均明确规定政府特许经营属于行政协议，由此产生的争议应通过行政诉讼途径解决。另一种观点认为，政府特许经营协议属于混合性质的协议，既包括行政权利义务关系，也包括民商事权利义务关系。因此，该协议商事部分约定可以通过仲裁解决。在《行政诉讼法司法解释》新闻发布会上，最高人民法院行政庭的法官提出，《行政诉讼法司法解释》对行政协议问题的规定突出体现了"两分法"，即对于履约问题可适用民事法律规范，对于行政机关单方解除变更协议问题适用行政法律规范。

2019 年 11 月 27 日最高人民法院发布的《关于审理行政协议案件若干问题的规定》明确将政府特许经营协议列为行政协议。此后，政府特许经营协议纠纷将不可提交仲裁裁决。

笔者认为，代理特殊类型仲裁案件，包括协议主体特殊、合同内容特殊，需要多方检索相关法律、案例，掌握裁判规则，准确理解法律真实含义，将法律规则适用于个案。如涉及起草、审查非诉新类型合同，若合同主体一方为行政机关，合同订立与内容确定协商空间较小，合同内容涉及公共利益，则不建议选择仲裁方式解决此类纠纷，以免产生协议管辖选择仲裁无效的后果。

第三节　仲裁协议

仲裁协议不仅是当事人通过灵活、快捷的仲裁方式解决其争议的基础，也是仲裁机构受理争议案件以及排除法院司法管辖权的依据。因此，仲裁协议是现代仲裁制度的基石，没有仲裁协议，也就没有现代意义上的仲裁。《仲裁法》第 16 条规定：仲裁协议包括合同中订立的仲裁条款和以其他书面方式在纠纷发生前或者纠纷发生后达成的请求仲裁的协议。仲裁协议应当具有下列内容：（1）请求仲裁的意思表示；（2）仲裁事项；（3）选定的仲裁委员会。根据以上规定可知，仲裁协议必须具备三个要件：仲裁事项、仲裁机构和书面形式。

一、仲裁事项

仲裁协议中约定的仲裁事项是当事人通过仲裁解决的争议及其范围，也是仲裁机构受理当事人申请仲裁的依据。一般而言，仲裁事项的约定可以分为概括的仲裁事项和具体的仲裁事项。概括的仲裁事项通常表述为：因合同产生或者与合同有关的全部争议事项，由当事人在合同中直接进行约定。而具体的仲裁事项通常表述为：某一项具体的争议，由当事人在争议发生后针对某一具体的合同纠纷或其他财产权益纠纷进行约定。

仲裁事项的核心是争议事项的可仲裁性，即争议必须符合《仲裁法》第 2 条规定的受案范围。

二、仲裁机构

《仲裁法》第 10 条规定："仲裁委员会可以在直辖市和省、自治区人民政府所在地的市设立，也可以根据需要在其他设区的市设立，不按行政区划层层设立。仲裁委员会由前款规定的市的人民政府组织有关部门和商会统一组建。设立仲裁委员会，应当经省、自治区、直辖市的司法行政部门登记。"

选定的仲裁委员会应明确是仲裁协议有效的要件之一。仲裁委员会不按行政区划层层设立，并非每个行政区域都有，所以协议选择仲裁时，要核实该仲裁委员会是否设立、名称是否准确。

关于仲裁委员会的查询与核实，可以通过"百度"查询某一仲裁委员会官网，也可登录"中国仲裁网"查询，还可以登录"12348 中国法律服务网——要仲裁"进行查询。

合同中争议解决条款选择的仲裁机构要写仲裁机构的准确名称，不能写某地仲裁委员会，否则可能会导致仲裁协议无效。根据最高人民法院《关于适用〈中华人民共和国仲裁法〉若干问题的解释》（以下简称《仲裁法司法解释》）第 6 条"仲裁协议约定由某地的仲裁机构仲裁且该地仅有一个仲裁机构的，该仲裁机构视为约定的仲裁机构。该地有两个以上仲裁机构的，当事人可以协议选择其中的一个仲裁机构申请仲裁；当事人不能就仲裁机构选择达成一致的，仲裁协议无效"的规定，约定某地仲裁机构只有该区域有唯一仲裁机构的仲裁协议才生效。

虽然不甚规范，但以下情况视为"选定了仲裁机构"：（1）仲裁协议约定的仲裁机构名称不准确，但能够确定具体的仲裁机构的；（2）仲裁协议仅约定纠纷适用的仲裁规则，但当事人达成补充协议或者按照约定的仲裁规则能够确定仲裁机构的；（3）仲裁协议约定两个以上仲裁机构，当事人达成协议选择其中的一个仲裁机构申请仲裁的；（4）仲裁协议约定由某地的仲裁机构仲裁且该地仅有一个仲裁机构的，该仲裁机构视为约定的仲裁机构；（5）仲裁协议虽约定了两个或以上的仲裁机构，但是在当事人提起仲裁请求之时能够确定具体由哪个仲裁机构管辖的。

下列情况视为"仲裁机构不明确，未选定仲裁机构"：（1）仲裁协议约定的仲裁机构名称不准确，且无法确定具体的仲裁机构的；(2)仲裁协议仅约定纠纷适用的仲裁规则，且当事人未能就选定仲裁机构达成补充协议或者按照约定的仲裁规则无法确定仲裁机构的；(3)仲裁协议约定两个以上仲裁机构的，且当事人不能就仲裁机构选择达成一致的；(4)仲裁协议约定由某地的仲裁机构仲裁，该地有两个以上仲裁机构，且当事人不能就仲裁机构选择达成一致的。

三、仲裁协议的书面形式

1. 仲裁条款

合同中的争议解决条款约定产生争议后提交仲裁，这种方式是实务中最常见和最主要的类型。

2. 仲裁协议

单独的仲裁协议比较少见，通常存在于前期书面协议未明确约定争议解决方式，争议产生后专门签署仲裁协议，或者是先进入诉讼阶段，发现诉讼耗时费力，然后又达成仲裁协议，体验“一裁终局”的效率和便捷。专门的仲裁协议中就仲裁机构、仲裁事项、仲裁地点、仲裁庭组成、仲裁实体法适用及仲裁规则等内容的约定比较全面，实践中因选择仲裁而就仲裁协议效力产生争议的很少。

3. 仲裁协议的其他特殊书面形式

《仲裁法》第16条规定仲裁协议应当采取书面形式，虽然《仲裁法司法解释》第1条对仲裁协议的书面形式以列举式规定作出了相应的解释，但是，列举式规定难以穷尽各种可能的情形，错综复杂的仲裁实践中可能会存在如下特殊情形：(1)一方出具的法律文件中载明仲裁协议，另一方未提出异议，且根据该仲裁协议申请仲裁，应认定存在书面仲裁协议。这种情况通常发生于双方往来邮件、工作备忘录等法律文件中。(2)一方出具的法律文件中载明仲裁协议，且该法律文件为针对不特定人的开放性法律文件，不特定人接受该开放性法律文件时未对仲裁协议提出异议，即视为存在书面仲裁协议。(3)当事人双方在合同中约定适用载明仲裁协议的另一合同、法律文件或者有关国际条约中的仲裁协议，视为当事人之间存在书面仲裁协议。

“其他书面形式”的仲裁协议，包括以合同书、信件和数据电文(包括电报、电传、传真、电子数据交换和电子邮件)等形式达成的请求仲裁的协议。

当事人概括约定仲裁事项为合同争议的，基于合同成立、效力、变更、转让、履行、违约责任、解释、解除等产生的纠纷都可以认定为仲裁事项。仲裁协议约定的仲裁机构名称不准确，但能够确定具体仲裁机构的，应当认定选定了仲裁机构。

四、争议解决方式选择仲裁的考虑因素

仲裁程序的启动来源于仲裁协议或者仲裁条款。在合同中选择诉讼与仲裁的具体争议解决方式，通常会考虑时间成本、人力成本、经费成本、地缘优势等因素。选择诉讼可能会耗时费力，而且诉讼程序严格。但优势在于经费成本较低，还可以经多个程序或审级。仲裁是一裁终局，没有多次机会，相对诉讼一个审理阶段解决纠纷而言经费相近（有些仲裁机构略高于诉讼）。但仲裁更能体现当事人意愿，程序比较灵活，较诉讼一审、二审、再审效率高，而且更能保护当事人商业秘密。

纯商事争议的解决方式，建议选择仲裁。理由与考虑因素如下：(1)选择仲裁合同双方协商调解的空间更大，长期合作关系不至于破裂；(2)仲裁组庭时当事人至少可选定一名仲裁员，还可以共同协商选定首席仲裁员；(3)仲裁同样可以申请保全，而且是通过法院采取查封房屋、冻结账户等保全措施，协商、回旋、延缓的余地更大一些；(4)仲裁裁决与法院判决一样具有强制执行力，都是由法院执行；(5)一审、二审诉讼费累计远远超过仲裁费用。

五、仲裁协议效力扩张与延伸

本书所称的仲裁协议效力扩张是指特定情形下仲裁协议对未签字的当事人具有法律约束力。结合仲裁实践整理相关规定，主要有以下几种情形。

1. 持续合作的双方就其中一份合同约定仲裁，其余合同直接适用有争议解决条款的合同

《仲裁法司法解释》第 11 条第 1 款规定：合同约定解决争议适用其他合同、文件中的有效仲裁条款的，发生合同争议时，当事人应当按照该仲裁条款提请仲裁。

2. 权利义务承继仲裁条款有效

《仲裁法司法解释》第 8 条规定：当事人订立仲裁协议后合并分立的，仲裁协议对其权利义务的继受人有效。当事人订立仲裁协议后死亡的，仲裁协议对继承其仲裁事项中权利义务的继承人有效。前两款规定的情形，当事人订立仲裁协议时另有约定的除外。

3. 债权债务转让

《仲裁法司法解释》第 9 条规定：债权债务全部或者部分转让的，仲裁协议对受让人有效，但当事人另有约定、在受让债权债务时受让人明确反对或者不知有单独仲裁协议的除外。

4. 隐名代理

隐名代理是第三人在订立合同时知道委托代理关系的存在，合同中的仲裁条款直

接约束当事人。

《民法典》第 925 条规定：受托人以自己的名义，在当事人的授权范围内与第三人订立的合同，第三人在订立合同时知道受托人与当事人之间的代理关系的，该合同直接约束当事人和第三人，但有确切证据证明该合同只约束受托人和第三人的除外。

5. 保险代位求偿

国内案件中保险人受被保险人与第三者之间仲裁协议约束。

2019 年《全国法院民商事审判工作会议纪要》第 98 条规定：被保险人和第三者在保险事故发生前达成的仲裁协议，对行使保险代位求偿权的保险人是否具有约束力，实务中存在争议。保险代位求偿权是一种法定债权转让，保险人在向被保险人赔偿保险金后，有权行使被保险人对第三者请求赔偿的权利。被保险人和第三者在保险事故发生前达成的仲裁协议，对保险人具有约束力。

以上几种情形，争议事项主要缘于合同纠纷，因侵权产生纠纷仲裁协议不具有扩张性。例如：公司注销的，清算过程中由于清算义务人原因导致债权人利益受损，公司签订的仲裁协议效力不能扩张与延伸至股东。

第四节　仲裁机构、仲裁庭及仲裁秘书

一、仲裁机构

仲裁机构即仲裁委员会，是指依法成立，有权根据仲裁协议受理一定范围的合同或财产权益纠纷，进行法院外裁决的机构。它的职责主要是负责研究制定有关仲裁的工作制度，聘任仲裁员，按照不同专业设置仲裁员名册，组织仲裁庭对案件进行仲裁活动。

根据《仲裁法》第 11 条的规定，仲裁委员会成立应具备下列五项条件：(1) 有自己的名称、住所；(2) 有自己的章程；(3) 有必要的财产；(4) 有该委员会的组成人员；(5) 有聘任的仲裁员。

仲裁委员会不实行地域和级别管辖，仲裁委员会之间也是独立的，仲裁委员会的设立和登记按照《仲裁法》和《仲裁委员会登记暂行办法》规定的条件进行登记。

二、仲裁庭

仲裁庭是承担当事人争议解决任务的临时组织。《仲裁法》第 30 条规定：仲裁庭可以由 3 名仲裁员或者 1 名仲裁员组成。由 3 名仲裁员组成的，设首席仲裁员。仲裁庭

的组庭方式分为独任制仲裁庭和合议制仲裁庭。

《仲裁法》第31条规定：当事人约定由3名仲裁员组成仲裁庭的，应当各自选定或者各自委托仲裁委员会主任指定1名仲裁员，第3名仲裁员由当事人共同选定或者共同委托仲裁委员会主任指定。第3名仲裁员是首席仲裁员。当事人约定由一名仲裁员成立仲裁庭的，应当由当事人共同选定或者共同委托仲裁委员会主任指定仲裁员。第32条规定：当事人没有在仲裁规则规定的期限内约定仲裁庭的组成方式或者选定仲裁员的，由仲裁委员会主任指定。

《仲裁法》并未规定在何种情况下组成合议制仲裁庭，在何种情况下组成独任制仲裁庭，组庭规则往往在仲裁机构的《仲裁规则》中明确规定。

三、仲裁秘书

仲裁秘书是仲裁机构履行案件管理、协调、服务职能的专职人员，仲裁机构通常会为其受理的每一案件指定一名案件秘书。因仲裁员与仲裁机构没有隶属关系，仲裁庭是临时组织，仲裁秘书是仲裁案件的推进者，其作用相当关键。

整理分析相关资料并结合笔者接触的仲裁案件，可以归纳仲裁秘书的职责和作用包括：

立案咨询、审查、受理、仲裁费用核算、出具仲裁费用缴纳通知；向法院转递仲裁保全申请文件；协助仲裁庭的组成工作；仲裁庭与当事人之间的文件转递；程序性文书的制作与送达，如案件受理通知、仲裁通知、组庭通知、举证通知、限期提交材料通知等；审理前的调解；协调开庭时间；开庭前的准备工作；记录庭审内容、制作庭审笔录；协助仲裁庭调查取证和勘验；负责处理案件鉴定的程序工作，如组织双方当事人选定鉴定机构、确定鉴定机构后的沟通协调、鉴定程序开启后的各类程序推进、鉴定意见的送达、组织质证等工作；记录仲裁庭合议内容；对仲裁程序的合法性进行监督；根据仲裁庭建议需要组织专家委员会研讨重大、疑难、复杂案件中专门问题的，积极组织、联系并协助专家委员会研讨案件；核对仲裁庭作出的裁决书、调解书、决定书等文书，协调边仲审阅、签字；结案归档等。

四、仲裁庭审程序

通常而言，仲裁庭审程序为：(1)秘书核实当事人到庭情况、核对委托手续、宣读仲裁庭审纪律。(2)首席仲裁员或者独任仲裁员宣布开庭、核对当事人身份、询问当事人对他方出庭人员有无异议、告知权利义务、介绍仲裁庭组庭人员和秘书、询问当事人是否申请回避。(3)庭审调查。(4)当事人陈述。当事人分别陈述仲裁请求、反请求、答辩意见以及支持其请求所依据的事实和理由。(5)归纳争议焦点或者调查重点。(6)举证和质证。(7)当事人互相发问。(8)仲裁庭询问。(9)辩论。(10)最后陈述。(11)调解。(12)庭后程序安排。根据庭审情况,仲裁庭安排之后的程序事项,包括提交补充证据、代理意见,甚至是二次开庭等。(13)阅签庭审笔录。

第二章　律师代理仲裁案件实务

商事仲裁作为解决经济纠纷的重要手段和方式,是建设中国特色社会主义法治体系中多元解纷的重要途径和渠道,也是律师法律服务的重要方面。特别是2019年中共中央办公厅、国务院办公厅印发的《关于完善仲裁制度提高仲裁公信力的若干意见》,为推动仲裁事业发展提供了有力指导和根本遵循。《法治中国建设规划(2020—2025年)》也明确指出,对于仲裁等公共法律服务,应以群众满意度来检验其工作成效。律师参与仲裁,不仅是承办具体业务之所需,更是新时代充分发挥仲裁法律制度优势促进优化营商环境之必需。

法官裁判案件的工作有两类:第一种工作是认定事实,处理事实问题;第二种工作是法律适用,处理法律问题。① 仲裁作为争议居中裁决者,其核心任务也在于认定事实和适用法律。律师代理仲裁案件的核心工作也应围绕仲裁员的工作内容和思维方式开展,目的是让裁决者采信我们的观点。

第一节　律师的商事法律服务和仲裁案件代理工作

律师参与仲裁、服务仲裁、推进仲裁事业发展,不仅仅局限于代理仲裁案件参加仲裁庭审活动。仲裁受理案件源于已然签署了有效的仲裁协议,而仲裁协议或者协议中的仲裁条款,是律师在履行审查、起草合同职责时建议设定的。所以,律师在商事法律服务中,应宣传仲裁法律制度以及选择仲裁解决争议的优势,积极引导当事人选择仲裁。当然应向当事人释明各类不同争议解决方式的特点,充分尊重当事人选择争议解决方式的权利,由当事人自主决定选取争议解决方式。在参与仲裁的不同阶段,律师担任的角色与发挥的作用不同。

一、选择争议解决方式阶段

当事人对什么是仲裁、为什么选择仲裁、怎样拟定仲裁协议、如何选择仲裁机构和仲裁员以及仲裁程序、仲裁裁决、裁决执行、仲裁司法审查等商事仲裁法律制度相关的基础知识不甚了解,需要律师在宣传仲裁、接待咨询、担任法律顾问工作中对仲裁制度进行耐心详细的讲解,并在起草合同中将仲裁协议、仲裁条款相关内容予以明确。

---

① 参见梁慧星:《裁判的方法》(第3版),法律出版社2017年版,第15页。

律师起草仲裁协议实务要点如下。

1. 关于仲裁协议内容

仲裁协议或者仲裁条款的起草，最简单、最稳妥的办法就是登录某一仲裁机构官方网站去查阅、搜索，把示范仲裁条款一字不落地抄写到合同中。如“深圳国际仲裁院”的示范仲裁条款为“凡因本合同引起的或与本合同有关的任何争议，均应提交深圳国际仲裁院仲裁”；北京仲裁委员会的示范条款为“因本合同引起的或与本合同有关的任何争议，均提请北京仲裁委员会或北京国际仲裁中心按照其仲裁规则进行仲裁。仲裁裁决是终局的，对双方均有约束力”。

2. 仲裁机构的选定与名称的准确性

仲裁机构的选定。先在“中国仲裁网”查询仲裁机构，登录官网确认准确的名称，然后写入合同争议解决条款。

3. 争议事项选择仲裁的考虑

争议事项是否具有可仲裁性，主要考虑以下几点：(1)能否在一个复杂的交易中保持多份关联合同之间仲裁协议的连贯性和一致性；(2)合同的争议是否会涉及第三人；(3)争议事项是否属于新类型案件，是否会涉及公共利益。

若有公共利益倾向或者比较明显，不建议选择仲裁的方式，否则可能会面临因违反公共利益而被撤销仲裁裁决的风险。

多份合同合并审理的前提条件依然是多份关联合同之间仲裁协议的连贯性和一致性。具体来说，要求这些合同的仲裁协议均指向了同一家仲裁机构，且这些合同的法律关系基本上是同一的，当事人也愿意合并审理。如果律师在办理具体业务时发现某一个交易无法做到前述的基本要求，就会给仲裁程序带来困难。

律师在审查类似租赁合同、保险合同或担保合同这样有可能发生合同签订人和实体权利义务人相脱节的合同时，一定要注意及时和第三人补充签订新的仲裁协议或仲裁条款，防止发生纠纷时第三人对仲裁条款效力的相对性提出抗辩或提出管辖权异议，使得争议无法及时有效得到解决。

4. 可以仲裁的合同类型

原《合同法》规范并确定了以下15类有名的典型合同：(1)买卖合同；(2)供用电、水、气、热力合同；(3)赠与合同；(4)借款合同；(5)租赁合同；(6)融资租赁合同；(7)承揽合同；(8)建设工程合同；(9)运输合同；(10)技术合同；(11)保管合同；(12)仓储合同；(13)委托合同；(14)行纪合同；(15)居间合同。

《民法典》在原《合同法》15类有名合同的基础上又增加了保证合同、保理合同、物业服务合同和合伙合同等4类典型合同。也就是说，之前签署的“保证合同”“物业服务合同”“合伙合同”，并非法律上的有名合同，相关纠纷会参照适用最相类似的有名合同的规定进行裁决。

《民法典》首次将预约合同效力从关于买卖合同的司法解释提升至法律层面，强化了预约合同效力。预约合同是当事人预约以将来订立一定合同为内容而订立的合同，预约合同所指向的"一定合同"称为本约合同，预约合同和本约合同两者共同构成一个完整的合同体系。根据《民法典》第495条的规定，预约合同通常有认购书、订购书、预定书三种。

备忘录、会议纪要、意向书、框架协议、合作意向等预约合同，形式上由单方签署或双方签订，其与合同最主要的区别是，这些文件仅为记录双方各自的单方意见和意图，双方不构成任何要约或承诺，也不属于具有法律约束力的文件。为避免歧义，在签署该类文件时应注明"本文件仅用于记录交易双方各自单方表述意见和内容，便于交易双方记录各自的工作进度和备忘之用，不代表任何一方的要约或承诺，本文件对交易双方均不具备法律约束力"。实践中常常会在备忘录之类的文件中约定争议解决内容，律师在起草、审查时应注意前后关联合同文本选择争议解决方式的一致性。

另外，在审查建设工程施工合同时，也要审查合同协议书部分、合同通用条款、合同专用条款之间争议解决方式的一致性，以免出现协议书部分选择仲裁、通用条款和专用条款选择诉讼的尴尬局面。

二、仲裁阶段——案件代理人

在仲裁审理阶段，律师可以担任仲裁案件的代理人，不同案件中可以代理申请人，也可以代理被申请人。在仲裁司法审查阶段，可以代理当事人进行仲裁案件司法审查，申请撤销仲裁裁决。在仲裁执行阶段，可以代理申请人或被申请人进行仲裁案件执行、行使相关权利。

在仲裁执行阶段，还可以代理案外人申请不予执行，担任案外人的代理人。案外人不予执行仲裁裁决是2018年新增的仲裁司法审查制度，下文将以专门章节详细阐述。

第二节　接受仲裁案件当事人委托

接受当事人委托是律师办理仲裁案件的开端。接案—仲裁准备—仲裁庭审—提示申请执行/仲裁司法审查，是律师代理仲裁案件的主线，起草申请书/立案/答辩、选定仲裁员、庭前准备、参加庭审、庭后工作、总结汇报是律师最为基础的工作。

一、初步了解案情

律师准备接受委托时,应当向当事人全面了解案情。律师在了解案情前,要告知当事人实事求是、全面客观地介绍争议发生的原因、发展过程,力争全面掌握案情和双方争议焦点、事实和理由以及当事人的具体要求。

根据提前获取的有关材料和信息,简要分析案情,或与当事人取得联系,通过电话、微信、邮件等方式进一步了解案情,初步判断案件类型、案由、法律关系和主要诉求,列出问题清单或材料清单,充分做好接待准备后预约当事人。

接待当事人应重点听取当事人对案情、证据、主要诉求等方面的陈述和介绍,简要回答当事人对案涉有关法律问题的咨询,介绍律师职责、工作内容及流程,释明律师收费规定,一般不轻易对案件实体做出评价,不对案件结果作任何承诺,不接受当事人斡旋关系方面的请托,做好接待笔录,由当事人签字。

接待笔录是维护当事人和律师合法权益、规范执业行为、避免执业纠纷、防范执业风险的重要材料,主要内容包括但不限于:当事人对案情、事实、证据、诉求等方面的陈述,律师就当事人所提问题和要求的答复以及进行的风险评估和提示,当事人对是否聘请律师的明确意见等内容。

二、审查仲裁协议并判断其效力

律师在接受仲裁案件委托时首先应审查仲裁协议并判断其效力。对仲裁事项进行审查是律师代理工作的前提。如果没有合法、有效的仲裁协议和适格的仲裁主体,仲裁事项不属于仲裁受案范围,仲裁委员会不会受理仲裁申请,代理仲裁案件也就无从谈起。

律师识别判断仲裁协议效力时应重点审查下列内容:(1)仲裁协议的内容是否合法、真实、有效;(2)委托代理的案件是否符合《仲裁法》第2条、第3条等规定的关于提请仲裁的条件;(3)案件是否超过法律规定的申请仲裁的时效,超过时效可能出现的法律后果;(4)仲裁案件的双方当事人是否明确,是否存在第三人,判断第三人参与仲裁程序的相关事宜;(5)仲裁请求或反请求是否合法、明确、具体,是否本请求与反请求一并提起;(6)当事人是否为本案仲裁协议的当事人;(7)当事人作为居住在国外的中国公民、外国人或国外企业及组织时提供的委托手续或证明是否符合仲裁规则的要求;(8)仲裁协议选定的仲裁机构是否明确具体,是否存在仲裁机构之间管辖权争议;(9)个案可能存在的其他问题。

三、办理委托手续

经过接谈、初步了解案情，双方确定委托关系的，应依法办理委托手续。决定不受理的，应视情况采用电话、微信、书面等方式及时告知当事人。决定受理的，律师应根据个案的特殊性制作委托协议和授权委托书，明确代理权限、委托事项、权利义务以及收费方式、代理费、旅差费等关键事项，同时对案件进行风险评估、风险提示并要求当事人签收风险评估告知书或风险提示。

办理委托手续要严格审核当事人身份和手续，并复制身份证明材料，严禁代办代签。将就接案往往是律师和当事人产生纠纷的根源，律师不得在勉强和迁就当事人的情况下接受委托。

起草、审核、签署委托代理合同和授权委托书的特别提示：仲裁员选定属于特别授权事项。在起草授权委托书时，要查阅关于仲裁的特殊要求，尤其是特定仲裁机构的仲裁规则，不能以诉讼办案经验和思维想当然。应与当事人明确授权的范围有以下两个方面：(1)一般代理：参加仲裁活动，提供法律服务。(2)特别授权：应当载明仲裁员的选定，承认、变更、放弃仲裁请求、提出反请求、进行和解、请求调解、撤回仲裁请求等权利。

四、材料交接

接收当事人材料原则上只接收复印件(告知当事人妥善保存原件，参加庭审时核对)，应填写案件材料签收表，留存当事人电话、微信、邮件、地址等联系方式。案件材料签收表及有关材料均应让当事人签字并入卷。

五、仲裁风险提示

律师的职业习惯往往侧重于为委托人防范风险，而常常忽视律师自身执业潜在的法律风险。

律师接受仲裁案件委托时，应当先行向当事人说明如下事项：(1)仲裁实行一裁终局。裁决作出后，当事人就同一纠纷再申请仲裁或者向人民法院起诉的，仲裁委员会或者人民法院不予受理。(2)仲裁以不公开审理为原则。(3)仲裁的广泛执行性，具有强制执行力。(4)仲裁代理费的追索性，基于仲裁规则规定和当事人仲裁协议约定可以在仲裁请求中提出追索律师代理费等因主张权利产生的合理支出。(5)仲裁协议效力存在争议的，还应特别提示当事人可能产生的相关仲裁风险和可能产生的相应维权成本及合理支出。(6)如果需要采取财产保全、证据保全或者仲裁裁决需要强制执行时，应当向有管辖权的人民法院提出申请。(7)选定仲裁员的程序。(8)当事人作为仲裁案件的被申请人时有权提出反请求。(9)委托的仲裁案件依照有关仲裁规则可能涉及的审理期限和费用构成。上述告知事项应当形成笔录,由当事人签字确认后附卷备查。

此外,对于仲裁协议效力有争议的案件,要作出特别提示,同时做好诉讼和仲裁的两手准备。

六、确定代理人人数

民事诉讼中,法律明确规定当事人可以委托一至两名代理人。但是仲裁,更尊重当事人意思自治,有些仲裁规则明确代理人可以超过两人。如《哈尔滨仲裁委员会仲裁规则》第 21 条规定:“委托代理人……当事人或者其法定代理人可以委托一至三人作为委托代理人。经当事人申请,仲裁庭同意的,可以适当增加代理人的人数……”

律师当然可以担任仲裁案件代理人,有些仲裁规则也允许非律师人员作为仲裁案件的代理人,以充分尊重当事人的意思自治。但具体要求需要进一步查阅受理案件仲裁机构的仲裁规则。

七、律师能否在自己担任仲裁员的仲裁机构代理仲裁案件

一些仲裁机构的仲裁规则、仲裁员守则禁止仲裁员担任本会案件代理人,如《北京仲裁委员会仲裁员守则》《太原仲裁委员会仲裁员守则》等就有类似规定。

2010 年司法部《律师和律师事务所违法行为处罚办法》第 7 条规定:有下列情形之一的,属于《律师法》第 47 条第 3 项规定的律师“在同一案件中为双方当事人担任代理人,或者代理与本人及其近亲属有利益冲突的法律事务的”违法行为:曾经担任仲裁员或者仍在担任仲裁员的律师,以代理人身份承办本人原任职或者现任职的仲裁机构办理的案件的。

2016 年司法部《律师执业管理办法》对于律师担任仲裁代理人也有特别规定,其中第 28 条第 3 款规定:律师不得担任所在律师事务所其他律师担任仲裁员的案件代理人。曾经或者仍在担任仲裁员的律师,不得承办与本人担任仲裁员办理过的案件有利益冲突的法律事务。

根据上述规定分析,律师不能在自己担任仲裁员的仲裁机构代理仲裁案件。

第三节　仲裁检测、阅卷与案情分析、法律与案例检索

一、仲裁检测

受理仲裁案件后，要进行仲裁检测，按照仲裁程序和工作阶段逐项进行，以防出现工作疏漏。仲裁检测包括但不限于表 2－1 内容。

表 2－1　仲裁案件检测

业务类型	商事仲裁				
办理阶段	仲裁审理/仲裁司法审查（申请撤销仲裁裁决）/执行				
代理申请人			代理被申请人		
检测项目	排查结果	当事人意见/律师建议	检测项目	排查结果	当事人意见/律师建议
管辖			管辖		
仲裁协议			仲裁协议		
仲裁事项			仲裁事项		
时效			时效		
主体			主体		
请求/答辩			抗辩/反请求		
案由			案由		
财产保全			复议/解除保全		
证据保全			证据保全		
回避			回避		
中止审理			中止审理		
延期审理			延期审理		
恢复审理			恢复审理		
延期举证			延期举证		
延期开庭			延期开庭		
调取证据			调取证据		
申请鉴定			申请鉴定		

续表

检测项目	排查结果	当事人意见/律师建议	检测项目	排查结果	当事人意见/律师建议
补充鉴定			补充鉴定		
重新鉴定			重新鉴定		
证人出庭			证人出庭		
鉴定人出庭			鉴定人出庭		
专家辅助人出庭			专家辅助人出庭		
申请撤裁			申请撤裁		
申请执行			申请不予执行		
其他					

二、阅卷与案情分析

法律关系的本质是社会关系的法治化,法律关系的准确界定是法律正确适用的基本前提。[①] 适用法律的前提是准确认定案件事实。

阅卷是律师了解案情、适用法律以及确定仲裁请求、答辩意见和代理思路的前提。阅卷,也是律师了解案件法律事实最直接的方式,因为当事人口述的事实通常会倾向于对自己有利的事实,而刻意回避或者无意忽略某些案件事实,难以反映案情全貌。阅卷,更是每一位出庭律师的必修课。只有把阅卷这项基础工作做好,吃透案情,对证据和案情了然于胸,律师才能在与当事人沟通时游刃有余,面对仲裁庭的提问对答如流,在庭审对抗中不失时机、及时回应、有效辩驳。

对当事人提交的证据、法律文书、有关材料或从办案机关复制的案卷、交换的证据进行梳理,经分析研究形成书面阅卷报告。阅卷报告主要内容包括但不限于案情摘要(文字简练、表达准确、内容客观)、主要请求、争议焦点、法律问题、证据材料及证据全面分析、法律分析意见、仲裁代理思路与策略以及工作建议等。

律师在处理案件时,至少需要经过三次系统的阅卷工作。第一次阅,“大水漫灌”找问题。此时应按照合理顺序全面系统阅卷,同时制作阅卷笔录。整理案件事实,通常按照时间顺序整理出事实清单或大事记,对关联事实特别标注,将不清楚的事实或者前后矛盾的事实与问题列出,及时与当事人核实、沟通,对于短缺的材料提示当事人进行

① 参见徐鹏:《涉外法律适用的冲突正义——以法律关系本座说为中心》,载《法学研究》2017 年第 3 期。

补充,为下一次阅卷工作做好准备。第二次阅,确定重点理思路。此时应综合把控案卷材料之间的关联性,按照签署合同约定的权利义务,双方实际履行的事实,结合当事人请求提炼法律问题,预测争议焦点,确定解决思路。第三次阅,总揽全局出方案。此时应粗略过滤案件材料内容,回顾整个案情,熟化证据材料和案件事实,探究当事人的真实意思,加深对案情的理解,检视已提炼的法律问题和预测的争议焦点,预判对方抗辩事由和主张,最终确定具体代理方案和证据规划。每次的阅卷笔录,记录的方式既可以手写,也可以电脑输入,其目的在于放慢阅卷的速度,留给律师自己一边阅卷、一边思考的时间,加深对重要信息的认知和理解,进而明确要解决的问题。当然,在阅卷的基础上形成表格、大事记、关系图、思维导图、证据大纲更为直观、便捷。

三、法律检索

法律服务的基础在于"信任",法律服务的本质是寻找法律规范、解释与运用法律解决实际问题。法律规范是"道",法律适用方法是"术"。从法律适用来讲,都强调事实和法律的结合,虽然法律的表现形式不同,有成文法即法律条文,有判例法,但是在类案检索要求下,应当综合运用多种方式进行法律适用规则检索。法律适用中的关键问题都是法律规定的必备要素在案件中是否真实地存在的问题,类案裁判规则适用的前提在于检索的类案与承办的个案具有可比性。

(一)法律检索的价值和意义

律师是"以法为业,以律为师"的职业。法律检索是律师办理仲裁案件必不可少的工作,可以说是法律适用或法律解释最为基础的工作和最有效的方法。"以事实为依据,以法律为准绳",案件争议与纠纷的解决最终都会涉及法律规则的解释与适用。法律适用的关键在于法律解释,法律检索不正确会导致法律解释不正确,最后必然会导致法律适用不当。所以说法律检索、法律解释直接关系到法律适用的正确性,其意义是非常重大的。现代民法解释学认为,法官处理法律问题可以归结为法律解释,法律问题说穿了是一个解释问题。法律问题的本质是解释问题,法律摆在那里,谁都可以解释,只是看谁的解释正确、高明、更符合特定的案情。

律师代理案件,在接受了当事人的委托之后,首先当然要弄清楚案件的事实并为在庭审中证明案件的事实准备各种证据,然后就要从现行法律、法规、政策、权威解读中找到案件应当适用的法律规范,建议审理案件的法官采用这一法律规范,作为裁判本案裁判的基准。此项法律规范,理论上称为"请求权基础"。①

在仲裁案件受理阶段,法律检索能够帮助律师判断案件的走向,结合当事人预期评

① 参见梁慧星:《裁判的方法》(第3版),法律出版社2017年版,第322页。

估能否接案；在承办案件阶段，法律检索决定着个案的办案思路；在瞬息万变的庭审中，将检索到的法律分析到位，能够做到“以不变应万变”；在案件办结后，不服仲裁裁决救济途径的选择仍然取决于有效的法律检索。

(二)律师法律检索方法

法律检索主要涉及三个问题：查什么、怎么查、怎么用。

1. 查什么——确定检索信息

“查什么”解决的是搜集什么信息，即法律渊源的问题。律师检索的法律包括全国人大及其常委会颁布的法律、法律释义与问答，国务院行政法规，最高人民法院、最高人民检察院司法解释(含司法文件、个案批复等)，地方性法规，国务院部门规章、地方政府规章等其他规范性文件，以及各公安、检察院与法院等官方机关就某个专业问题的“解答”、“指导意见”、相关负责人公开讲话等，以及参考权威学说观点对法律的理解与适用。

要想快速确定信息源，必须对信息分类、各网站的页面、内容分布等有一定的了解，熟悉不同网站的信息构成与分布情况。

2. 怎么查——确定检索途径和方法

怎么查解决的是在哪里查和用什么方法查。

(1)在哪里检索——确定信息源

①官方网站检索

法律法规及司法解释应在发文机关官网上检索，并将发布当时的“答记者问”也一并检索、筛选。政府及政府部门发布的规范性文件，可以在官网上检索，也可以在“中国裁判文书网”采用案例倒查法(房屋买卖合同纠纷、建设工程施工合同纠纷类案件最实用)。司法行政机关发布的专业问题的理解与适用意见，要在发文机关官网上检索。

②书籍或者期刊检索

实践中法律如何援引与适用，法律规制空白问题时，寻找权威学说观点可以为裁判提供裁判参考。可以在《最高人民法院公报》、《人民司法》、《民事审判指导与参考》、《商事审判指导》、《刑事审判参考》、《审判监督指导》以及法院新闻发布专栏、法院法官风采专栏等处检索。

③数据库检索

全国人大牵头建设的“国家法律法规数据库”、司法部主办的“法律法规数据库”，内容比较权威。其他数据库，如“威科先行”、“北大法宝”、“法信”、“alpha 数据库”、“无讼”以及“中国知网”等也可使用，但是全文下载需要有账户。如果没有账户，可以在搜索到文件名称后，在发文机关官方网站检索。

还有就是充分运用微信搜索功能，这里既能搜集到法律法规原文，也能搜集到有价值的文章。

另外，要重点关注最高人民法院有关工作会议内容和法官讲话、党和国家相关工作会议内容，对司法理念与时代背景知识的解读。

(2)用什么方法查——确定检索方法

一般而言，法律检索可以用关键词分类检索法，也可以采用体系检索法，还可以采用案例倒查法。多年来的工作经验表明，诉讼案件适用体系方法检索，非诉案件适用关键词方法检索，效果比较好。当然几种方法不是非此即彼的排斥关系，而是可以融会贯通、相互借鉴的，个案检索采用什么方法，因案而异。

(三)法律检索的要求

法律检索应全面彻底，穷尽各种手段和途径，检索时需要敏锐、细致和耐心，尤其要关注法律和政策的有效性，关注具体办案机构《仲裁规则》的特殊规定。一个完整的法律检索包括概括法律事实、识别法律问题、选择检索工具、提炼关键词、初步检索、检索到的法律条文分析、个案适用对比、补充检索、总结类案法律适用规则九个环节。为全面检索不遗漏关键法律条文，检索时要做好完整记录并整理成法律检索报告。

法律检索报告没有固定的格式，但是完整的检索报告至少应包含如下内容："××案相关法律法规检索报告"，检索目的(找到法律问题)，检索工具，检索关键词，检索分析和结论，针对问题分类列明法律依据，关联法律条文对个案的适用性分析。

律师工作真正的价值在于判断而非践行。适用法律的前提是对检索记录工作的整理和归纳，法律检索及运用分为五步：第一步是全面查找。根据检索目的、运用检索工具，全面查找各类法律，保证检索信息全面无遗漏。第二步是筛选。按照关联度、效力级别、价值重要性等因素分类整理检索到的法律。第三步是分析。一定要结合个案的特殊性，注重法律的时效性、有效性及效力级别，关注适用范围，考虑法律是否在案件中适用；确定适用后还要将涉及的关联法条对比分析，分析法律条文背后的法理。第四步是总结归纳。结合类案的案由，分类汇总，总结归纳同类案件的法律适用规则，找到对己方观点最有力的支撑。第五步是形成服务产品。在特定领域法律检索的基础上，区分不同适用群体，形成独特的法律服务产品，提升法律执业技能，而非仅仅停留在"律师工作记录"的基础上，更非"为他人作嫁衣"。在个案检索法律的基础上，按照一定逻辑结构形成某一领域的法律法规汇编，既方便系统学习，也方便类案查询。但一定要及时关注修法动态，如有相关法律法规修改或者废止的，应及时对比分析，并形成升级版汇编。

从立法目的、个案特定事实、有效证据等多角度分析，在大脑中不断思索，最终在个案中形成一套完整的法律适用体系与规则，区分不同主体形成内容有差异的多版本检索报告，才是完美的法律检索。

四、案例检索

有人认为仲裁的本意是尊重当事人意思自治，仲裁不公开审理，类案检索对仲裁没有价值和意义，笔者认为这种观点不甚正确。案例尤其是裁判文书，是法律实践的载体，是“活法”；案例或者裁判文书是案件事实发生、利益纠纷博弈、争议解决途径的载体。通过研习案例，我们律师可以找到案件突破点，着手处理具体法律问题；可以领悟到法官是如何解释、运用法律来解决复杂的现实问题的；可以学习各方诉讼参与人的法律适用技能和思维方法。仲裁是要接受司法审查与监督的，如适用法律错误或者违反法定程序，仲裁裁决是会被撤销或者不予执行的。

（一）案例检索是律师必备的基础执业技能

1. 通过案例检索解决法律适用分歧的有关规定

最高人民法院《〈关于案例指导工作的规定〉实施细则》第 9 条规定：“各级人民法院正在审理的案件，在基本案情和法律适用方面，应当参照相关指导性案例的裁判要点作出裁判。”2019 年最高人民检察院《关于案例指导工作的规定》第 15 条中规定“各级人民检察院应当参照指导性案例办理类似案件，可以引述相关指导性案例进行释法说理，但不得代替法律或者司法解释作为案件处理决定的直接依据。”

最高人民法院《关于完善人民法院司法责任制的若干意见》（法发〔2015〕13 号）、最高人民法院《关于落实司法责任制完善审判监督管理机制的意见（试行）》（法发〔2017〕11 号）、最高人民法院《关于健全完善人民法院审判委员会工作机制的意见》（法发〔2019〕20 号）、最高人民法院《关于建立法律适用分歧解决机制的实施办法》（法发〔2019〕23 号）以及最高人民法院《关于统一法律适用加强类案检索的指导意见（试行）》（法发〔2020〕24 号）等司法解释或司法文件均规定，各级人民法院应当充分发挥专业法官会议、审判委员会总结审判经验、统一裁判标准的作用，在完善类案参考、裁判指引等工作机制基础上，建立类案及关联案件强制检索机制，确保类案裁判标准统一、法律适用统一。

上述规定创设了类案与关联案件检索机制，明确要求法官在办理案件时，要对类案与关联案件进行全面检索并制作检索报告。我们律师在办案过程中，也应与时俱进，积极与司法机关接轨，制作有效的类案检索报告。

2. 律师进行案例检索的价值与作用

无论是诉讼律师还是非诉律师，无论是民商事律师、行政法律师还是刑辩律师，案例检索都是必不可少的执业基本功。律师办理仲裁案件同样要进行案例检索，通过案例理解背后的裁判规则，从而掌握法律的适用与援引方法。

案例检索对于律师的价值，在不同的办案阶段和执业阶段都是极其重要的，主要体现在以下五方面。

（1）“新手入门之师”

刚踏入律师之门，通过研读案例能够了解纸上的法律如何在案件中运用，如案由确定、管辖确定、当事人地位的确定、仲裁请求的确定、答辩方向与观点的确定、各类文书核心要求与观点提炼等。

（2）“老手提高之力”

执业三至五年的律师，基本摸清了工作内容和方法，懂得了通过说服仲裁员接受己方观点的关键在于提升业务技能。例如：积极探寻律师如何在法律检索上为仲裁员办案提供帮助并通过检索报告说服仲裁员采信己方观点，支持己方诉求和主张；学会了如何从裁判文书的逻辑结构和叙事说理上分析仲裁员的审判思维，在律师文书写作中学习借鉴，使自己的文书符合“仲裁员心理预期”；学会了如何使通过案例检索形成的分析报告，能够为统一适用法律提供实践支撑，在无明确法律依据或者有分歧时，提供支持己方观点的参考依据，通过以上等方法提升了律师业务技能，提高了办案质量。

（3）“案件预判之标准”

律师在办案过程中，经常会被问到“类似案件怎么判决的”“我的案子会怎么判”等问题。《律师执业管理办法》第 33 条第 1 款规定，“律师承办业务，应当告知委托人该委托事项办理可能出现的法律风险，不得用明示或者暗示方式对办理结果向委托人作出不当承诺”，2018 年《律师执业行为规范（试行）》第 44 条规定：“律师根据委托人提供的事实和证据，依据法律规定进行分析，向委托人提出分析意见。”《律师职业道德和执业纪律规范》第 26 条规定，“律师应当遵循诚实守信的原则，客观地告知委托人所委托事项可能出现的法律风险，不得故意对可能出现的风险做不恰当的表述或做虚假承诺”，律师相关执业规范文件等都规定了律师不得作不当承诺，但需告知潜在法律风险。为了满足委托人对案件走向预估的需求，我们律师不得承诺结果，但是需要合理预测各种法律风险，并做适当提示。通过类案检索，了解类案裁判规则，回归到个案，分析后就会有合理地预判和预期。

（4）“权利救济之法”

某些案件直观看，仲裁司法救济程序终止，但是通过检索相关案例可以寻找到权利救济途径。如一个案件经过仲裁、仲裁司法审查，一般就认为程序终了。但我们发现如果案件确实有问题，仍然有救济途径，可以向检察机关申诉。

（5）能够“知己知彼”

有些新类型案件，案件事实认定和法律适用都极为陌生，通过研读案例，可以了解背景知识，掌握相关法律适用规则，通过检索案例做到对事、对人、对法都了然于胸。

另外，案例学习是准确理解与适用法律的重要方法，将不同案件的裁判观点总结分析，提炼出办案思路，进而形成法律服务产品，是青年律师学习间接经验快速成长的便捷之路。

（二）案例检索要求与效果

1. 全面——数量与内容

案例检索的全面要求，是指类似案例的数量、类案的可比性都要全面、细致，主要体现在以下五个方面：（1）数量全面。按照时间倒序方式，将近几年的案例要全面检索，总结裁判规则的演变。（2）效力层级全面。从指导案例、公报案例、典型案例到普通案例，都要检索。（3）法院层级全面。从最高人民法院、高级人民法院、中级人民法院到基层法院的类案都要全面检索。（4）仲裁司法审查地域裁判规则的类案要全。在某一数据库中检索特定地域的裁判规则，将其对某一类案件司法审查标准涉及的全部案例进行检索。（5）内容全面。特定类型案件，裁判规则或者观点有分歧时，支持的观点和不支持的观点涉及的案例要全面检索。

2. 检索有痕——做好记录并形成检索报告

从检索目的、关键词、检索工具，到检索个案的案号、裁判法院、审级、文书类型、案由、裁判观点、裁判日期、合议庭成员，以及是否是指导案例或者典型案例，有无经过审判委员会讨论等，都要进行全面记录。每个检索的案件都要留存，方便分析、整理。这其中的一部分工作是服务于承办的个案；一部分工作在于获取其他有价值信息，如总结学习裁判规则或者权利救济途径，提升律师办案技能，拓宽解决问题的思路；还有在日后承办类案时，有些信息和内容可以直接援引，既节约时间又保障质量。

结合个案需要形成特定的检索报告。检索报告格式要求写明“××案相关案例检索报告”，可以以文字形式摘录，也可以以图表形式归纳，将关键、有效的案例全文入卷。文字形式内容有：检索目的、检索工具、检索关键词、案件裁判主旨整理、结论性分析意见、检索用时、完成时间等。表格形式表头为：序号、案件名称、案由、案号、裁判结果与主旨。

（三）案例检索方法与内容

1. 检索什么——确定检索目的

律师的时间有限，在开展工作前，一定要弄清楚工作的具体目的是什么，要达到什么样的效果。案例检索关键需要确定个案检索的目的，仲裁案件类案检索主要是为了了解类案裁判规则和仲裁案件司法审查标准，帮助确定和增强代理观点的说服力，以强化个案说理性为导向，确保胜诉的仲裁案件得以顺利执行。

2. 怎么检索——确定检索途径和方法

（1）确定检索关键词

关键词的确定与提炼是案例检索的难点和突破口，如果没有确定关键词，检索无从下手;关键词不准确,检索不到有价值的信息,徒增时间成本。案例检索关键词的确定需要结合个案实际分别确定。仲裁案件可以参照诉讼案件检索方法,可以将案由作为关键词,也可以将个别核心词如“民间借贷”“金融借款”“举证责任”“证明标准”“仲裁司法审查”“仲裁执行”等作为关键词,有时候需要进行顺序互换检索,但是要使用法言法语,才能保障检索的有效性。关键词总的思路是诉讼案件以“案由 + 核心词”为主线,以“网签备案”“物权变动”“优先顺位的债权”“优先受偿权”“解除合同”等个案涉及的特定术语为补充。

(2)在哪里检索——确定信息源

①官方网站检索

既要检索典型案例,又要检索仲裁司法审查裁判文书承办法官写作的专业文章。检索最高人民法院指导案例、最高人民法院典型案例、最高人民法院公报案例;检索最高人民检察院指导案例、最高人民检察院典型案例。平时要注意分类积累最高人民法院、最高人民检察院及其他各地法院发布的典型案例和专业文章。

②专业数据库检索

对“中国裁判文书网”、“中国司法案例网”、“中国知识产权裁判文书网”、“无讼网”、“威科先行”以及“聚法案例”等专业网站,可以按照案由、核心词等关键词和裁判文书类型、审理法院等信息进行类案检索。这些数据库既有电脑版,又有手机版,各有千秋。

③法律实务类书籍

可以通过各类纸质书籍,如《最高人民法院公报》《人民司法》《民事审判指导参考》《商事审判指导》《刑事审判参考》《审判监督指导》《裁判规则》《典型案例》《审判经验》《人民司法 · 案例》《股权转让仲裁案例精选》《法律适用》《中国商事仲裁争议解决年度观察》等纸质类书籍中进行检索。

还有就是充分运用微信搜索功能,这里既能搜集到类案原文,也能搜集到有价值的文章。不同的信息源或者数据库,其价值功能和侧重点不同,律师需要经常使用各种工具,熟练掌握各网站或者书籍其自身独有特点和优势。

(3)多渠道、多关键词分类检索

有些情况下,单纯输入案号,检索结果会显示“无”,但是更换关键词、更换当事人信息或者更换检索工具就可以出来结果。检索过程中要充分运用不同数据库的特点进行交叉验证,通过数据库交换、关键词互换以及当事人信息、案号、承办法官、案由等信息更换,保证全面检索到所有诉讼文书,不遗漏任何有价值的信息。

3. 检索到案例后如何使用

案例检索要处理好快与慢的关系,承办个案需要观点支撑时,因时间有限,大多仅在意“本院认为”的内容;但个案办结后,应当细嚼慢咽、耐心分析和研读每一个案件,学习、体会其蕴含的裁判思维和实战方法。

(1)服务于个案,为自身观点提供有力支撑

①可以将核心观点用在写仲裁申请书、保全申请书、答辩状等文书以及争议焦点提炼、代理观点支撑、庭前准备、案件分析意见、代理词等方面。

②总结裁判规则,形成有效检索报告、并结合个案实际需求进行分析总结,对类案有利的案例,寻找其与承办个案的共同点和裁判规则以获得法官的采纳;对类案不利的案例,寻找其与个案的不同点,指出案例体现的裁判规则在特殊的个案中不能类推适用。

将相关案例作为代理词的支撑,将检索的案例按照案例“效力”级别、裁判机关级别分类、时间倒叙等标准排列,摘录其中的裁判主旨观点,供仲裁庭参考。最高人民法院指导案例、公报案例和典型案例的效力级别高于普通案例,上级法院的案例效力高于下级法院的案例,同一法官裁判时间最新的案例效力优于时间久远的案例,仲裁司法审查案例所体现的裁判规则又优于其他案件的裁判规则。当我们遇到新型案件、疑难案件,以及适用法律存有争议、法律规定比较原则或者不明确的案件时,可以尝试向仲裁庭提交案例引证参考。

提交参考案例时,要提交两个版本。一个内容是检索报告摘要版,即案例检索摘要汇总,为承办法官节约时间。可以以图表的形式,也可以以文字形式,以“案号 + 观点(裁判规则与精要 + 案例来源)”的形式,简洁明了说明观点即可。另一个内容是案例全文,所提交的案例来源必须权威,除能够提供裁判文书原件的情形以外,均应当提交“中国裁判文书网”或作出该裁判文书法院官方网站公开平台直接打印的版本,以保障案例的权威性和完整性,并将关键性内容通过勾画、标红的方式做好标记,便于仲裁庭参考。

如果我们的案例不是通过网络搜索到的,而是从纸质书籍等资料中搜集的,则尽量提交公报封面、目录及该案例内页复印件,即“封面 + 内容”。如有条件,参考的内容价值较高,可以考虑将书籍原文提交法庭,并将关键内容折页、标记。

(2)总结类案裁判规则,多角度学习法律适用规则与技术

在承办个案的过程中,由于时间和精力有限,受代理律师代理利益身份的限制,我们通常只关注“本院认为”部分内容,只关注对承办个案有利的部分,而忽视了裁判者中立解决问题的角色,更没有时间学习整个案例的全部内容。个案办结后,应从案由与当事人信息,原告(上诉人或者再审申请人)诉称与被告(被上诉人或者被申请人)辩称,举证、质证与认证,法院查明的事实与“本院认为”部分,适用法律和裁判结果等全盘学习,应结合整个案例的所有内容作全面理解,脱离“代理利益”角色站在中立角度

或者法官角度通盘考虑问题,学习案例体现的裁判规则,学习文书承载的内在逻辑、诉讼思路和各种实务技能。

如有条件,可以以承办的个案为素材,结合检索的类案裁判规则所获取的信息,消化吸收后探索法律适用规则,写作实务文章生产法律产品,充实自身知识体系,培养解决具体问题的逻辑思维和意识,将有形的案例内化为无形的思维,提升律师执业能力。

如何在法律检索上为仲裁员办案提供帮助并通过检索报告说服仲裁员采信己方观点,支持己方请求和主张,是对律师工作能力和专业水准的一大考验。通过案例检索报告为统一适用法律提供实践支撑,在无明确法律依据或者对法律理解和认识有分歧时,提供支持己方观点的参考依据,是律师提升业务技能、提高办案质量的有效方法和途径。在案件分析过程中,借助于法律大数据的智能信息检索技术,寻找与当前案件特征类似的案例,进行对比分析和参考,将经验转化为办案能力。就仲裁案件而言,应该通过检索的类案,细细品味仲裁与诉讼不同争议解决方式的区别,以及不同制度的功能和价值。

法律人的底气根植于专业。律师办案的工作能力与专业技能,大多是日积月累沉淀下来的。只有平时的学习工作做到位,关键时候才会产生灵感,即使遇到强劲的对手或者棘手的难题也能够顺利解决。律师手里没有权,靠的只能是法律。但律师靠的不是法律的韧性,不是法律的矛盾,靠的不是法律的空隙,而是靠法律的权威,靠法律体现的真理。查找相关法律、法规、案例、权威学说,找到在司法实践中法律统一适用的标准和精神,在诉讼和非诉案件中同样适用。不管是仲裁案件,还是非诉案件,律师都在追求当事人"诉求"的实现,在追求这一结果的过程中,律师应该经历一个甚至多个"发现问题—提出问题—研究问题—解决问题"的过程,而案例研究学习是律师提升解决实务问题能力的最佳途径。

第四节　法律文书、仲裁规则运用与仲裁员选定

一、法律文书

律师办案的成果最终会通过各类文书体现出来,法律文书写作是律师的基础工作。仲裁申请书、答辩书、保全申请、保全复议申请、代理词等不同体裁的文书,都是在厘清案件事实的基础上,服务于特定事项,完成特定任务的,需要运用特定逻辑思维和法律专业思维,围绕要解决具体问题而撰写完成。

法律文书是当事人请求和代理观点的载体,也是媒介,是实现具体仲裁目的的一种

手段。观点正确、结构完整、要点突出、条理清晰、表达清楚、行文简洁流畅、句子完整、无错别字、格式规范是文书写作的基本要求。

二、仲裁规则的运用

检视并审阅所选定仲裁机构的仲裁规则，审慎对待规则赋予当事人的权利和义务。仲裁规则是当事人参与仲裁活动、仲裁庭审理案件以及仲裁机构管理案件的重要依据，被称为仲裁程序的内部法。

律师接受委托后，应当熟悉仲裁机构的仲裁规则，特别是仲裁程序中各环节的期限规定，以便及时提出申请或异议，维护当事人的合法权益。切忌“诉讼思维式的想当然”，尤其是提出反请求的期限，各地规则不一，绝不能以诉讼案件“一审法庭辩论终结前提起反诉”的固有思维办理仲裁案件。

律师办理仲裁案件不可简单套用诉讼模式直接运用诉讼思维与经验，应当在有效借鉴诉讼经验的基础上，结合仲裁程序的特殊性和个案的特点，综合运用法律、法理、情理、常识维护当事人合法权益。

律师应熟悉相关的仲裁规则和仲裁程序，特别是受理案件的仲裁机构的仲裁规则和仲裁员守则，尤其要关注受理案件仲裁机构关于仲裁反请求、举证期限、申请鉴定的特殊规定。为保证仲裁裁决的顺利执行，发现仲裁过程中任何不符合仲裁程序的做法应及时告知当事人，并及时向仲裁机构书面提出异议，充分维护当事人的权利。

为突出仲裁案件区别于诉讼期限的特殊性，将部分仲裁委员会（机构仅写前面称谓，仲裁委员会省略）普通程序期限整理为表2－2。

表2－2　部分仲裁机构仲裁期间整理

仲裁机构	受理期限	受案送达	答辩期限	举证期限	反请求	组庭通知	开庭通知（首次）	申请鉴定	仲裁期限	规则备注
北京	10日	10日	15日	规定	10日	5日	10日	未明确	4个月	2019年
上海	7日	7日	15日	规定	15日	及时	10日	未明确	4个月	2018年
太原	5日	5日	15日	30日	举证期届满前	3日	10日	举证期	4个月	2014年
太原	5日	5日	15日	15日	举证期届满前	5日	5日	举证期	3个月	2021年
哈尔滨	5日	5日	10日	20日	10日	5日	5日	未明确	4个月	2018年
石家庄	5日	5日	15日	指定	15日	5日	5日	未明确	4个月	2017年

续表

仲裁机构	受理期限	受案送达	答辩期限	举证期限	反请求	组庭通知	开庭通知(首次)	申请鉴定	仲裁期限	规则备注
天津	3 日	2 日	10 日	规定	答辩期	无	7 日	未明确	4 个月	2014 年
武汉	5 日	5 日	15 日	规定	15 日	及时	5 日	未明确	4 个月	2018 年
西安	5 日	5 日	15 日	20	首次开庭	—	30 日	未明确	9 个月	—
长沙	5 日	10 日	15 日	指定	答辩期	及时	3 日	未明确	4 个月	2018 年
济南	5 日	5 日	10 日	确定	举证期	及时	30 日	举证期或规定	4 个月	2020 年
仲裁委员会仲裁规则示范文本	5 日	5 日	15 日	未规定	未规定	5 日	10 日	未规定	4 个月	1995 年

仲裁的意思自治在当事人委托代理人时与诉讼也有区别，仲裁案件代理人人数也有灵活的规定，将部分仲裁委员会委托代理人整理为表 2－3。

表 2－3　部分仲裁机构代理人人数

仲裁机构	委托代理人人数	可否增加	增加程序
北京仲裁委员会	未明确	—	—
太原仲裁委员会	1 至 2 名	未规定	—
哈尔滨仲裁委员会	1 至 3 名	可以	当事人申请，仲裁庭同意
石家庄仲裁委员会	1 至 5 名	未规定	—
上海仲裁委员会	未明确	—	—
天津仲裁委员会	2 名	未规定	—
武汉仲裁委员会	未明确	—	—
西安仲裁委员会	1 至 3 名	可以	超过 3 名需仲裁庭同意
长沙仲裁委员会	未明确	—	—
济南仲裁委员会	不得超过两名	不可以	—

三、仲裁员的选定

（一）《仲裁法》规定担任仲裁员的条件

该条件可概括为“三八两高”标准，即根据《仲裁法》第 13 条的规定：仲裁委员会应当从公道正派的人员中聘任仲裁员。仲裁员应当符合下列条件之一:(1)通过国家统一法律职业资格考试取得法律职业资格,从事仲裁工作满8年的;(2)从事律师工作满8年的;(3)曾任法官满8年的;(4)从事法律研究、教学工作并具有高级职称的;(5)具有法律知识、从事经济贸易等专业工作并具有高级职称或者具有同等专业水平的。

仲裁委员会按照不同专业设置仲裁员名册。

(二)选定仲裁员是当事人的权利

《仲裁法》第31条规定:当事人约定由3名仲裁员组成仲裁庭的,应当各自选定或者各自委托仲裁委员会主任指定一名仲裁员,第3名仲裁员由当事人共同选定或者共同委托仲裁委员会主任指定。第3名仲裁员是首席仲裁员。当事人约定由一名仲裁员成立仲裁庭的,应当由当事人共同选定或者共同委托仲裁委员会主任指定仲裁员。

选定仲裁员是仲裁的一项特殊规定。一般情况,仲裁员需要从受理案件机构的《仲裁员名册》中选定,有些地方规定可以从仲裁员名册之外选定,但需要仲裁委员会主任认可。如《中国国际经济贸易仲裁委员会仲裁规则》第26条规定:仲裁委员会制定统一适用于仲裁委员会及其分会或仲裁中心的仲裁员名册;当事人从仲裁委员会制定的仲裁员名册中选定仲裁员。当事人约定在仲裁委员会仲裁员名册之外选定仲裁员的,当事人选定的或根据当事人约定指定的人士经仲裁委员会主任确认后可以担任仲裁员。《深圳国际仲裁院仲裁规则2020》第28条规定:当事人应从《深圳国际仲裁院仲裁员名册》中指定仲裁员。适用《联合国国际贸易法委员会仲裁规则》或《深圳国际仲裁院海事物流仲裁规则》的案件,当事人可以从《深圳国际仲裁院仲裁员名册》中指定仲裁员,也可以在前述名册之外提出仲裁员人选。在前述名册之外提出仲裁员人选的,该人选经仲裁院确认后方可担任该案仲裁员。

(三)仲裁员对案件的影响

仲裁员的质量在很大程度上决定了仲裁裁决的质量。仲裁员在仲裁中发挥着决定性作用,当事人在选择仲裁员时要慎重。虽然当事人不得与仲裁员私下沟通,但当事人及其代理人可以通过信息检索与情报分析,研判某一仲裁员的学术立场与实务倾向是否有利于自身请求,从而基于自身立场与需要选择适合自己案件的仲裁员,这是合理的,也是允许的。当事人不论在心理上还是在实践中都更加倾向于选择自己熟悉的仲裁员。

仲裁员的不尽责行为导致的非实质公平性裁决,显然并非当事人所期望的纠纷解决结果,更不符合当事人对仲裁员公平公正、认真尽责的期待。为了保证能够充分尽责单边委任的仲裁员应及时指出仲裁庭合议中的误差遗漏并提出恰当的合议意见,仔细阅读仲裁裁决并提出合理的完善意见,从而尽最大可能保障仲裁案件的程序正义与实体正义。

被委任、指任的单边仲裁员有时会极力为当事人争取利益，甚至于当所争取利益并不合理而被否决时，仍要强行提出异议意见，有时甚至拒绝在裁决书上签字以胁迫仲裁庭作出不当妥协。这种情况，仲裁员背离了仲裁员身份，一定程序上充当了“代理人”角色，违反了《仲裁法》及《中国国际经济贸易仲裁委员会、中国海事仲裁委员会仲裁员守则》等的规定。出现这种情况，作为代理人，一定要及时提出异议，并向当事人提出合理化建议。

(四)仲裁员的作用

虽然合议时仲裁庭各仲裁员的职责与任务不同，但是所有仲裁员都会坚守法律底线和《仲裁员守则》的规定依法履职。既然法律赋予当事人选择仲裁员的权利，代理人应当让当事人明白仲裁员的价值和作用，绝不能让当事人误以为“选择仲裁员”就是“增加了一位专业代理人”。

1. 首席仲裁员的职责与作用

主持庭审；负责推进仲裁程序(开庭、举证、新证据是否接受等)；与秘书处沟通；主持仲裁庭合议；撰写仲裁裁决；有分歧时协调单边仲裁员。

2. 单边委任的仲裁员的作用

协助首仲进行审理；提示错误或者遗漏；提供合议意见；阅读仲裁裁决并提出意见；协助进行调解。

仲裁员应当秉持客观公正的立场，考虑案件的全部情况，分清是非曲直，合法公正、符合良知地作出裁决，维护当事各方的合法权益、明确各方的法律义务和责任。

(五)仲裁员选定技巧

我国商事仲裁案件中仲裁员的产生通常有两种方式，即当事人自行选定和仲裁委员会主任指定。

“任何人都不得做自己案件的法官。”仲裁员与案件没有利益冲突，是保证仲裁案件公正审理、仲裁裁决权威可靠的最基本要求。利益冲突回避，也是当事人选择仲裁员的基本要求。作为代理人，在选择仲裁员时应从仲裁员的办案经验、办案时间、工作态度、专业化程度等方面，在查阅办案仲裁机构的《仲裁规则》《仲裁员守则》《仲裁员名册》，综合考虑仲裁员职业、身份、阅历、知名度等因素后，给出当事人合理的建议。

通常而言，选择仲裁员应遵循以下基本原则：(1)选定熟悉纠纷所涉及专业领域的仲裁员；(2)避免出现仲裁规则规定的回避情形；(3)熟悉和专业不能兼得时选择专业；(4)独立性与公正性。仲裁员的独立性与公正性，是争议得以通过仲裁方式得到公正、有效解决的基石。仲裁员的专业水准、职业操守和敬业程度决定着仲裁的公正和效率。另外，也要考虑仲裁员的声誉。

律师选定仲裁员的顺序可以是：(1)在仲裁员名册中划定相关案涉争议领域的仲

裁员候选列表;(2)参考选定的仲裁机构网站,查询该机构在册仲裁员的详细简历;(3)判断该仲裁员是否会在案件的裁决中采取自己最能接受的裁决方式和尺度,从而最终确定案件的仲裁员。

仲裁员选任禁忌:

自己担任仲裁员的机构办理的案件不能再担任个案代理人;同一律师事务所的不同律师分别担任代理人和仲裁员也是被禁止的。

第五节　仲裁证据规划与证据卷

边沁说:“证据为正义之基础。”证据的收集、认定、评价、采纳不仅对仲裁案件的结果产生重大影响,还将影响着仲裁裁决的效力及可执行性。“谁主张,谁举证”是案件得以查明进行的重要根基,具体来说,证据是当事人进行仲裁、证明自己主张的事实根据,也是仲裁庭查明案件事实、准确适用法律、作出公正裁决的基础。最高人民法院《关于民事诉讼证据的若干规定》第19条规定:“当事人应当对其提交的证据材料逐一分类编号,对证据材料的来源、证明对象和内容作简要说明,签名盖章,注明提交日期,并依照对方当事人人数提出副本。人民法院收到当事人提交的证据材料,应当出具收据,注明证据的名称、份数和页数以及收到的时间,由经办人员签名或者盖章。”各地仲裁委员会仲裁规则对举证也有明确的要求。《中国国际经济贸易仲裁委员会证据指引》在办案时可以借鉴和参考。

一、在有效阅卷的基础上制定证据规划

律师接受当事人委托并获得主要证据材料之后,应及时对当事人提供的证据进行梳理。如主要证据不完备,应口头释明或书面告知当事人进一步补充提供相关证据,并配合当事人及时完成相关证据的收集工作。在了解基本案情、查阅已有证据的基础上,制定证据规划,指导当事人按照证据规划收集证据。

律师收集证据、制作证据规划时,应书面告知当事人提供证据的范围、形式、种类、时限、方式、份数。对当事人无法提供的证据,应当及时自行收集、申请仲裁庭调取。诉讼中申请法院调查和收集证据,律师因客观原因不能自行收集的证据,应在举证期限届满前向法院递交书面申请调查令,或申请法院直接调取,并协助调查收集。仲裁案件中的申请调取证据,需要查阅具体的仲裁规则。

二、结合案情筛选分析证据

对于当事人提供的证据，律师重点应对其真实性、合法性、关联性及证明目的进行仔细审查。证据应当与案件事实、争议焦点密切相关，并且有利于当事人。为此，在审查当事人提供证据的同时，应深入研究并时刻关注对方当事人提交的证据材料，以使己方提交的证据材料具有关联性和针对性。证据往往具有两面性（双刃剑），律师应做好已有证据的排查、过滤、取舍，查疑补缺，不断完善和深化证据的审查整理工作。

律师对调查、收集的证据应从以下几个方面进行审查，确定其真伪及证明力：(1)证据的来源及种类；(2)证据的形成和制作；(3)证据形成的时间、地点和周围环境；(4)证据的内容和形式；(5)证据要证明的事实及其与案件的关联性；(6)证据间的关系；(7)证据提供者与案件或案件当事人的关系；(8)证据的合法性和客观性；(9)证据的证明力；(10)该证据提供后是否会对当事人产生不利影响，该不利影响是否能覆盖有利因素等。

三、按照逻辑顺序形成证据卷

证据要符合合法性、真实性、关联性的基本要求，证明目的要明确，证明内容应形成完整的证据链条。如主要证据已经具备，应在合理时间内按照仲裁请求、答辩书争议焦点和重点问题编制完成证据卷，并在仲裁庭指定的举证期限内提交。证据卷的制作应围绕案件事实及案件争议焦点分组编制，多份证据关联性很强，无法拆分的，应当合并编为一个证据组。编制证据组时还应兼顾证据形成的时间先后顺序。

四、制作证据目录和举证说明

律师向仲裁庭提交的证据，应编制目录。证据目录制作基于案件事实，围绕仲裁请求，在证据材料筛选、分类、按逻辑顺序整理后，再行制作证据目录。证据目录中的证据应该形成完整的证据链，能够证明己方仲裁请求、答辩观点正确，或者证明对方当事人仲裁请求、答辩观点错误。

关于证据目录的形式要求，可以到受理案件仲裁委员会官网“文书下载”专栏下载相关样本，在此基础上结合个案特殊性修改。但是，编制证据目录应符合《民事诉讼法》、最高人民法院《关于民事诉讼证据的若干规定》以及相关仲裁机构对证据及证据目录的要求。证据目录完整地包含证据名称、证据来源、主要内容及证明对象四个要素。

证据名称，原则上应按照证据材料文件名称编制，并注明文件形成日期。

证据来源涉及证据真实性，应清楚地标明“申请人与被申请人”“国家企业信用信息公示系统”的相关内容等。

同时,证据分组分类、编制页码、份数、关键内容摘录与标记。举证说明(金融借款合同纠纷中,注明贷款金额、借款期限、保证合同中的担保范围与期限等关键内容),应注明提交人、提交时间。要保证证据的真实性,即将复制件与原件核对。律师原则上不保管证据原件,但是一定要在整理证据卷时核对,以防庭审中出现异常(双方手持合同或者其他法律文书版本和内容以及签字等不一致)。

证据主要内容可以在证据说明中列明,证据目录简洁明了即可。证明事项与内容,要围绕案件事实、仲裁请求分组编制,证据应该形成完整的证据链。

有些案情需要或者案情复杂证据太多,仅有证据目录不足以阐释整个案情和证明目的,可以单独制作举证说明,让仲裁员很清晰地看到案情全貌。例如,金融借款合同纠纷中,可以将借款事实中本息偿还金额、时间逐笔列明,建设工程施工合同纠纷中可以将合同约定的双方权利义务、当事人履行的事实对比等进行举证说明,方便“不熟悉案件”的人员迅速掌握争议和关键事实。

五、证据形式和份数

形式:纸质版和电子版。纸质版用 A4 纸张复印;电子版通过扫描成一个 PDF 文件(也可就独立的文件单独扫描)。本书倾向于证据卷电子版本全部留存。律师宜将所有证据扫描备份,在归档时,可将电子档案连同纸质档案一起交客户服务部保管,以免出现后续程序需要再次复印,而使纸质卷复印困难。

份数:一般按照代理人、当事人人数、仲裁庭成员人数、仲裁委员会来确定份数,即“6 ± N”。

装订:可以拿凤尾夹夹住,也可以胶装。证据一般选择凤尾夹装订,特别厚、多的选择胶装,但是胶装前需要留存全套电子版,以便再次复印或者复制。

六、补充提交证据

特殊情况有新证据提交的,或者有新整理的证据,也应分类整理、编制证据目录,注明页码、份数、补充证据等信息。

七、电子证据

当事人提供电子证据的,应当采用截图、拍照或录音、录像等方式对内容进行固定,并将相应图片的纸质打印件、音频、视频的储存载体(U 盘、光盘)编号后提交仲裁机构,其中:(1)提供微信、支付宝、QQ 通信记录作为证据的,应当对用户个人信息界面进行截图固定;(2)证据中包含音频的,应当提交与音频内容一致的文字文本;(3)证据中包含视频的，应当提交备份视频后的储存载体；(4)证据中包含图片、文本文件的，应当提交图片、文本文件的打印件；(5)证据的内容或者固定过程已经公证机关公证的，应当提供公证书。

八、证据整理特别提示

律师原则上不应保管证据原件。律师应当将代理过程中获取的证据原件、原物交由当事人保管，并做好交接签收工作。律师确因工作需要临时保管证据原件的，用完后应及时联系转交当事人并做好移交签收工作，并将签收回执入卷存档。

九、证据保全

《仲裁法》第46条规定：在证据可能灭失或者以后难以取得的情况下，当事人可以申请证据保全。当事人申请证据保全的，仲裁委员会应当将当事人的申请提交证据所在地的基层人民法院。

在证据可能灭失或以后难以取得的情形下，律师应征得当事人同意后，代理其向仲裁委员会申请保全证据，由仲裁委员会提交人民法院采取保全措施。仲裁过程中，申请证据保全不得迟于举证期限届满前；若需在诉前或仲裁前采取证据保全的，依照法律规定、司法解释及仲裁规则等规定办理。

十、证据公证

《公证法》第11条第9项规定：根据自然人、法人或者其他组织的申请，公证机构可以保全证据。《民事诉讼法》第72条规定：经过法定程序公证证明的法律事实和文书，人民法院应当作为认定事实的根据，但有相反证据足以推翻公证证明的除外。

"公证证据保全"这一说法不准确，应该称为"证据材料保全"，因为事实上保全的不是证据而是证据材料，证据材料上升到证据还要在庭审中经过当事人的质证、辩论、仲裁庭认证的阶段和环节。

当事人对公证机构的选择较为灵活，地域的限制较之法院管辖而言更少，各地当事人均可及时向多个相关公证机构提出公证申请。《中国公证员协会关于办理保全证据公证的指导意见》(修订)第4条规定，保全证据公证由当事人住所地、行为地或者事实发生地的公证机构受理。

实务中应特别注意，申请证据公证的主体是当事人，而非仲裁机构。在太原市中级人民法院审理的(2017)晋01民特4号案件中，当事人申请撤销仲裁裁决的一项主要理由为：根据相关法律规定，当事人申请证据保全，仲裁委员会应当将当事人的申请提交证据所在地的基层人民法院，而太原仲裁委员会委托公证机构进行证据保全程序违法。

最终太原中院认为:被申请人在仲裁案件审理期间向太原仲裁委员会申请证据保全,太原仲裁委员会委托太原市城北公证处进行证据保全,程序不符合《仲裁法》第46条的规定。法院依照《仲裁法》第56条、第59条、第60条的规定,裁定撤销太原仲裁委员会作出的(2015)并作出字第442-2号裁决。公证属于当事人举证的范畴,当事人可以自行向公证机构申请公证,根据《仲裁法》第46条、第68条的规定,也应由当事人申请,仲裁委员会无权自行作出证据保全或自行向法院申请,只能将当事人的申请转交法院处理。

第六节　结案与整卷归档

参加庭审是律师代理申请人或被申请人皆不可或缺的重要工作,详细内容在下章特殊事项中阐述。本节重点探讨结案与整卷归档共同的内容。

一、结案报告与总结

庭审结束并收到裁决(调解)文书后,律师要撰写结案报告,从接受委托代理、制定仲裁代理方案、与当事人沟通,到从程序、实体、法律适用等方面进行办案总结,也要对仲裁裁决文书和结果进行分析,对当事人后续工作提出合理化建议。既要总结代理工作中好的做法和经验,也要总结工作中的失误和欠缺,针对存在的问题和不足探究解决思路和方法,在今后办理类案中应特别注意。

办案总结特别提示:代理仲裁案件时,对于当事人提前解除委托关系的,律师应写入办案总结中,说明提前解除委托关系的原因,并附上解除委托关系的相关手续,整理案卷归档。

律师是个持续学习的职业,更加注重对新知识的学习理解,要利用经办的每个案件和网络公开的信息,分析裁判文书文字背后隐藏的含义,了解并知悉裁判者就要件事实或者法律适用所形成的心证过程,从而提升自己的办案能力。

任何一个案件可能都不会只有唯一的处理结果。每一位律师会根据自己对案情的了解,对数据的分析,对法律的理解和对判例的检索等,在脑海中通过法律思维和逻辑推演,将线索材料进行吸收、加工处理后,通过文字、语言等方式转化为陈述/辩论意见和代理观点,将有效信息传递给裁判者,从而影响其自由心证,形成有利于己方委托人的事实与法律适用。因此,律师应秉持认真负责而非敷衍了事的态度对待每个案件,做一个聪明的沟通者,不断总结提升,精进业务、充实自我,形成独特的法律思维与学习方法,在代理案件中发表对案件事实的判断和法律适用见解时更加严格谨慎,从而提高案件代理质效，发挥促成个案争议解决的价值，然后将每个个案汲取的精华不断升华，运用到其他案件纠纷的解决中。

律师应结合个案特殊背景全面分析案情，引导委托人自身对案件有所预判并能客观地对待仲裁结果，穷尽各种合法途径和方式搜集证据，并充分准备做好各项仲裁工作，认真对待每一个案件、每个环节，阅卷、案情分析、搜集裁判观点、检索法律法规和案例等全程各项准备工作都要细心、悉心、精心，做到"有形"服务与"有心"服务的高度契合，竭力维护当事人的合法权益。结案后律师还要深入思考、及时总结，提升办案技能。当然律师不能改变与决定案件结果，更不能左右和代替当事人作出选择与决定，但是必须全力以赴做好代理本职工作。

一个律师把自己精湛的业务技能和娴熟的综合能力展现出来，获得当事人的肯定和同行的认可，才能体现出价值，这也是生存之本、立足之基。知识工作者的成果，通常要与其他人的成果结合起来才能产生效益。只有在办案过程中，才能感受和掌握律师的职业思维，才能学会各种基本技能。只有将经办案件掌握的知识和经验积累起来，才能提升综合能力。

所以，注重办案总结是全方位提升律师综合执业能力有效的方法和途径之一。

二、法律文书签收与后续仲裁救济途径提示

仲裁裁决等法律文书的签收。律师接受委托过程中应询问当事人"自行领取文书，还是由律师代领（收）"。若当事人选择自行领取，应协助仲裁秘书再次向其确认送达地址。若选择律师代收，律师也应和仲裁秘书进一步确认送达地址，在案件办结后及时领取仲裁文书入卷，并及时送交当事人。送交仲裁裁决、决定或其他法律文书、材料时，应填写《法律文书签收表》并要求接收人签字，征求当事人对仲裁结果的意见以及是否申请撤裁、申请执行、申请不予执行等，做好记录，签字存档。

签收仲裁文书后涉及的期限应予以特别提示：（1）对仲裁裁决有异议的，当事人可以在 6 个月内申请撤销仲裁裁决；（2）申请人的请求得到或者基本得到支持的，在裁决书确定的期限未履行，向人民法院申请执行的期间为 2 年。

律师收到仲裁裁决文书后，应当认真阅读，发现有文字、计算错误或遗漏事项，应及时告知当事人，并在收到仲裁裁决文书之日起 30 日内向仲裁庭提出补正申请。经审查如发现有《仲裁法》第 58 条规定情形的，可建议当事人在收到仲裁裁决文书后 6 个月内向仲裁机构所在地中级人民法院申请撤销仲裁裁决。

三、整卷归档

律师的案卷较多，应在每个案件结案后及时整卷归档。一般在案件办结后 3 日至 7

日内完成归档和总结工作。

业务卷宗归档应本着全程可视、全息入档的原则,区分不同业务类型,按照不同的立卷顺序要求进行。

平时工作做细致,案件办结就已经有档案了,仅需按照立卷顺序略加整理即可。

四、档案管理

卷宗是律师事务所极其重要的珍贵资料,记录了律师办案的心路历程,凝聚着律师的智慧和力量,承载着律所的文化和理念,是律师工作成果的集中展现,是律师执业风险防范的工具,是事务所的知识宝库和精神财富。也是后来者更好更快地学习掌握承办各类业务的基本能力,接受和传承事务所文化和理念,为社会提供规范、专业、优质法律服务的重要载体和最佳方法与途径。

仲裁案件有一定的特殊性,建立仲裁档案应单独存放,并附有纸质卷宗和电子卷宗,提升信息化管理。卷宗内容、形式、利用都要进行统一化管理,注重内容重要性、形式规范性、利用严格性。仲裁档案实行统一保管,专人负责,原则上不得外借,且在利用方面要有严格程序和范围的要求。

档案存放的要求:“全”“准”“齐”。(1)“全”主要是指仲裁档案资料的收集方面。要明确仲裁档案的收集范围、归档主体、归档时间,确保仲裁档案“应档尽档”,收集时要对归档资料进行初步审核,做到档案内容齐全、图件清晰、字迹工整,确保仲裁档案的完整性。(2)“准”主要是指仲裁档案分类要准确。档案员在对仲裁档案进行分类整理时,要严格按照仲裁档案规范化管理的相关要求,实行“正副卷”分类管理,做到分类准确、建档规范、审查完备,确保仲裁档案的安全性。律师仲裁案卷一般不分正副卷,但有些特殊案件保密性要求极强,律师研究讨论等形成的不公开的记录等资料,均可以放在副卷里面单纯保存,并贴上“特殊保密”标签。正卷包括案卷封面;案卷卷内目录;仲裁申请书(撤回仲裁申请书)、申请人代理词;答辩书、被申请人代理词;法定代表人身份证明书;授权委托书;当事人及代理人身份证明;当事人提供的证据材料;其他文书材料;调查取证材料;勘验、鉴定材料;通知书存根(文书签收回执);裁决书、调解书、决定书;仲裁建议书(法律分析意见或者风险提示);送达回证备考表等。副卷的文书材料一般包括:案卷封面;卷内目录;阅卷笔录;庭审笔录;质证笔录;调查提纲;调查笔录;请示报告;批示;接谈笔录;其他会议记录;结案审批表;各类文书底稿和原件;备考表等。(3)“齐”主要是针对仲裁档案的装订而言的,讲求“整齐”。档案员在对仲裁档案进行装订入档时,要严格按照档案管理的标准对仲裁档案进行装订,做到装订整齐、目录清晰、页码正确,确保仲裁档案的可用性。

提升档案管理信息化。增强仲裁档案管理信息化水平是保障后期档案查询、利用的一项基础性工作,这里的信息化是指既要做好存量档案的信息化,也要确保增量档案的信息化,通过信息化不断提升整个仲裁档案管理的现代化水平。首先,引入第三方公司协助做好已有仲裁档案数字化工作,将纸质仲裁档案进行数字化扫描、信息提取,建立信息数据库,做好数字信息对接。其次,要做好新增仲裁档案的实时信息化管理,将计算机应用系统运用到仲裁业务工作中,利用计算机信息技术及时将仲裁文件资料转变为存档模式。此外,应积极建立仲裁档案目录数据库和档案全文数据库,不断提升仲裁档案信息化水平。

另外,要保证纸质版与电子版内容的一致性,以免产生争议和分歧。

五、仲裁裁决漏裁、文字及计算错误

《仲裁法》第 56 条规定:对裁决书中的文字、计算错误或者仲裁庭已经裁决但在裁决书中遗漏的事项,仲裁庭应当补正;当事人自收到裁决书之日起 30 日内,可以请求仲裁庭补正。

《北京仲裁委员会仲裁规则》对此作了更详细的规定,其中第 53 条规定:裁决补正、补充。(1)对裁决书中的文字、计算错误或者仲裁庭意见部分对当事人申请仲裁的事项已经作出判断但在裁决主文遗漏的,仲裁庭应当补正。裁决书对当事人申请仲裁的事项有遗漏的,仲裁庭应当作出补充裁决。(2)当事人发现裁决书中有前款规定情形的,可以自收到裁决书之日起 30 日内,书面请求仲裁庭补正或者作出补充裁决。(3)仲裁庭作出的补正或者补充裁决,是原裁决书的组成部分。

代理律师在签收仲裁法律文书后,应及时查阅,看有无影响实体权利义务的遗漏或者文字性错误,如有,一定要在法定期间申请补正。在实践中,利息计算方式和标准常常是仲裁裁决事项容易遗漏的地方。

第三章　律师代理申请人和被申请人的特殊事项

律师代理仲裁案件，基于申请人和被申请人不同的角色定位，律师的代理工作内容和重点不尽相同。律师应当选用仲裁文书固定模式并参照所选定仲裁机构官网公布的文书样式，制作相应仲裁文书，充分理解模板背后的逻辑；否则文书将有形无神，不得要领。律师起草的仲裁申请书或答辩书、反请求申请书，特别是请求的事项和数额，应和当事人充分沟通、交流，在提交仲裁机构之前再交当事人审阅并确认。

第一节　律师代理申请人实务

律师代理申请人办理仲裁案件，第一步就是接案，也就是接受委托，前文已详细阐述。仲裁的灵魂是意思自治，当事人双方的合意是仲裁裁决正当性和有效性的基础。是否申请仲裁、哪些事项申请仲裁、仲裁机构和仲裁地点的选定、仲裁员的选（指）定和仲裁庭的组成、仲裁请求的变更，乃至准据法都要在仲裁协议或仲裁条款中明确。因此，律师接案时要认真审查仲裁协议或仲裁条款的效力及相关内容。仲裁程序的启动始于当事人向仲裁委员会申请，并需要提交规范的仲裁申请文件。

一、仲裁申请书

仲裁申请书是律师代理仲裁案件最重要的文书之一。律师应当在阅卷分析案情的基础上，结合查阅的法律和案例，起草仲裁申请书。对案情的分析意见，力争与当事人统一认识和看法。

（一）文书内容与要求

很多刚刚接触仲裁的律师，在制作仲裁申请书、证据材料清单、授权委托书时喜欢或者习惯性地套用律师事务所的诉讼文书模板。在实践工作中，笔者遇到了大量律师作为仲裁代理人提交的仲裁文书上还有诸如“诉讼代理人”、“诉讼请求”、“判决”、“判令”或者“判如所请”的情形，这些表述和用语方面的瑕疵，反映出新接触仲裁业务律师并没有真正理解仲裁和诉讼的区别。

《仲裁法》第 23 条规定：“仲裁申请书应当载明下列事项：（一）当事人的姓名、性别、年龄、职业、工作单位和住所，法人或者其他组织的名称、住所和法定代表人或者主要负责人的姓名、职务；（二）仲裁请求和所根据的事实、理由；（三）证据和证据来源、证人姓名和住所。”

法律明文规定的文书要素应当齐全，否则难以达到文书所承载的争议解决价值和作用。

（二）当事人信息

仲裁当事人是指适格的仲裁主体——仲裁协议当事人，即申请人与被申请人。起草、制作仲裁申请时要仔细核对书面资料中记载的当事人信息，避免犯明显的低级错误。如果在姓名、身份证号等当事人信息中出现笔误，对方当事人可能会以“仲裁主体错误”进行抗辩。

如涉及公司名称变更，导致仲裁协议主体与仲裁申请书主体信息不一致时，需要在仲裁申请书中特别注明，并附上相关证据。

（三）仲裁请求

仲裁请求要精准、合法、明确、不遗漏。

1. 请求精准

仲裁请求应准确无误，特别是日期、数字、单位、币种等关键信息，不能出现差错。

2. 合法

仲裁请求事项应合法，要依据仲裁协议关于提交解决争议的范围，结合法律上的请求权基础确定，否则仲裁庭无权裁决。

实践中好多商品房买卖合同纠纷中，申请人的仲裁请求为“判决被申请人办理产权证”就属于不合法的请求。有些法院判决是以“办理产权证是行政机关的行政许可不在开发商的职责范围而驳回原告诉讼请求”，有些判决以“原告主张立即为其办理不动产权证书的请求，实际上是要求被告履行《商品房买卖合同》中第××条关于产权登记的约定”而作出判决履行协助义务。事实上，根据《商品房销售管理办法》第34条“房地产开发企业应当在商品房交付使用前按项目委托具有房产测绘资格的单位实施测绘，测绘成果报房地产行政主管部门审核后用于房屋权属登记。房地产开发企业应当在商品房交付使用之日起60日内，将需要由其提供的办理房屋权属登记的资料报送房屋所在地房地产行政主管部门。房地产开发企业应当协助商品房买受人办理土地使用权变更和房屋所有权登记手续”和《民法典》第509条“当事人应当遵循诚信原则，根据合同的性质、目的和交易习惯履行通知、协助、保密等义务”的规定，开发商的义务是在房屋交付使用之日起60日内将申请人所购房屋办理权属登记相关材料报产权登记机关备案，并协助办理房屋所有权登记手续。仲裁裁决亦是如此认定和处理。

3. 明确

仲裁请求事项应明确，只有明确的仲裁请求才具有可执行性。所谓明确即要求请求的内容明白确定，仲裁庭能够通过仲裁请求明白申请人的具体主张是什么，被申请人可以通过仲裁请求知晓答辩的内容和方向。

4. 不遗漏

仲裁请求承载着当事人的利益，要尽量一次性解决纠纷，主张当事人的全部合法权益。

实务中常见的仲裁请求，如“至申请仲裁之日的利息、违约金”，这种请求通常会把“裁决作出至实际给付期间的利息、违约金”遗漏。如“仲裁费由被申请人承担”，会把“保全费”遗漏，因为《诉讼费用交纳办法》中“诉讼费”和“保全费”是两笔不同的费用，在仲裁案件中，采取保全措施的机构是人民法院，保全费用由人民法院直接收取。

关于律师费的主张，如果当事人在合同中明确约定律师费由违约方承担，则主张律师费有充分的合同依据。如果当事人未在合同中约定，能否主张律师费，主张了能否得到支持，可以重点查阅办案机构的仲裁规则有无类似规定，如有，主张也可以得到支持。如《北京仲裁委员会仲裁规则（2019）》第 52 条第 4 款规定：仲裁庭有权根据当事人的请求在裁决书中裁定败诉方补偿胜诉方因办理案件支出的合理费用，包括但不限于律师费、保全费、差旅费、公证费等。仲裁庭在确定上述费用时，应考虑案件的裁决结果、复杂程度、当事人或代理人的实际工作量以及案件的争议金额等有关因素。《太原仲裁委员会仲裁规则》（2021 年版）也有类似的规定。

另外，在确定仲裁请求的工作中，可以将案例检索的作用和价值发挥到极致。

（四）事实与理由

仲裁申请中的事实与理由部分，是描述、支撑仲裁请求的关键内容，不能仅有事实没有理由，也不能事无巨细。应写明基本事实，并根据仲裁请求陈述相关理由。但是，案件事实发生的时间不能省略。

（五）落款

仲裁申请书的行文对象与收文机构是“仲裁委员会”。

当事人签章、签字要清晰、真实，律师切不可图方便代签。

二、证据

仲裁申请书应附相应的证据，证据卷的制作第二章已专门阐述。仲裁立案需要提交的关键证据是仲裁协议，证明特定的仲裁机构有权管辖争议案件。仲裁程序开始后，仲裁庭会给当事人一定的举证期限，在规定的期限届满前提交证据即可。

三、立案

仲裁案件立案一般需要做以下几项工作：（1）提前将办案机构办公地点、路线、工作时间熟悉，询问是否接受邮寄立案、网上立案。（2）资料齐备。携带准备好的仲裁案卷资料前往仲裁机构立案。按照申请人基本信息（含公司营业执照复印件、法定代表人身份证明书原件、自然人身份证复印件等）、委托手续（含授权委托书、律师事务所函）、仲裁申请书、证据目录、证据卷（仲裁协议或者仲裁条款特别标注），一式 7 份（携带 5 份立案,交委托人1份,自己留1份),每增加一位被申请人再增加1份。(3)索要资料签收回执和受理案件通知书。(4)留存办公电话,便于跟进了解案情进展,做好不同阶段的准备工作。

四、缴费与申请缓交

仲裁费用是仲裁案件当事人向仲裁机构缴纳和支付的用于维持仲裁机构正常运转和仲裁员办理案件开支的专门费用。《仲裁法》第76条规定:当事人应当按照规定交纳仲裁费用。仲裁案件与诉讼案件收费标准不同,诉讼费全国统一标准,仲裁收费各机构的标准不一样。

根据《仲裁委员会仲裁收费办法》和《仲裁规则》相关规定,仲裁费用包括案件受理费和案件处理费。案件受理费是用于给付仲裁员报酬和维持仲裁机构正常运转的必要开支。案件处理费是发生在案件过程中的各种合理的、实际的开支,其范围包括:仲裁员因办理仲裁案件出差、开庭而支出的食宿费、交通费及其他费用;证人、鉴定人、翻译人员等因出庭而支出的食宿费、交通费、误工补贴;咨询、鉴定、勘验、翻译等费用;复制、送达案件材料、文书的费用;其他应由当事人承担的合理费用。

仲裁机构受理申请人的仲裁案件后,会向申请人发出缴费通知书,如未在规定期间缴费,也未申请延缓或者延缓申请未获批,将被视为撤回仲裁申请。

《关于完善仲裁制度提高仲裁公信力的若干意见》明确提出:"按照国家有关规定,建立适应仲裁制度发展的仲裁公信力制度,合理确定仲裁员报酬标准,规范仲裁员报酬管理制度。"2019年《北京仲裁委员会仲裁规则》规定统一按照"仲裁员报酬"和"机构费用"分别计算。

若当事人确有困难,可以根据《仲裁委员会仲裁收费办法》第6条和《仲裁规则》的规定申请缓交。

须提前备好缓交仲裁费申请书,在立案时提交。完成缴费一定时限内,仲裁机构会发送受理通知、仲裁规则和仲裁员名册。此时可以对照名册选定仲裁员。

五、仲裁申请的撤回

(一)撤回仲裁申请

仲裁申请的撤回,是仲裁委员会受理申请人的仲裁申请后,在仲裁庭作出仲裁裁决之前,申请人撤回仲裁申请,不再请求仲裁庭对该争议案件进行审理并作出仲裁裁决的行为。通常指主动撤回,主动撤回包括经和解的撤回;未经和解的撤回。

视为撤回仲裁是指基于某种行为,推定其具有撤回的意思表示。未预缴仲裁费用、经书面通知不出庭或中途退庭、因当事人自身原因致使仲裁程序不能进行。

（二）撤回仲裁申请的法律后果

终结仲裁程序。对仲裁庭而言，不能再享有对该案的仲裁权，不能继续行使对该案的审理权和裁决权；对当事人来讲，亦不得要求仲裁庭继续审理该案的其他仲裁程序。

仲裁协议效力延续。根据《仲裁法》第50条，当事人撤回仲裁申请后，由于某个事件的发生，仍然可以依据原仲裁协议重新提请仲裁。

六、庭前准备、开庭、庭后工作

（一）庭前准备

庭审是仲裁庭查明案件事实依法作出裁决的重要环节，是律师发挥作用和施展才华的关键时刻，决定当事人胜负和利益归属。一个律师的个人魅力和综合能力如何，庭审就可以充分展现。所以，庭审表现和效果是当事人评判律师工作能力的重要标尺。如果将出庭比作考试，庭前的准备工作就是考试前的学习和复习，庭审就是律师向委托人现场交的答卷，裁决就是仲裁员打的分数。都说庭审是仲裁的高潮部分，然而律师在仲裁庭上更多的时候是孤军奋战的，需要很强的心理素质和应变能力。没有庭前十分的准备，绝对没有庭上半分的自信。律师要想在庭上表现得专业、优秀，离不开庭前的充分准备。庭前准备主要是案件事实梳理、法律检索、案例检索、法律文书写作以及庭审预测和陈述发言等方面。每一个案件并非简单地依法、依证据进行裁决，每个案件都有自身的特殊性，每次裁决都会融入裁决者的个人因素，会受仲裁员阅历和认知能力的影响。律师应在注重研究个案细节的同时，检索研究仲裁员的履历、专业以及学术成果、办案风格等个人信息，做最充分、最深入、最细致、最周密的准备。

庭前准备不仅要熟悉案情，还要查找法律、类似案例、权威学说观点，更要准备并做好庭审陈述、举证、质证、发问、接受询问、提出申请、应对他方申请和主张、拟定代理词和庭审辩论的提纲，预判争议焦点和调查重点。

开庭前应再次熟悉案情，制作庭审提纲。包括以下几方面：

1. 案件本身。核实申请人、被申请人信息；核对仲裁请求是否精准、有无必要变更或者细化明确；预测被申请人答辩要点和思路，提前准备应对策略；预测争议焦点和庭审调查重点；己方证据举证说明；对被申请人证据的质证意见（通常被申请人的证据不一定会按时提交，需要代理律师提前与仲裁机构办案秘书联系核实）；准备仲裁庭提问的问题清单；草拟代理意见；法律、法规及案例检索备注；其他个案需要准备的内容。

2. 人员分析。提前熟悉仲裁庭仲裁员背景信息，拟定代理思路和主要内容，在此基础上根据仲裁庭审情况予以调整。首席仲裁员有法官经历、律师经历及大学教授等不同背景的，开庭方式、调查重点会有差异，需要律师有针对性地充分准备。

3. 突发情况预设与应急方案准备。律师不能奢望庭审会按照自己事先的准备进行,而要做好随时被打断、打乱的准备。但是,万变不离其宗,任何时候都要把个案事实的特殊性与关键的准据法有机结合形成的观点完整陈述,产生有利于案件走向的影响。

此外,文书制作至少要经过起草、修改、审核、校对四个步骤,文书后附法条。

(二)开庭

1. 礼仪

按时到庭;衣着整洁;遵守仲裁庭纪律。

2. 参加庭审

按照准备内容做好开庭陈述、举证、质证及辩论等工作。作为当事人代理人要换位思考,站在仲裁庭的立场看待案件,不要下意识地把仲裁庭成员想成像自己一样了解案情。

3. 尊重全体参与人员

尊重仲裁庭、尊重己方当事人和其他代理人、尊重对方当事人及其代理人,言辞合乎情理、常理,不使用片面、偏激的词语,不急不躁,不卑不亢。切不可以自己的法律知识和仲裁技能估量当事人,既不能凭想象觉得当事人应该知道、应该明白、应该听懂,更不能嫌当事人不会、不懂、不听,一定要用通俗的语言和适当的方式跟当事人做耐心细致的有效沟通,释法说理,获得当事人的充分理解和信任,让当事人自觉行动起来、参与进来,积极和律师密切配合共同准备证据,一起研究探讨,模拟演练。同时,告知当事人案件裁决是以事实为依据的,但仲裁庭审查明或确定的事实并不等于实际发生的事实,而是证据证明的事实。

4. 灵活应变

遇有特殊情况,在征求当事人意见后应及时采取措施。如遇被申请人"证据突袭",导致"既有案件事实"可能会发生变化,及时申请休庭或者申请延期、暂缓开庭,留有足够的准备时间。精心准备是有效执行任何计划的关键,而精心准备需要充分的时间。

5. 全息记录

关键细节决定成败,庭审中全面做好记录,不放过任何细节信息,在庭审结束后及时复盘。

(三)庭后工作

综合庭审情况,重新整理庭前拟定的代理词,一般在3至7天内提交整理好的书面代理词为宜(以仲裁庭限定的期限为准)。鉴于仲裁员不可能也没有时间向代理律师那样有时间和精力去研究案件,代理意见不仅要内容全面、细致,也要注重行文结构和逻辑体系。篇幅较长、内容复杂的代理词,建议另行提炼和整理代理词概要或提纲。最后,建议将代理词纸质版和电子版同时提交,纸质版按照仲裁员人数加仲裁机构确定份数。

基于代理意见陈述的案情会构成“自认”,因此代理意见尤其是案件事实陈述部分一定要征求当事人的意见。原则上,代理词中案件事实的陈述为在案证据证明的事实和通过日常生活逻辑经验可以判断且为庭审过程当事人确认的事实。

代理词要结合庭审情况、围绕调查询问的重点问题展开,逻辑清晰,观点明确。仲裁员都是兼职的,对其来说开庭重点任务是调查事实、核实证据。裁决是后期作出的,申请书、答辩书(仲裁反请求涉及)、证据说明、代理词等书面文件对裁决的作出有很大影响,仲裁员也会非常认真地阅读(尤其是疑难复杂案件的首席仲裁员),然后基于事实、法律、日常生活逻辑和交易习惯等进行价值判断,兼顾当事人的利益。

庭后要及时总结,发现自己在庭审中的错误、失误,从中总结经验,吸取教训,这样才能够进步。除此之外,还要深入思考自己所代理的案件,因为案件的焦点问题可能并非自己一开始设想的那样。因而要反复寻找支持自己主张的法律、案例、学理依据,应当有翻遍自己所知道的所有网络、图书、文章的勇气。要永远记住,事情每天都在发生变化,今天没找到的东西,明天可能就会出现。所以,即便是类似案件,仍然要以全新案件对待,全面查找相关资料,即仲裁案件中的“三找五准备一反思”。

第二节　律师代理被申请人实务

律师代理被申请人仲裁案件时,在收到申请书副本和仲裁通知书后,应当阅读和分析申请书,了解申请人的请求和理由,然后向被申请人了解争议情况,调查取证,找出答辩理由,确定管辖、回避等程序权利是否行使,重点关注程序性权利的期限,用好仲裁程序中的异议权。一般来说,在仲裁程序中,当事人完全可以就以下不当情形或其他类似情形向仲裁庭提出异议:双方之间不存在有效的仲裁协议;请求裁决的事项不属于仲裁协议的范围或者仲裁庭无权仲裁;仲裁庭的组成或者仲裁的程序安排违反双方约定的仲裁规则或仲裁程序所适用的仲裁法律。

既然双方走到了仲裁阶段,便一定有较为复杂的利益纠葛,若不主动捍卫自己的权利,难免会被利益相对方抢占先机。被申请人应在仲裁程序中充分行使异议权,切勿心存侥幸、坐等观望。

一、提出管辖异议

有效的仲裁协议是仲裁得以进行的基础,也是仲裁庭获得管辖权的前提。被申请人主张仲裁委没有管辖权的事由,主要包括没有仲裁协议和仲裁协议无效。

(一)被申请人提出管辖异议事由

《仲裁法》第16条规定的三个要件:(1)请求仲裁的意思表示;(2)仲裁事项;(3)选定的仲裁委员会。只要有任何一个要件欠缺,被申请人均可以提出管辖异议。

(二)时限

《仲裁法》第20条规定:当事人对仲裁协议的效力有异议的,可以请求仲裁委员会作出决定或者请求人民法院作出裁定。一方请求仲裁委员会作出决定,另一方请求人民法院作出裁定的,由人民法院裁定。当事人对仲裁协议的效力有异议,应当在仲裁庭首次开庭前提出。

《仲裁法司法解释》第14条规定:《仲裁法》第26条规定的"首次开庭"是指答辩期满后人民法院组织的第一次开庭审理,不包括审前程序中的各项活动。

太原仲裁委员会、北京仲裁委员会、石家庄仲裁委员会提出管辖异议的时间均是①首次开庭前(书面审理的,答辩期限届满前)。

因此,被申请人对仲裁管辖有异议,应当在首次开庭前提出。一般情况,仲裁庭开庭前会询问当事人对此前程序、对仲裁委管辖该案是否有异议。

(三)形式与对象

提起管辖异议应当以书面方式提出。在起草管辖异议申请时,应注意行文规范。管辖异议应向仲裁委员会而非仲裁庭提出,由仲裁委员会对管辖异议作出决定。仲裁委员会是受理管辖异议并对管辖异议作出决定的机构,但可以授权仲裁庭就当事人的管辖异议作出决定。

二、确认仲裁协议效力

仲裁机构和人民法院二者均能审理仲裁协议效力纠纷。若向人民法院提起仲裁协议效力确认之诉,则会引起仲裁程序的阶段性中止,对于有"用程序换取时间"策略需求的当事人而言,无疑是更好的选项。若通过仲裁机构确认仲裁协议效力,通常将无法达到特定的效果。

---

① 2021年《太原仲裁委员会仲裁规则》第13条第1款规定:当事人因仲裁协议的存在、效力或者其他问题对仲裁案件的管辖权有异议的,应当在首次开庭前一次性以书面形式提出;约定书面审理的,应当在答辩期限届满前一次性以书面形式提出。《北京仲裁委员会仲裁规则》第6条规定:(1)当事人对仲裁协议的存在、效力或者仲裁案件的管辖权有异议,可以向本会提出管辖权异议。管辖权异议应当在首次开庭前以书面形式提出,当事人约定书面审理的,应当在首次答辩期限届满前以书面形式提出。《石家庄仲裁委员会仲裁规则》第11条规定:对仲裁协议或管辖权的异议当事人对仲裁协议的存在、效力或仲裁案件的管辖权有异议的,应当以书面形式提出。开庭审理的,应当在首次开庭前提出;书面审理的,应当在首次答辩期届满前提出。

(一)仲裁庭自裁管辖权

管辖权的取得是仲裁程序启动的先决条件,仲裁庭自裁管辖权原则的确立使得仲裁程序快速地推进,能有效地体现仲裁高效便捷的核心价值。该原则的目的不在于排除法院的司法管辖,也不在于赋予仲裁庭决定自身管辖权的终局权力,而在于延缓法院对仲裁的监督,将其安排至一个合理的时机,从而保证仲裁程序的顺利进行。

法院对仲裁程序不合理的中止源于最高人民法院 1998 年 10 月 21 日发布的《关于确认仲裁协议效力几个问题的批复》。该批复规定,当法院先于仲裁委员会作出决定之前受理了仲裁管辖权异议纠纷,仲裁委员会应当暂停案件审理程序,直到司法机关审理后作出仲裁协议有效或者无效的裁定,仲裁委员会再根据此裁定恢复仲裁程序或撤销仲裁案件。

仲裁庭自裁管辖权原则的诞生,表面是对仲裁庭的授权,本质是权力的重新分配,亦为仲裁管辖权的分权化。正是由于仲裁管辖权的分权化,不同主体之间职权的重新整合,才使得仲裁庭在仲裁程序进行时不必中止程序却受到不合时宜的司法早期介入。从这个意义来说,在特殊情形下仲裁庭有权行使仲裁管辖异议的决定权,这也正是仲裁管辖权分权化的表现。虽然这种表现展示的条件特殊,但仍不失为是一种中国特色的仲裁庭自裁管辖权原则。

(二)向法院提出管辖异议或确认仲裁协议效力诉讼

《仲裁法司法解释》第 13 条规定:依照《仲裁法》第 20 条第 2 款的规定,当事人在仲裁庭首次开庭前没有对仲裁协议的效力提出异议,而后向人民法院申请确认仲裁协议无效的,人民法院不予受理。仲裁机构对仲裁协议的效力作出决定后,当事人向人民法院申请确认仲裁协议效力或者申请撤销仲裁机构的决定的,人民法院不予受理。

向法院提出管辖异议或者确认仲裁协议效力的前提是,仲裁庭未开庭审理、未就管辖或者仲裁协议效力进行裁决。若已开庭审理或已经裁决,则不能再向法院提出。确认仲裁协议效力的诉讼内容将在仲裁司法审查部分详细阐述。

(三)仲裁协议效力仲裁庭自裁与法院审查的冲突

最高人民法院《关于审理仲裁司法审查案件若干问题的规定》第 11 条对《仲裁法司法解释》第 13 条规定进行了修改,在仲裁协议效力异议不同当事人分别申请仲裁庭自裁与法院审查产生冲突时,法院具有优先审查权。这种优先性主要表现为,在双方当事人分别向仲裁机构、法院申请确认仲裁协议效力的情形下,具体而言:(1)如果一方当事人先向法院申请确认仲裁协议效力,则法院应当通知仲裁机构中止仲裁,仲裁机构不得受理另一方当事人提出的确认仲裁协议效力申请;(2)如果一方当事人先向仲裁机构申请确认仲裁协议效力,则在仲裁机构未作出决定前,另一方当事人可以另行向法院申请确认仲裁协议效力,法院受理后应当通知仲裁机构中止仲裁,包括中止对已受理申请确认仲裁协议效力的审查。

最高人民法院《关于仲裁司法审查案件报核问题的有关规定》第20条规定，仲裁司法审查裁定一经送达即发生法律效力。当事人申请复议、提出上诉或者申请再审的，人民法院不予受理。同时检察机关也无权就法院的裁定提出抗诉。

三、答辩

仲裁答辩书是指被申请人向仲裁机构提交的，就申请人已向仲裁机构提交的申请事项作出回应或抗辩的法律文书。答辩书一般应针对申请书提出的请求、事实与理由和证据，提出己方证据和理由，运用事实和法律进行答辩和反驳。

答辩书写作要求：(1)答辩人基本情况。(2)案由。写明答辩人进行答辩所针对的纠纷名称或类型。(3)正文。这是仲裁答辩书的主体部分，主要阐明答辩的理由，针对仲裁申请书的主张和理由进行辩解，并阐述被申请人对争议的主张和观点。(4)尾部及附项(证据)。写答辩书需要特别注意，申请人主张的事实没有证据或者证据不充分，被申请人可不在答辩书中进行自认。

提交答辩书不是必须的，被申请人不提交答辩书不影响仲裁程序的推进，仲裁庭也不会因被申请人没有提交书面答辩书而作出对被申请人不利的裁决。但在庭前提交书面答辩书，有利于仲裁庭及早全面掌握被申请人反驳和抗辩的主张及事实、理由和依据，为仲裁庭充分听取和考虑答辩意见创造了一定的条件，当然也会给申请人留下充分应对的时机。

一般情况，被申请人的答辩书会在开庭前提交。被申请人反驳和抗辩的主张及事实、理由和依据充分的，建议庭前提交，不主张庭审突袭。答辩书提前撰写当庭宣读并提交，方便仲裁庭秘书、仲裁员以及各方代理人记录，方便仲裁庭确定争议焦点和调查重点，条件允许，直接提供电子版即可。

四、时效抗辩

《仲裁法》第74条规定：法律对仲裁时效有规定的，适用该规定。法律对仲裁时效没有规定的，适用诉讼时效的规定。

《民法典》第192条规定：诉讼时效期间届满的，义务人可以提出不履行义务的抗辩。诉讼时效期间届满后，义务人同意履行的，不得以诉讼时效期间届满为由抗辩；义务人已经自愿履行的，不得请求返还。

对被申请人而言，时效抗辩是法定抗辩权之一，而且仲裁庭不能主动审查仲裁时效，存在时效抗辩可能时，一定要依法行使。因超过时效驳回仲裁请求的案例大量存在。

五、反请求

(一)反请求与答辩的区别

答辩是对申请人的请求及事实与理由进行抗辩、反驳,是对抗请求权的权利,答辩的目的在于阻止申请人请求权的实现;而反请求是基于同一法律关系或者案件事实向申请人主张权利,反请求是可以独立主张的,反请求的目的在于实现新的独立请求。作为代理人要根据案件事实依法进行抗辩或者提出反请求,如建设工程施工合同纠纷案件中,被申请人作为发包人时,如因工程质量问题主张减少工程款的,抗辩即可;如因工程质量问题主张损害赔偿或者违约责任的,应当提出反请求。

(二)反请求要件

最高人民法院《关于适用〈中华人民共和国民事诉讼法〉的解释》(以下简称《民事诉讼法司法解释》)第233条规定:反诉的当事人应当限于本诉的当事人的范围。反诉与本诉的诉讼请求基于相同法律关系、诉讼请求之间具有因果关系,或者反诉与本诉的诉讼请求基于相同事实的,人民法院应当合并审理。反诉应由其他人民法院专属管辖,或者与本诉的诉讼标的及诉讼请求所依据的事实、理由无关联的,裁定不予受理,告知另行起诉。

仲裁反请求一般应符合以下条件:(1)当事人相同。即仲裁申请人、被申请人双方主体相同。(2)关联性要求。即争议事项基于同一案件事实或者同一法律关系。(3)反请求的独立性。即主张的权利是独立存在的,不依赖于某一方的权利而存在。(4)反请求与本请求合并处理。即在同一程序中一次性彻底解决双方的纠纷。

(三)反请求提出时间

《民事诉讼法司法解释》第232条规定:在案件受理后,法庭辩论结束前,原告增加诉讼请求,被告提出反诉,第三人提出与本案有关的诉讼请求,可以合并审理的,人民法院应当合并审理。

《仲裁法》未明确规定仲裁反请求提出的时间,各仲裁机构规定不一样,具体案件须仔细研读办案机构的仲裁规则。如《太原仲裁委员会仲裁规则》第1条规定:“被申请人提出仲裁反请求的,应当在举证期限内以书面形式提交本会。”《哈尔滨仲裁委员会仲裁规则》第16条规定:“被申请人提出反请求的,应当自收到仲裁通知之日起十日内向本会提交反请求申请书。”

(四)反请求收费

诉讼案件反诉诉讼费减半收取,①而仲裁费用没有这样的规定。

---

① 《诉讼费用交纳办法》第18条规定:被告提起反诉、有独立请求权的第三人提出与本案有关的诉讼请求,人民法院决定合并审理的,分别减半交纳案件受理费。

《仲裁委员会仲裁收费办法》第12条规定:仲裁委员会受理仲裁申请后,仲裁庭组成前,申请人撤回仲裁申请,或者当事人自行达成和解协议并撤回仲裁申请的,案件受理费应当全部退回。仲裁庭组成后,申请人撤回仲裁申请或者当事人自行达成和解协议并撤回仲裁申请的,应当根据实际情况酌情退回部分案件受理费。第13条规定:本办法第5条、第12条的规定同样适用于被申请人提出反请求的情形。

实践中各地仲裁机构收费标准不一样。如《广州仲裁委员会仲裁收费办法》第3条规定:被申请人在提出反请求的同时,应当按照《广州仲裁委员会仲裁案件受理费表》的规定预交案件受理费。律师承办个案时根据相关仲裁机构的具体规定特殊处理。

(五)反请求与抗辩法律规范整理

1. 同时履行抗辩权

《民法典》第525条规定:当事人互负债务,没有先后履行顺序的,应当同时履行。一方在对方履行之前有权拒绝其履行请求。一方在对方履行债务不符合约定时,有权拒绝其相应的履行请求。

同时履行抗辩权适用的前提条件一般有以下几点:(1)须发生在互为给付的双务有偿合同中,无偿委托、无偿保管等合同不适用;(2)须是双方互负的债务没有先后履行顺序且均已届清偿期;(3)必须是对方未履行债务或其履行不符合约定;(4)必须是对方的给付义务是可能履行的,假若对方所负担之债务已经丧失履行的可能性,则同时履行之目的便不可能实现,此时应当依据法律关于合同解除之规定,径行解除合同,而不发生抗辩权的问题。特别提示,解除合同需要以反请求的方式提出,而非抗辩。

一般情况,同时履行抗辩权适用于买卖、互易、租赁、承揽等合同中。同时履行抗辩权的效力,在于对方当事人未及时履行义务时,当事人可以暂时不履行自己的义务且不承担违约责任,但同时履行抗辩权的成立不导致合同的终止,不能消灭对方的请求,也不能消灭自己所负的债务,当对方当事人履行后,同时履行抗辩权的效力即告终止,当事人必须履行自己的合同义务。

2. 先履行抗辩权

《民法典》第526条规定:当事人互负债务,有先后履行顺序,应当先履行债务一方未履行的,后履行一方有权拒绝其履行请求。先履行一方履行债务不符合约定的,后履行一方有权拒绝其相应的履行请求。

先履行抗辩权的构成要件有以下几点:(1)双方当事人互负债务,在履行上存在关联性,形成对等关系的义务;(2)两个债务有先后履行顺序;(3)先履行一方不履行或不适当履行。

在买卖合同中出卖方申请仲裁要求给付货款,买受人能否以“未按合同约定先开具发票”为由行使先履行抗辩权。通常观点为:在买卖合同中出卖人有开具发票的义务,但鉴于开具发票虽然是出卖人的法定义务,但只是附随义务,开具发票的附随义务与支付货款的主合同义务不具有对等性,故是否开具发票不属于当事人行使先履行抗辩权的法定情形。如果出卖人不履行开具发票义务时,买受人可通过独立诉请履行或向税务部门举报等途径进行救济。

关于开具发票属于买卖合同附随义务的有关法律规定:《发票管理办法》第 20 条"所有单位和从事生产、经营活动的个人在购买商品、接受服务以及从事其他经营活动支付款项,应当向收款方取得发票。取得发票时,不得要求变更品名和金额"以及《增值税专用发票使用规定》第 10 条第 1 款"一般纳税人销售货物或者提供应税劳务,应向购买方开具专用发票"的规定。

因此,出卖人对买受人已支付的货款开具增值税发票是其法定义务,出卖人应当履行。合同法上的义务可以分为主给付义务、附随义务。附随义务不决定合同的类型,主要是用于辅助主合同义务,确保合同能够完整地履行。出具发票便属于合同履行中的附随义务,是基于财务管理制度而产生的。

3. 不安抗辩权

《民法典》第 527 条规定:应当先履行债务的当事人,有确切证据证明对方有下列情形之一的,可以中止履行:(1)经营状况严重恶化;(2)转移财产、抽逃资金,以逃避债务;(3)丧失商业信誉;(4)有丧失或者可能丧失履行债务能力的其他情形。

当事人没有确切证据中止履行的,应当承担违约责任。

实务中需要提示的是,出现不安抗辩权行使的情形,特别需要加强证据搜集工作,以免当事人产生违约风险与责任。

4. 一般保证人的先诉抗辩权

对于保证方式约定不明,原《担保法》推定为"连带责任保证",而《民法典》推定为"一般保证",对此代理的被申请人为保证人时要特别注重行使法定权利。

《民法典》第 687 条规定:当事人在保证合同中约定,债务人不能履行债务时,由保证人承担保证责任的,为一般保证。

一般保证的保证人在主合同纠纷未经审判或者仲裁,并就债务人财产依法强制执行仍不能履行债务前,有权拒绝向债权人承担保证责任,但是有下列情形之一的除外:(1)债务人下落不明,且无财产可供执行;(2)人民法院已经受理债务人破产案件;(3)债权人有证据证明债务人的财产不足以履行全部债务或者丧失履行债务能力;(4)保证人书面表示放弃本款规定的权利。

5. 抵销

《民法典》第 568 条规定:当事人互负债务,该债务的标的物种类、品质相同的,任何一方可以将自己的债务与对方的到期债务抵销;但是,根据债务性质、按照当事人约定或者依照法律规定不得抵销的除外。当事人主张抵销的,应当通知对方。通知自到达对方时生效。抵销不得附条件或者附期限。

与原《合同法》第99条相比,《民法典》有两处变化:一是不再以当事人互负的债务均为“到期债务”作为法定抵销的构成要件,只要求主动债权(提出主张抵销的债权)已届清偿期即可;二是在不得主张法定抵销的除外情形中,将“合同性质”改为“债务性质”并增加“当事人约定”这一情形。

6. 减少价款

《民法典》第582条规定:履行不符合约定的,应当按照当事人的约定承担违约责任。对违约责任没有约定或者约定不明确,依据本法第510条的规定仍不能确定的,受损害方根据标的的性质以及损失的大小,可以合理选择请求对方承担修理、重作、更换、退货、减少价款或者报酬等违约责任。

在建设工程施工合同中,工程质量等司法鉴定意见已经明确工程质量问题系承包人原因所致且工程款价款可以确定的,可以以抗辩的方式抵扣申请人主张的工程款。

7. 合同解除权

《民法典》第563条规定:有下列情形之一的,当事人可以解除合同:(1)因不可抗力致使不能实现合同目的;(2)在履行期限届满前,当事人一方明确表示或者以自己的行为表明不履行主要债务;(3)当事人一方迟延履行主要债务,经催告后在合理期限内仍未履行;(4)当事人一方迟延履行债务或者有其他违约行为致使不能实现合同目的;(5)法律规定的其他情形。以持续履行的债务为内容的不定期合同,当事人可以随时解除合同,但是应当在合理期限之前通知对方。

合同解除权的行使,应当以反请求的方式行使而非抗辩。代理被申请人时要特别注重不同权利的行使。

六、抗辩的方式——行使撤销权

按照最新裁判理念,撤销权的行使,可以以抗辩的方式提出,法律依据为《全国法院民商事审判工作会议纪要》(法〔2019〕254号)第42条之规定。撤销权应当由当事人行使。当事人未请求撤销的,人民法院不应当依职权撤销合同。一方请求另一方履行合同,另一方以合同具有可撤销事由提出抗辩的,人民法院应当在审查合同是否具有可撤销事由以及是否超过法定期间等事实的基础上,对合同是否可撤销作出判断,不能仅以当事人未提起诉讼或者反诉为由不予审查或者不予支持。一方主张合同无效,依据的却是可撤销事由,此时人民法院应当全面审查合同是否具有无效事由以及当事人主张的可撤销事由。当事人关于合同无效的事由成立的,人民法院应当认定合同无效。当事人主张合同无效的理由不成立,而可撤销的事由成立的,因合同无效和可撤销的后果相同,人民法院也可以结合当事人的诉讼请求,直接判决撤销合同。

七、被申请人质证重点

庭审质证影响案件事实认定。庭审质证不仅是申辩双方反驳对方出示证据材料的重要手段,也是对仲裁员心证施加影响的重要途径。质证的内容包括证据能力和证明力两方面,律师要结合具体案件审理程序和仲裁员特点,运用不同方法进行有效质证。质证方法,有一证一质、分组质证、单方质证、综合质证等多种,律师应在充分准备的基础上,结合具体案件灵活运用不同方法。若是法律关系较为简单的买卖、借贷合同纠纷,采用综合质证法;若是案情较为复杂的建设工程施工合同纠纷案件,尽量采用一组一质的方式,让仲裁员对案件事实查得更清楚些。

另外,要重视仲裁庭的补充提问和调查取证,尤其是首席仲裁员的提问,这是内心确认关键事实的考虑因素。

在建设工程施工案件中代理被申请人,要用好合同无效的抗辩权。合同无效不应获得比合同有效时更多的利益,基于违约产生的违约金等请求通常得不到支持。除适用《民法典》第 146 条意思表示虚假、第 153 条违反法律强制性规定和违背公序良俗、第 154 条恶意串通等共同无效事由外,发包方与承包方主体资质、招投标程序、转包、非法分包等情形,都会引发合同无效。律师在代理被申请人时要特别注意这些方面,依法行使质证、抗辩权。

八、回避

(一)关于回避的法定事由

对独立、公正审理案件会有影响的是申请回避的法定事由。

《仲裁法》第 34 条规定:仲裁员有下列情形之一的,必须回避,当事人也有权提出回避申请:(1)是本案当事人或者当事人、代理人的近亲属;(2)与本案有利害关系;(3)与本案当事人、代理人有其他关系,可能影响公正仲裁的;(4)私自会见当事人、代理人,或者接受当事人、代理人的请客送礼的。

各地仲裁规则和仲裁员守则对回避的事由也进行了补充和细化,需要仔细查阅,认真研究,以引导当事人正确、充分行使申请回避的权利。如《广州仲裁委员会仲裁规则》(2021 年版)第 38 条对“利害关系”进行了细化:本条第 1 款第 3 项中的“与本案当事人、代理人有其他关系”,包括下列情形:(1)与本案当事人、代理人有咨询与被咨询、管理与被管理关系,或者担任本案当事人、代理人的代理人、顾问的,但至组庭之日有关关系已经结束超过 2 年的除外;(2)与本案当事人、代理人现在同一单位工作的;(3)对本案所涉争议向当事人推荐、介绍过代理人的;(4)对本案所涉争议提供过咨询,或者担任过与本案所涉争议有关案件的证人、鉴定人、勘验人、翻译人员、辩护人、代理人的；(5)在本会正在审理的其他案件中，与本案当事人、代理人同为仲裁员的；(6)在本案当事人、代理人担任仲裁员的案件中，本案仲裁员恰好是该案当事人、代理人的，但至组庭之日案件已经审结超过2年的除外；(7)其他可能影响公正仲裁的情形。

实践中常常会发生仲裁员自觉、不自觉地充当了"代理人"的角色，这种情况下能否申请回避，对此，笔者认为，虽然不是法定事由，但是作为代理律师可以建议当事人以"影响案件公正审理"为由申请回避。

(二)申请回避的时限

《仲裁法》第35条规定：当事人提出回避申请，应当说明理由，在首次开庭前提出。回避事由在首次开庭后知道的，可以在最后一次开庭终结前提出。

《广州仲裁委员会仲裁规则》(2021年版)第38条规定：当事人对仲裁员提出回避申请，应当在知悉回避事由后5日内且不迟于首次庭审开始前提出；首次庭审开始后才知悉回避事由的，不迟于最后一次庭审结束前提出。

《北京仲裁委员会仲裁规则》第22条规定：当事人应当自收到仲裁员书面披露之日起10日内就是否申请回避提出书面意见。第23条规定：对仲裁员的回避申请应当在首次开庭前提出。回避事由在首次开庭后知道的，可以在最后一次开庭终结前提出；不再开庭或者书面审理的案件，应当在得知回避事由后10日内提出。

《太原仲裁委员会仲裁规则》(2021年版)第35条第3款规定：当事人对仲裁员提出回避申请，应当在知悉回避事由后五日内且不迟于首次庭审开始前书面提出，并附相关证据；首次庭审开始后才知悉回避事由的，不迟于最后一次庭审结束前书面提出，并附相关证据。第4款规定：当事人以仲裁员按照本规则第34条的规定所披露的事项为由提出回避申请的，应当在收到仲裁员信息披露声明书后五日内提出，说明理由，并提供相应证据；逾期未提出的，不得再以仲裁员已经披露的事项为由提出回避申请。

可见，提出回避申请的具体时间由办案机构的仲裁规则明确规定，但是最迟应在庭审结束前提出。

(三)回避决定

《仲裁法》第36条规定：仲裁员是否回避，由仲裁委员会主任决定；仲裁委员会主任担任仲裁员时，由仲裁委员会集体决定。

(四)回避后仲裁员补充及已经进行程序的法律效力

《仲裁法》第37条规定：仲裁员因回避或者其他原因不能履行职责的，应当依照本法规定重新选定或者指定仲裁员。因回避而重新选定或者指定仲裁员后，当事人可以请求已进行的仲裁程序重新进行，是否准许，由仲裁庭决定；仲裁庭也可以自行决定已进行的仲裁程序是否重新进行。

九、管辖异议驳回后是否重新指定答辩、举证期限

关于仲裁管辖异议被驳回后是否重新给予举证期限等程序性权利，是实践中被申请人比较重要的权利。

（一）适用情况

被申请人在收到仲裁通知书后因对仲裁管辖有异议向法院提起申请确认仲裁协议效力诉讼，并以此为由向仲裁委员会申请中止案件审理，而仲裁委员会经审查也作出了中止审理决定。

（二）一般处理结果

在仲裁法规定或仲裁规则规定的管辖异议期内，被申请人的行为明确表示了其不接受仲裁委员会对案件的管辖，提出管辖异议（向法院提起申请确认仲裁协议效力诉讼）并申请中止审理，一般会重新给予答辩、举证期限。

经笔者查询，国内知名仲裁机构中，发现只有中国国际经济贸易仲裁委员会自2005年版《中国国际经济贸易仲裁委员会仲裁规则》开始规定“对仲裁协议及/或仲裁案件管辖权提出异议不影响按仲裁程序进行审理”（第6条第4项）。但该条规定是放在被申请人向仲裁委员会申请确认仲裁协议无效或提出管辖权异议，仲裁委员会如何处理“管辖异议不影响仲裁程序进行”的规定之中的，笔者理解该规定应只是针对被申请人向仲裁委员会请求确认仲裁协议无效或提出管辖权异议这一情形，并未明确是否适用被申请人向法院申请确认仲裁协议无效的情形。

但北京仲裁委员会、武汉仲裁委员会等在2015年后施行的仲裁规则，也开始参照中国国际经济贸易仲裁委员的仲裁规则，增加了类似规定。如北京仲裁委员会2015年4月1日施行的《北京仲裁委员会仲裁规则》第6条“管辖权异议”第3项规定：“当事人向本会提出管辖权异议不影响仲裁程序的进行。”武汉仲裁委员会2015年5月1日施行的《武汉仲裁委员会仲裁规则》则明确规定了当事人向法院提出管辖权异议也不影响仲裁程序进行，该规则第11条“管辖权异议”第3项是这样规定的：“当事人向本会或法院提出仲裁案件管辖权异议，不影响仲裁程序的进行。”而仲裁规则中规定了对管辖权异议作出决定后重新确定答辩期限或提出仲裁反请求期限的，目前检索发现的仅有上海仲裁委员会2018年10月1日施行的《上海仲裁委员会仲裁规则》，该规则第7条“管辖权异议的提出”第1项规定：“当事人对仲裁协议的存在、仲裁协议的效力或者对仲裁案件的管辖权有异议的，可以向仲裁委员会提出管辖权异议或向人民法院提出仲裁协议效力异议。当事人向仲裁委员会提出管辖权异议不影响仲裁程序的进行”，第8条“管辖权异议的处理”第3项规定：“人民法院或仲裁委员会或仲裁庭对仲裁案件作出有管辖权决定的，可以视情况重新确定提出异议的当事人答辩或提出仲裁反请求的

期限。仲裁庭组成前,由仲裁委员会决定是否重新确定期限;仲裁庭组成后,由仲裁庭决定是否重新确定期限。"而仲裁规则明确规定可以在管辖权异议确定后准许当事人选定仲裁员的,仅有南京仲裁委员会 2016 年 5 月 1 日施行的《南京仲裁委员会仲裁规则》,该规则第 7 条"管辖权异议"第 3 项规定:"当事人向本会提出管辖权异议不影响仲裁程序的进行",第 21 条"仲裁庭的组成"第 9 项规定:"当事人提出管辖异议的,提出异议方如未在本条规定的期限内选定仲裁员,应当在收到管辖异议决定书之日起五日内向本会提交仲裁员选定书。"

对于被申请人在规定期限内向人民法院提起申请确认仲裁协议无效之诉后申请中止仲裁程序这种情形,在法院作出驳回被申请人之诉的裁定后,参照最高人民法院《关于适用〈关于民事诉讼证据的若干规定〉中有关举证时限规定的通知》(法发〔2008〕42号)第 3 条"关于当事人提出管辖权异议后的举证期限问题。当事人在一审答辩期内提出管辖权异议的,人民法院应当在驳回当事人管辖权异议的裁定生效后,依照《证据规定》第 33 条第 3 款的规定,重新指定不少于三十日的举证期限。但在征得当事人同意后,人民法院可以指定少于三十日的举证期限"以及最高人民法院《关于民事诉讼证据的若干规定》(以下简称《民事诉讼证据规定》)第 55 条"存在下列情形的,举证期限按照如下方式确定:(一)当事人依照民事诉讼法第一百二十七条规定提出管辖权异议的,举证期限中止,自驳回管辖权异议的裁定生效之日起恢复计算……"之规定,仲裁委或仲裁庭可以重新酌情指定一个合理期限给当事人答辩和举证。

十、其他程序性权利的行使

延期举证、延期开庭、调取证据等,要按照具体《仲裁规则》的规定在期限内结合个案情况依法行使。

关于开庭准备与庭审过程及庭后文书要求,参照代理申请人流程办理即可。

第三节　业务研讨

一、分类筛选需要研究的案件

并非所有的仲裁案件都需要集体研究,集体研究全部案件不现实也不可能。一般情况,新类型、疑难、复杂、重大案件,同类案件裁判规则、尺度不一致的案件,当事人人数较多的案件,以及承办人员认为重大、疑难、复杂的案件,提交业务委员会研讨。

二、确定人员范围

案件承办人员、辅助人员、专业人员等参与案件的研讨，对案件会有不同的价值和作用。

三、研讨准备

在阅卷检索的基础上，形成阅卷分析报告、法律检索报告、案例检索报告，明确提出需要研究的问题。研讨原则上只针对证据认定和法律适用进行。必要时，可以预判突发情况及应急预案准备。

四、及时总结、查漏补缺

任何人要想把从他人那里得到的信息，转化为自己的能力，为我所用，都离不开自己主动地理解、设计、实验及其之后的总结、分析、再总结。研讨过程中新发现的问题，提出的新思路，在事实认定与法律适用方面的分歧等重点内容要全部记录，反复思索，为完善代理思路和提高庭审效果提供帮助。

五、模拟庭审讨论

不论代理申请人还是被申请人，有条件的情况下，均可采用对抗式、辩论式等模拟庭审进行讨论，让承办律师在充分考虑作为本方代理人的观点、主张的同时，进一步深入考虑如何站在己方当事人立场、对方当事人的角度、仲裁员的高度来看待案件事实、证据和对法律的理解与适用。通过这样多人员、多层次、多角度、全方位、立体式通盘审视和考量，不断地实践、演练和反思，进一步夯实代理工作，让律师在办案中得到锻炼和提高，以在庭审中发挥更好的效果，切实充分地维护委托人的合法权益。

第四节 仲裁与调解

《仲裁法》第 51 条规定："仲裁庭在作出裁决前，可以先行调解。当事人自愿调解的，仲裁庭应当调解。调解不成的，应当及时作出裁决。调解达成协议的，仲裁庭应当制作调解书或者根据调解协议的结果制作裁决书。调解书与裁决书具有同等法律效力。"

调解分为仲裁中的调解与独立调解。

仲裁中的调解是在仲裁案件审理过程中，仲裁庭组织当事人调解或当事人自愿调解。调解达成协议的，当事人可以请求仲裁庭依据调解协议的内容制作裁决书或调解书；调解不成的，由仲裁庭及时作出裁决。

独立调解是独立于仲裁程序之外的调解程序，指争议双方在调解员的主持下，在平等协商基础上自愿达成和解协议，解决商事纠纷。独立调解程序灵活便捷，收费较低，当事人可以在一个案件中将多个主体、多种合同类型纠纷“一揽子解决”。

仲裁中的调解和独立调解是两种不同的程序，仲裁程序的启动基于双方当事人的仲裁协议，而独立调解程序基于双方当事人的调解意愿，无论双方当事人是否签订协议，只要一方申请调解，即可启动调解程序。所以，申请调解也是当事人显示合作诚意，打破僵局的策略和方法。鼓励没有达成仲裁协议的争议双方利用独立调解程序解决商事纠纷，如果双方在独立调解程序中另行达成仲裁协议，也可据此申请仲裁。

无论是代理申请人还是被申请人，如有条件申请仲裁庭进行调解，既能高效解决纠纷，又能维系双方的合作友谊。特殊案件，可以书面申请仲裁庭组织调解。

第五节 做好阶段性工作报告，强化与当事人之间的信任关系

律师办案，只要接受了委托就得全身心投入，不受是否收费、收费多少等外在因素影响，只要接受委托，就得尽力办案，如此才能保障质量合格优质，如此才能对得起律师这份职业，才能守住为公平正义奋斗的初心。每个案件都是作品，值得付出耐心和真心，更需要恪尽职守，方能提高自身法律服务的质量和水平。律师通过各种准备工作掌握了类案的所有法律规范和裁判规则，对裁决结果也会有所预测。遵循律师办理仲裁业务的规定和方法，以请求权基础为主线，确定争议焦点后，借助思维导图，结合证据与法律逐项分析，处理出现的各类疑难、复杂问题，把所有准备工作做到位，方能泰然处之、临危不乱，取得良好庭审效果。律师要认真总结这一系列工作形成工作报告，让当事人看得见、摸得着、信得过。

工作报告要给当事人呈现律师承办案件的整个过程，重点是律师在承办案件中发挥的不可替代的作用，做到“有形”和“有心”的有机结合。根据工作的需要和内容，工作报告分为庭前工作报告、庭后工作报告、阅卷分析报告、结案报告、专项报告等，主要内容有案情概况、仲裁检测、证据评估、风险评估与提示、律师工作内容、发挥的主要作

用、办案思路和策略、法律文书核心观点、仲裁裁决书/调解书简析、后续工作建议以及风险防范提示等内容。

一、律师代理申请人工作报告的重点

申请人关心的重点在于仲裁请求能否实现，仲裁请求所依据的事实有什么样的证据作支撑。在证据欠缺的情况下，如何通过替代方式补充。案件进程和重要工作节点要及时告知当事人，让其充分享有知情权、参与权、决策权。

二、律师代理被申请人工作报告的重点

接案、办案，本质上与代理申请人没有区别，但是被申请人在仲裁中的权利义务、角色定位不同，在办案策略与思路方面会有差异，因此代理被申请人重点在于适时有效行使程序性权利。

法定程序性权利行使前一定要征求当事人意见，如果被申请人放弃行使，代理人原则上不再建议行使并应做好记录。

第六节　财产保全

一、仲裁保全简述

《仲裁法》第28条规定："一方当事人因另一方当事人的行为或者其他原因，可能使裁决不能执行或者难以执行的，可以申请财产保全。当事人申请财产保全的，仲裁委员会应当将当事人的申请依照民事诉讼法的有关规定提交人民法院。申请有错误的，申请人应当赔偿被申请人因财产保全所遭受的损失。"

《民事诉讼法》第104条规定：利害关系人因情况紧急，不立即申请保全将会使其合法权益受到难以弥补的损害的，可以在提起诉讼或者申请仲裁前向被保全财产所在地、被申请人住所地或者对案件有管辖权的人民法院申请采取保全措施。申请人应当提供担保，不提供担保的，裁定驳回申请。人民法院接受申请后，必须在48小时内作出裁定；裁定采取保全措施的，应当立即开始执行。申请人在人民法院采取保全措施后30日内不依法提起诉讼或者申请仲裁的，人民法院应当解除保全。

仲裁程序中的保全也分为仲裁前的财产保全和仲裁中的财产保全，仲裁中的保全须完成立案后才能提出财产保全申请。

二、财产保全申请

（一）提交保全申请

申请人向仲裁委员会提交财产保全申请。最高人民法院《关于人民法院办理财产保全案件若干问题的规定》明确：仲裁过程中，当事人申请财产保全的，应当通过仲裁机构向人民法院提交申请书及仲裁案件受理通知书等相关材料。

仲裁委员会将财产保全申请、仲裁申请书、证据、授权委托书、身份证明材料、仲裁委员会函转递管辖法院。

实践中还有种做法是，立案后仲裁委员会将财产保全申请文件和仲裁委员会转函放入加盖仲裁委员会印章的密封袋，由申请人直接将密封袋提交有管辖权的法院。

两个机构之间工作上的衔接确实存在一些困难，不管、不受理的情况也会出现。

（二）财产保全文件

申请保全需要提供下列资料：财产保全申请书原件；证据、授权委托书、财产保全申请人和被申请人主体信息资料；财产信息和线索；担保文件；仲裁申请书或仲裁反请求申请书一份。

材料准备提示：建议律师准备一式三份，存档一份，给仲裁委员会两份。

（三）财产保全申请书内容

根据最高人民法院《关于人民法院办理财产保全案件若干问题的规定》第 1 条规定，财产保全申请书应包括以下事项：(1) 申请保全人与被保全人的身份、送达地址、联系方式；(2) 请求事项和所根据的事实与理由；(3) 请求保全数额或者争议标的；(4) 明确的被保全财产信息或者具体的被保全财产线索；(5) 为财产保全提供担保的财产信息或资信证明，或者不需要提供担保的理由；(6) 其他需要载明的事项。

三、财产保全的受理、担保、裁定

（一）财产保全法院

根据《民事诉讼法》第 104 条、最高人民法院《关于实施〈中华人民共和国仲裁法〉几个问题的通知》和最高人民法院《关于人民法院执行工作若干问题的规定（试行）》第 9 条、第 10 条规定，当事人申请仲裁财产保全的，国内仲裁案件由被申请人住所地或者财产所在地的基层人民法院管辖；属涉外案件的，由被申请人住所地或财产所在地的中级人民法院管辖。

各地法院会有差异，办理具体案件时应特别注意。

北京市高级人民法院《关于印发修订后的〈北京市法院执行工作规范〉的通知》第 6 条规定，申请仲裁前或者仲裁过程中，当事人申请财产保全的，由被申请人住所地或被保全的财产所在地的中级人民法院受理、作出裁定并执行。

(二)财产保全担保

仲裁前保全:应当提供相当于请求保全数额的担保;情况特殊的,人民法院可以酌情处理。

仲裁中保全:担保数额不超过请求保全数额的30%;申请保全的财产系争议标的的,担保数额不超过争议标的的价值的30%。

担保物可以自行提供,也可以购买诉讼财产保全责任保险,提供保单。

申请保全人或第三人为财产保全提供财产担保的,应当向人民法院出具担保书。担保书应当载明担保人、担保方式、担保范围、担保财产及其价值、担保责任承担等内容,并附相关证据材料。

第三人为财产保全提供保证担保的,应当向人民法院提交保证书。保证书应当载明保证人、保证方式、保证范围、保证责任承担等内容,并附相关证据材料。

(三)财产保全裁定

法院受理财产保全申请,经审查符合财产保全条件,将作出财产保全裁定。法院的执行员根据财产保全裁定采取具体的财产保全措施。财产保全被申请人不得就财产保全裁定提起上诉,但是可以申请法院复议一次。复议期间不停止裁定的执行。人民法院经审查不符合条件的,裁定驳回申请。人民法院应将财产保全裁定送达当事人,并通知仲裁机构。

(四)财产保全方式

实践中仲裁案件财产保全有三种方式:法院直接保全;法院受委托保全;网上保全信息系统保全。

(五)财产保全执行

人民法院接受财产保全申请后,应当在5日内作出裁定;需要提供担保的,应当在提供担保后5日内作出裁定;裁定采取保全措施的,应当在5日内开始执行。对情况紧急的,必须在48小时内作出裁定;裁定采取保全措施的,应当立即开始执行。

(六)财产保全期间的解除保全

保全被申请人经复议,异议成立的应解除保全措施。

财产保全期间,申请保全人提供的担保不足以赔偿可能给被保全人造成的损失的,人民法院可以责令其追加相应的担保;拒不追加的,可以裁定解除或者部分解除保全。

四、财产保全错误的赔偿责任

(一)请求权基础——法律依据

《仲裁法》第28条第3款规定:申请有错误的,申请人应当赔偿被申请人因财产保全所遭受的损失。

《民事诉讼法》第108条规定:申请有错误的,申请人应当赔偿被申请人因保全所遭受的损失。

其他相关规定如下:

最高人民法院《关于当事人申请财产保全错误造成案外人损失应否承担赔偿责任问题的解释》(法释〔2005〕11号)

最高人民法院《关于人民法院办理财产保全案件若干问题的规定》(2020年修正)

陕西省高级人民法院《关于审理涉及国内民商事仲裁案件若干问题的规定(试行)》(陕高法〔2010〕374号)

第11条　仲裁当事人申请财产保全、证据保全的,应当通过仲裁机构向人民法院提交申请书和相关材料,当事人直接向人民法院提出申请的,人民法院不予受理。

第12条　当事人申请财产保全应当提交下列材料:

(1)财产保全申请书。财产保全申请书应列明财产保全申请人、被申请人的姓名或名称、有效住址和联系方式;事实及理由;被保全财产的性质、金额或数量、所在地点;管辖法院的名称;

(2)仲裁机构出具的仲裁申请受理通知书;

(3)与被保全财产价值相当的财产担保或保证;

(4)申请人的身份证明材料;

(5)按有关规定需要提交的其他材料。

第13条　当事人申请证据保全应当提供下列材料:

(1)证据保全申请书。证据保全申请书应列明证据保全申请人、被申请人的姓名或名称、有效住址和联系方式;事实及理由;被保全证据的形式、所在地点和证据持有人;管辖法院的名称;

(2)仲裁机构出具的仲裁申请受理通知书;

(3)申请人的身份证明材料;

(4)按有关规定需要提交的其他材料。

第14条　人民法院审查财产保全和证据保全申请,认为需要提交其他材料的,由当事人直接向人民法院提交。

第15条　当事人申请财产保全的,由被申请人住所地或被申请保全的财产所在地的基层人民法院裁定并执行;申请证据保全的,由证据所在地的基层人民法院裁定并执行。人民法院作出财产保全或证据保全裁定后,应当将保全情况告知仲裁机构。

(二)财产保全错误引发的损害赔偿案件的管辖

因错误保全而引发的是侵权赔偿案件,侵权纠纷由人民法院管辖。

仲裁前保全不当引致损害赔偿诉讼的管辖法院：当事人申请仲裁前保全后没有在法定期间申请仲裁，给被申请人、利害关系人造成损失引起的诉讼，由采取保全措施的人民法院管辖。当事人在法定期间内申请仲裁，被申请人、利害关系人因保全受到损失提起的诉讼，由采取保全措施的人民法院管辖。

（三）财产保全错误赔偿责任

申请财产保全错误的赔偿在性质上属于侵权责任。判断申请财产保全是否错误，不仅要看申请保全人的仲裁请求最终是否得到支持，还要看其是否存在故意或重大过失。判断申请保全人是否存在故意或重大过失，要根据其仲裁请求及所依据的事实和理由考察其提起仲裁是否合理；或者结合申请保全的标的额、对象及方式，有证据足以认定保全错误仍不解封（明显属于主观过错）等方面考察其申请财产保全是否适当。

关于赔偿数额的确定，需要有充分的证据。查封房屋或其他存在市场价值变化的资产，如因被保全人未请求处分变现或请求不当未获准许的，被保全财产因市场变化产生的价值贬损风险由财产保全被申请人自行承担，与申请财产保全行为没有直接的因果关系；如申请保全人阻碍被保全人行使处分权的，则被保全财产的价值贬损与申请保全人的行为有直接因果关系，申请保全人应赔偿的数额为被保全财产在保全开始与保全结束两个时点的价差以及开始时的价款对应的资金利息损失。

一般而言保全错误赔偿构成要件如下：(1)申请人存在过错；(2)保全错误与被申请人损失之间存在因果关系；(3)损失范围有充分的证据。

五、特殊情况——仲裁期间，被保全人死亡保全申请如何处理

仲裁期间被保全人死亡是仲裁财产保全中的疑难问题之一。在商事仲裁过程中，申请人申请仲裁，在被申请（保全）人已经死亡的情形下，基于商事仲裁程序尚在进行，仲裁结果尚未明确，申请人申请保全的材料完备可予立案的情形下，应当依据申请人提供的财产线索对被保全人财产予以相应的保全，毕竟申请保全的财产是被保全人的责任财产。

行为保全，司法实践中用得极少，本书不予探讨。

第七节　证据保全

一、证据保全法律规范

证据保全是指在证据可能灭失或者以后难以取得的情况下，当事人可以向有管辖权的人民法院申请证据保全。

（一）证据保全法律规范

《民事诉讼法》第84条，《仲裁法》第46条、第68条，《商标法》第66条，《著作权法》第51条，《专利法》第67条等法律和最高人民法院《关于审理著作权民事纠纷案件适用法律若干问题的解释》、最高人民法院《关于审理专利纠纷案件适用法律问题的若干规定》等司法解释对诉前证据保全制度进行了规定。

（二）证据保全管辖法院

根据《仲裁法》第46条、第68条和最高人民法院《关于人民法院执行工作若干问题的规定》第9条、第10条等规定，国内商事仲裁过程中，当事人申请证据保全的，由证据所在地基层人民法院裁定并执行。仲裁程序中当事人申请证据保全的，仲裁委员会应当将当事人的申请提交证据所在地的基层人民法院。

二、证据保全的申请主体

仲裁前证据保全的申请主体称为“利害关系人”。全国人大常委会法制工作委员会在《中华人民共和国民事诉讼法释义》中作了解释：由于尚未进入仲裁程序，所以还不存在当事人，只能是利害关系人，即民事权益可能受到损害或者与他人发生民事权益纠纷的人。是否属于利害关系人，应当由人民法院审查判断予以确定。

根据《民事诉讼法》的规定，仲裁前证据保全由利害关系人直接向有管辖权的人民法院申请，有管辖权的人民法院作出证据保全裁定，并采取保全措施。

三、证据保全的申请文件

（一）申请保全材料

证据保全所需要的材料法律未明确规定，实践中一般要准备以下资料：证据保全申请书原件；与证据保全相关的证据、授权委托书、申请人身份信息；证据保全担保文件（视情况）；被保全证据的信息清单，包括申请保全证据的具体内容、范围、所在地，请求保全的证据能够证明的事实。

这些材料，最好是一次性准备齐全一并提供，避免补交造成程序拖沓。

（二）证据保全申请书内容

一般包括：当事人基本情况；证据的基本情况，包括证据的具体内容、范围、所在地点等；争议发生背景；仲裁请求或可能提出的仲裁请求，以及相关仲裁请求的理由；申请证据保全的理由以及采取何种保全措施，包括证据可能灭失或者以后难以取得且当事人及其仲裁代理人因客观原因确实不能自行搜集的具体说明，待保全证据与待证事实的关联性等。

四、证据保全处理

对于仲裁中的证据保全，根据《民事诉讼法》和《仲裁法》的相关规定，一般经过以下程序：当事人认为有必要采取证据保全时，向仲裁委员会提出申请，仲裁委员会在收到证据保全申请书后，应提交证据所在地有管辖权的人民法院；人民法院在收到由仲裁委转来的证据保全申请后，如果认为有必要的，作出准予保全的裁定，并在裁定中指出保全的证据种类、时间、地点和保全方法。如果人民法院不接受申请人的申请，应作出裁定，并说明不采取保全措施的理由。

《民事诉讼法》第103条规定：对于诉中保全，人民法院接受申请后，对情况紧急的，必须在48小时内作出裁定；裁定采取保全措施的，应当立即开始执行。第104条规定：对于诉前保全，人民法院接受申请后，必须在48小时内作出裁定；裁定采取保全措施的，应当立即开始执行。

证据保全裁定是终局性的，不可提起上诉。在证据保全过程中真正的困难是打消法院的疑虑，向法院说明待保全证据有必要由法院进行保全，申请人不能通过其他方式获取证据。如果法院认为待保全的证据当事人可以自行取得或与案件无关，则很可能不会受理证据保全申请。

《民事诉讼证据规定》第27条规定，人民法院进行证据保全，可以根据具体情况，采取查封、扣押、拍照、录音、录像、复制、鉴定、勘验、制作笔录等方法。

五、证据保全费用

《诉讼费用交纳办法》仅规定了有具体保全金额案件的费用标准，未对申请证据保全的费用进行规定。实践中各地法院收费标准不一。

北京市房山区人民法院（2017）京0111证保3号民事裁定书中证据保全费为30元；天津市东丽区人民法院（2018）津0110民初3868号之三民事裁定书中证据保全费为500元；广东省东莞市第二人民法院（2018）粤1972民初5696号之二民事裁定书中证据保全费为2000元。

仲裁案件保全费需要在个案中结合法院工作需要具体确定。

六、法院证据保全与公证证据保全简要对比分析

（一）保全费承担不同

法院证据保全的费用尽管需要申请人预交，但最终裁判结果将决定费用由谁负担，申请人可因胜诉避免对保全费用的支付。证据保全的费用一般包括申请费、调查证据费用以及为证据保全而支出的其他费用。而在公证证据保全中申请费及其他相关费用

的承担者为申请人。

（二）公证证据保全与法院证据保全的效力比较

尽管公证证据保全与法院证据保全在行为性质、启动时间、承办主体、适用程序等方面有着较大的差别，尽管公证机构保全的证据与法院保全的证据在日后的法庭审理时对双方当事人的质证方式、内容、程度上不尽相同，但二者的保全效力是相当的。

首先，公证保全的证据在诉讼中无须当事人举证证明，进而有效地减轻了法院的负担，节约了司法资源。《公证法》第36条规定，经公证的民事法律行为、有法律意义的事实和文书，应当作为认定事实的根据，但有相反证据足以推翻该项公证的除外。2012年修正的《民事诉讼法》第69条[①]规定，经过法定程序公证证明的法律事实和文书，人民法院应当作为认定事实的根据。但有相反证据足以推翻公证证明的除外。《民事诉讼证据规定》第10条规定，下列事实当事人无须举证证明……已为有效公证文书所证明的事实，但当事人有相反证据足以推翻的除外。

其次，公证保全证据属于优势证据，具有较强的证明力。2001年《民事诉讼证据规定》第77条规定，人民法院就数个证据对同一事实的证明力可以依照下列原则认定：国家机关、社会团体依职权制作的公文书证的证明力一般大于其他书证；物证、档案、鉴定结论、勘验笔录或者经过公证、登记的书证其证明力一般大于其他书证、视听资料和证人证言。2019年修正且删除该条文，还权于法院心证，运用逻辑推理和日常生活经验法则判断证据的证明力，其蕴含的法理仍然适用。最高人民法院《关于行政诉讼证据若干问题的规定》第64条规定，以有形载体固定或者显示的电子数据交换、电子数据以及其他数据资料，其制作情况和真实性经对方当事人确认，或者以公证等其他有效方式予以证明的，与原件具有同等法律效力。

再次，法院通过证据保全程序获取的证据原则上与诉讼程序中依职权或依当事人申请通过证据调查收集的证据具有相同的法律效力。但由法院保全的证据必须经过法庭的审查核实才能在诉讼中使用，必须经过质证、辩论才能作为定案的依据。

最后，保全的证据为双方当事人共同或相互间发生事实关系的证明，因此不但申请保全证据的当事人可予以引用，如果对方当事人认为该种证据对其有利也可以使用。

（三）保全错误赔偿责任有区别

公证机构的有责性使其内部已建立错证追究制度，其因公证证据的准确性不够给权利人造成诉讼风险后会承担相应的赔偿。《公证法》第43条规定，公证机构及其公证员因过错给当事人、公证事项的利害关系人造成损失的，由公证机构承担相应的赔偿责任；公证机构赔偿后，可以向有故意或者重大过失的公证员追偿。当事人、公证事项的

---

① 2021年《民事诉讼法》规定为第72条。

利害关系人与公证机构因赔偿发生争议的，可以向人民法院提起民事诉讼。

相比较公证机构赔偿的稳定性和可靠性，法院证据保全虽赋予了申请人对准予保全证据裁定或驳回保全证据申请裁定的救济途径，但赔偿的程序较为复杂。2012 年《民事诉讼法》第 108 条[①]规定，当事人对保全或者先予执行的裁定不服的，可以申请复议一次。复议期间不停止裁定的执行。《国家赔偿法》第 38 条规定，人民法院在民事诉讼、行政诉讼过程中，违法采取对妨害诉讼的强制措施、保全措施或者对判决、裁定及其他生效法律文书执行错误，造成损害的，赔偿请求人要求赔偿的程序，适用本法刑事赔偿程序的规定。

七、仲裁机构不能作为公证证据保全的申请主体

根据《仲裁法》第 46 条规定可知，仲裁案件中当事人申请证据保全，只能由仲裁机构将申请转交法院，仲裁机构或仲裁庭不应直接委托公证机构进行证据保全。

八、书证提出命令制度

2015 年的《民事诉讼司法解释》第 112 条首次将我国书证提出命令制度进行原则性规定。随着当事人因证据存在而无法收集证据的问题日趋严重，2020 年 5 月 1 日生效的《民事诉讼证据规定》第 45 条至第 48 条，进一步细化了责令对方当事人提交申请书的内容、申请书证范围、法院的审查义务以及违反书证提出命令内容的不利推定和举证妨害的事实推定后果。

书证提出命令制度的相关法律规范如下：

《民事诉讼法司法解释》第 112 条规定：

书证在对方当事人控制之下的，承担举证证明责任的当事人可以在举证期限届满前书面申请人民法院责令对方当事人提交。

申请理由成立的，人民法院应当责令对方当事人提交，因提交书证所产生的费用，由申请人负担。对方当事人无正当理由拒不提交的，人民法院可以认定申请人所主张的书证内容为真实。

《民事诉讼证据规定》第 45 条、第 46 条、第 47 条、第 48 条为书证提出命令的法律条文依据。

代理工作中，确实存在书证证据在对方当事人掌控下的情况时，律师可以向仲裁庭申请调取或者责令对方提供，以便还原案件事实真相，各方得到满意的裁决结果，真正达到案结事了的效果。

---

① 2021 年《民事诉讼法》为第 111 条。

第八节　专门问题鉴定

一、鉴定依据

《仲裁法》第 44 条规定:仲裁庭对专门性问题认为需要鉴定的,可以交由当事人约定的鉴定部门鉴定,也可以由仲裁庭指定的鉴定部门鉴定。根据当事人的请求或者仲裁庭的要求,鉴定部门应当派鉴定人参加开庭。当事人经仲裁庭许可,可以向鉴定人提问。

仲裁案件,确实存在鉴定必要的,依申请和依职权都可以进行专业问题鉴定。

二、鉴定意见

鉴定意见是法定证据种类之一。鉴定意见是依法接受聘请或者指定的具有专门知识和鉴定技能的鉴定人,运用专门知识和技能,对案件的专门性问题进行分析研究所得出的结论性意见。仲裁案件常见的鉴定有工程造价鉴定、工程质量问题及修复造价鉴定、产品质量鉴定、印章鉴定、笔迹鉴定、文书鉴定、技术鉴定等。

三、鉴定事项与范围

(一)鉴定事项

鉴定事项是查明与认定案件事实有关的专门问题,是鉴定的核心,是确定双方当事人权利义务和责任的关键依据。

通常下列事项不在鉴定范围:(1)通过生活常识、经验法则可以推定的事实;(2)与待证事实无关联的问题;(3)对证明待证事实无意义的问题;(4)应当由当事人举证的非专门性问题;(5)通过法庭调查、勘验等方法可以查明的事实;(6)对当事人责任划分的认定;(7)法律适用问题;(8)测谎;(9)其他不适宜委托鉴定的情形。

(二)仲裁庭有自由裁量权

鉴定的必要性判断属于价值判断范畴,是否需要鉴定属于仲裁庭的自由裁量权范围,不属于仲裁司法审查的内容。

在上海第二中级人民法院(2017)沪 02 民特 354 号案件中,申请人的撤裁理由之一为仲裁庭拒绝了申请人提出的笔迹鉴定申请,违反了仲裁规则的规定。法院认为,根据上海国际经济贸易仲裁委员会《仲裁规则》(2015 年版)第 39 条规定,当事人可就案件中的专门问题提出咨询或鉴定申请,由仲裁庭决定是否同意。故仲裁庭经审查后作出不予同意鉴定的决定,并未违反仲裁规则。因此,对于申请人的此项撤裁理由,法院不予采纳。

四、申请鉴定时间

《仲裁法》未就鉴定时间作出规定,一般是参考办案机构仲裁规则的规定。笔者检索了二十余家仲裁机构的仲裁规则,也未明确找到申请鉴定的期限,因此,具体办理案件中应当在合理期限内向仲裁委提出申请,原则上不迟于庭审辩论终结前。

五、鉴定材料

根据《民事诉讼法》及有关司法解释对鉴定材料审查的相关规定,对鉴定材料的要求有:(1)严格审查鉴定材料是否符合鉴定要求,人民法院应当告知当事人不提供符合要求鉴定材料的法律后果;(2)未经法庭质证的材料(包括补充材料),不得作为鉴定材料;(3)当事人无法联系、公告送达或当事人放弃质证的,鉴定材料应当经合议庭确认;(4)对当事人有争议的材料,应当由人民法院予以认定,不得直接交由鉴定机构、鉴定人选用。

诉讼对鉴定检材的要求,在仲裁程序中完全可以借鉴。

六、鉴定机构与鉴定人

鉴定机构可以由当事人协商一致选择,也可以由仲裁机构选择,但是所选的鉴定机构必须具备鉴定资质并符合法律规定。

对于鉴定机构指定鉴定人的,应当严格依照法律规定,对鉴定人的专业能力、从业经验、业内评价、执业范围、鉴定资格、资质证书有效期以及是否有依法回避的情形等进行审查。

七、鉴定费用

鉴定费用根据举证责任分配规则由一方先行垫付,最终根据案件实际情况和双方当事人责任由仲裁庭裁决在当事人之间合理分摊。

八、对鉴定意见的审查与质证

《民事诉讼证据规定》第36条规定:人民法院对鉴定人出具的鉴定书,应当审查是否具有下列内容:(1)委托法院的名称;(2)委托鉴定的内容、要求;(3)鉴定材料;(4)鉴定所依据的原理、方法;(5)对鉴定过程的说明;(6)鉴定意见;(7)承诺书。鉴定书应当由鉴定人签名或者盖章,并附鉴定人的相应资格证明。委托机构鉴定的,鉴定书应当由鉴定机构盖章,并由从事鉴定的人员签名。

仲裁程序中的鉴定意见也应具备上述内容,否则鉴定意见的合法性存在质疑。

鉴定意见是法定证据种类之一,作为认定案件事实的依据前必须经过质证。

专业问题需要鉴定人出庭说明,鉴定人拒绝出庭的,属于仲裁审理程序瑕疵,可能会影响案件实体公正。关于鉴定人的出庭问题,根据《仲裁法》第 44 条第 2 款“根据当事人的请求或者仲裁庭的要求,鉴定部门应当派鉴定人参加开庭。当事人经仲裁庭许可,可以向鉴定人提问”之规定,要求鉴定人员出庭接受询问是仲裁当事人的一项程序权利。在乌鲁木齐市中级人民法院(2016)新民特 274 号案中,法院即根据《仲裁法》第 44 条规定认为,申请人对于工程造价意见书持有异议,要求相关鉴定人员出接受质询,应当准许。且工程造价意见书是认定案件事实的重要证据,直接影响当事人权益的保护。仲裁机构未按照《仲裁法》的规定通知鉴定人员出庭,违反了法定程序。

九、自行委托鉴定的质证

仲裁案件中专门问题是否鉴定由仲裁庭自由裁量,仲裁庭决定不予鉴定的,不影响申请鉴定的当事人自行委托鉴定,其自行委托鉴定的结论可以提交仲裁庭,作为该方的证据。

对于一方自行委托鉴定的结论,另一方不认可的,委托方可从以下三方面进行举证:(1)鉴定机构、鉴定人具有法定资质资格;(2)鉴定所依据的技术资料具有真实性,或者已经对方认可;(3)鉴定人可以出庭接受询问。

主张不予采信的另一方当事人可从以下几方面质证进行反驳:(1)鉴定机构、鉴定人与申请人或抗辩人存在利害关系;(2)鉴定机构、鉴定人与鉴定意见存在利害关系;(3)鉴定机构、鉴定人具有鉴定资质资格瑕疵(对此可以根据鉴定事项与范围对比分析鉴定意见所附鉴定机构与鉴定人员资质证件信息识别,查阅资质有效期限等);(4)鉴定所依据的技术资料不具有真实性,或者未经抗辩人认可;(5)鉴定所依据的技术资料有缺漏;(6)鉴定过程、鉴定程序违法,违反鉴定规范;(7)鉴定取样、分析、计算等存在足以影响鉴定结果的错误;(8)存在可能导致鉴定意见错误的其他重大程序性瑕疵。

第四章　重新仲裁

重新仲裁制度是对原仲裁裁决瑕疵的一项重要补救制度，故在重新仲裁时一定要充分考虑仲裁制度本身的优势，在合法的前提下尊重当事人的意思自治，让仲裁庭弥补之前的瑕疵，维护仲裁的权威。《仲裁法修订（征求意见稿）》在吸收司法解释和实践经验的基础上，完善撤销仲裁裁决程序中的重新仲裁制度，尽可能尊重当事人选择仲裁的意愿，确立“能够通过重新仲裁弥补瑕疵就不撤销”的原则。

第一节　重新仲裁与关联制度的区别

重新仲裁，是指在撤销仲裁裁决程序中，法院审查后通知仲裁庭重新仲裁的制度。重新仲裁是规定在撤销仲裁裁决程序中用于弥补裁决瑕疵的重要救济制度，也是广义上司法监督仲裁的方式之一。重新仲裁制度的设立目的，是给予仲裁庭弥补裁决瑕疵的机会，减少裁决被法院撤销的可能，尽可能地遵从当事人选择仲裁解决纠纷的初衷，进而维护仲裁一裁终局的权威性以及仲裁制度的公信力。重新仲裁还属于仲裁程序，并未否定仲裁一裁终局的性质，有利于维护仲裁的终局性。而如果由法院撤销了仲裁裁决，进入法院审理程序，则对仲裁裁决终局性是个挑战，不利于维护仲裁裁决的权威。

一、重新仲裁与重新达成仲裁协议的区别

重新达成仲裁协议是指当事人在原仲裁裁决被法院裁定撤销或不予执行后，出于相信仲裁庭能够较好地解决纠纷的目的，再次达成新的仲裁协议，将纠纷置于仲裁程序下进行解决。它与重新仲裁主要有以下几点不同：(1)产生时间不同。重新达成仲裁协议产生于法院撤销仲裁裁决之后，而重新仲裁则产生于当事人申请撤销仲裁裁决程序之中。(2)启动主体不同。重新达成仲裁协议是双方当事人根据意思自治原则，再次达成仲裁协议，将纠纷交由仲裁机构解决。再次选择仲裁作为纠纷解决方式是双方当事人共同作用的结果，并没有其他主体的介入。而重新仲裁是司法监督仲裁的方式之一，其程序的启动需由法院介入，而且法院起着决定作用。(3)结果不同。当事人重新达成仲裁协议后，将会由重新组成的仲裁庭开启一个全新仲裁程序，它和当事人最初将纠纷交由仲裁庭解决的仲裁程序是完全独立的；而重新仲裁程序开始后，仲裁权的行使源于原来的仲裁协议，并且仅仅是对原裁决进行补正，并不是一个全新的仲裁程序。

二、重新仲裁与撤销仲裁裁决

撤销仲裁裁决,是指当事人因不服仲裁裁决向法院提出撤销裁决的请求,法院受理后,依据撤销裁决的法定情形,裁定将裁决予以撤销的制度。

撤销仲裁裁决与重新仲裁二者关系紧密,但又有不同之处:(1)启动主体不同。当事人因不服仲裁裁决,向法院申请撤销裁决。因此,启动撤销裁决程序的主体是当事人;而当事人没有直接向法院申请重新仲裁的权利,启动重新仲裁程序的主体是人民法院,法院依据自由裁量权裁定通知仲裁庭重新仲裁。(2)结果不同。仲裁裁决经法院裁定撤销后,该裁决即失去法律效力。也就是说,当事人之间的纠纷恢复到未解决的原始状态。而重新仲裁程序开始后,根据仲裁裁决的一裁终局性,原仲裁裁决并不因此而失去法律效力,当事人之间的纠纷在进一步地解决。

三、重新仲裁与民事诉讼二审发回重审的区别

民事诉讼发回重审,是指在上级法院对下级法院的判决经审理后,作出否认原审判决并由一审法院重新审理案件的诉讼制度。

我国《民事诉讼法》第 177 条规定,当原判决、裁定“认定事实错误或者适用法律错误”、“认定事实不清”或原判决“遗漏当事人或者违法缺席判决等严重违反法定程序”时,第二审人民法院可裁定撤销原判决,发回原审人民法院重审。重新仲裁与民事诉讼发回重审,二者从表面上看具有诸多相似之处,但两者事实上存在本质区别。

首先,二者分属不同范畴。重新仲裁隶属仲裁裁决司法审查体系,是人民法院对已生效仲裁裁决进行的外部司法监督,而民事诉讼发回重审发生于法院系统内部,系上级法院对下级法院裁判的监督。

其次,二者的适用条件不同。民事诉讼发回重审适用于原判决、裁定存在“认定事实错误或者适用法律错误”“遗漏当事人或者违法缺席判决等严重违反法定程序”的情形;而重新仲裁适用的法定事由为《仲裁法司法解释》所规定的当事人“隐瞒证据”或“伪造证据”两种情形。

最后,二者的程序内容存在差异。民事诉讼发回重审案件,由原审人民法院另行组成合议庭,按一审程序进行审理;而对重新仲裁案件的庭审程序,法律并无明确规定,一般倾向认为应由原仲裁庭进行重新审理,除非仲裁员主动退出或者当事人申请更换,且仅应就原裁决程序中存在的瑕疵问题进行审理。

第二节　重新仲裁的事由

司法实践中裁定的重新仲裁有的是因仲裁程序存在问题，也有的是因仲裁裁决存在实体问题，或者存在难以清楚地界定为程序或者实体的问题。有的法院在裁定重新仲裁时，说明了裁定的理由，但有的裁定也没有说明理由。我国《仲裁法》第61条规定，当事人向法院递交关于撤销仲裁裁决之申请，而法院则有权在审查后作出重新仲裁的通知，其有权直接将通知发予仲裁庭，同时中止撤销程序。是否重新仲裁以仲裁庭最终的决定为准，若仲裁庭拒绝重新仲裁，则撤销程序恢复。

一、重新仲裁的法定事由

（一）重新仲裁法律规范

重新仲裁的相关法律规范如下：

1.《仲裁法》

第61条　人民法院受理撤销裁决的申请后，认为可以由仲裁庭重新仲裁的，通知仲裁庭在一定期限内重新仲裁，并裁定中止撤销程序。仲裁庭拒绝重新仲裁的，人民法院应当裁定恢复撤销程序。

2.《仲裁法司法解释》

第21条　当事人申请撤销国内仲裁裁决的案件属于下列情形之一的，人民法院可以依照《仲裁法》第61条的规定通知仲裁庭在一定期限内重新仲裁：

（1）仲裁裁决所根据的证据是伪造的；

（2）对方当事人隐瞒了足以影响公正裁决的证据的。

人民法院应当在通知中说明要求重新仲裁的具体理由。

第22条　仲裁庭在人民法院指定的期限内开始重新仲裁的，人民法院应当裁定终结撤销程序；未开始重新仲裁的，人民法院应当裁定恢复撤销程序。

第23条　当事人对重新仲裁裁决不服的，可以在重新仲裁裁决书送达之日起6个月内依据《仲裁法》第58条规定向人民法院申请撤销。

（二）部分仲裁委仲裁规则关于重新仲裁的规定

部分仲裁委仲裁规则关于重新仲裁的规定如下：

1.《石家庄仲裁委员会仲裁规则》(2017)

第57条　重新仲裁

(1)仲裁庭收到本会转交的法院关于重新仲裁的通知后,应当将是否同意重新仲裁的书面意见提交本会,由本会函告法院。

(2)仲裁庭同意重新仲裁的,由其进行。

2.《哈尔滨仲裁委员会仲裁规则》

第62条　重新仲裁

(1)当事人申请撤销裁决,人民法院认为可以重新仲裁且仲裁庭同意的,由原仲裁庭进行。

(2)原仲裁庭不能履行重新仲裁职责或者双方当事人一致要求重新组成仲裁庭的,经主任批准可以组成新的仲裁庭仲裁。

(3)当事人在重新仲裁程序中申请补充证据的,是否同意,由仲裁庭决定。仲裁庭同意的,当事人应当在规定期限内补充证据。

3.《广州仲裁委员会仲裁规则》(2021年版)

第91条　重新仲裁

(1)人民法院依照《仲裁法》的规定通知仲裁庭重新仲裁,仲裁庭同意的,审理程序全部重新进行。本会主任认为有必要、原仲裁庭组成人员主动退出或者一方当事人要求变更仲裁庭的,组庭程序、审理程序全部重新进行。

(2)当事人在重新仲裁时申请补充证据的,是否准许,由仲裁庭决定。仲裁庭认为有必要的,可以要求当事人在指定期限内补充证据。

4.《汉中仲裁委员会仲裁规则》

第73条　仲裁庭接到汉中市中级人民法院要求仲裁庭重新裁决的通知后,拒绝重新仲裁的,应当向仲裁委员会书面陈述理由,经批准后,方可向汉中市中级人民法院作出拒绝重新仲裁的意思表示。

5.《西安仲裁委员会仲裁规则》

第62条　重新仲裁人民法院要求仲裁庭重新仲裁的案件,仲裁庭认为应当重新仲裁的,按照本规则的规定进行仲裁;认为不应当重新仲裁的,应向本会提交书面理由,由本会函告人民法院。

重新仲裁的案件,由原仲裁庭审理的,本会不再收取仲裁费。

6.《长沙仲裁委员会仲裁规则》(2018)

第84条　重新仲裁

当事人申请撤销裁决,法院认为可以由仲裁庭重新仲裁且仲裁庭同意重新仲裁的,由原仲裁庭进行。原仲裁庭存在本规则第34条规定的应当更换的情形或者双方当事人同意的,可以另行组成仲裁庭进行仲裁。

(三)仲裁司法审查规范性文件

相关仲裁司法审查规范性文件如下:

江西省高级人民法院《仲裁司法审查案件审理工作指引》(2019年版)

……2.申请撤销我国内地仲裁机构的仲裁裁决的审查标准

……(2)当事人申请撤销国内仲裁裁决的案件属于下列情形之一的,人民法院可以通知仲裁庭重新仲裁:仲裁裁决所根据的证据是伪造的;对方当事人隐瞒了足以影响公正裁决的证据的。人民法院应当在通知中说明要求重新仲裁的具体理由。

仲裁庭在人民法院指定的期限内开始重新仲裁的,人民法院应当裁定终结撤销程序;未开始重新仲裁的,人民法院应当裁定恢复撤销程序。

当事人对重新仲裁裁决不服的,可以在重新仲裁裁决书送达之日起6个月内依据《仲裁法》第58条规定向人民法院申请撤销。

(四)重新仲裁法定事由

从前述法律规范可知,重新仲裁的事由有两类:一是积极型的伪造,即仲裁裁决所根据的证据是伪造的。二是消极型的隐瞒,即当事人隐瞒了足以影响公正裁决的证据。但从《仲裁法司法解释》规定的事由看,重新仲裁的范围仅限于因证据所致的实体瑕疵。

二、司法实践中重新仲裁的其他事由

重新仲裁本质上是一种仲裁裁决救济制度。上海市高级人民法院《关于执行〈中华人民共和国仲裁法〉若干问题的处理意见》第9条又增加两种事由:仲裁范围超出申请人的请求或者漏裁和程序不当。

笔者通过《中国裁判文书网》,检索到司法实践中重新仲裁的其他事由,见表4-1。

表4-1 仲裁司法审查重新仲裁部分裁判标准整理

序号	通知重新仲裁考量事由	案号
1	仲裁范围超出申请人请求	(2007)昆民一初字第71号民事裁定
2	程序不当或者违反法定程序	(2016)京02民特16号之一 (2013)驻民一初字第38号民事裁定
3	送达瑕疵	(2009)沪二中民五(商)撤字第4号民事裁定
4	超出协议范围	(2020)川01民特179号民事裁定
5	枉法裁决	(2017)闽05民特15号之二民事裁定

续表

序号	通知重新仲裁考量事由	案号
6	仲裁庭未向双方释明是否申请对工程款评估鉴定或依职权决定鉴定	(2017)闽05民特15号之二民事裁定
7	提高纠纷解决的效率	(2018)桂07民特31号民事裁定
8	以避免影响当事人相关诉讼权利的行使	(2018)鲁01民特32号民事裁定
9	两次仲裁结果不同并不属于程序违法	(2019)内06民特59号民事裁定
10	尊重当事人合意表示	(2018)粤15民特6号民事裁定

仲裁实行一裁终局制,法院依法对仲裁裁决的审查不是二审法院性质的审理或审查。国内仲裁裁决当事人不服仲裁委员会作出的裁决向人民法院申请撤销,应当符合《仲裁法》第58条的规定,凡不符合法律规定的撤销理由,人民法院依法不予审查。

三、重新仲裁的启动程序

根据重新仲裁相关规定,重新仲裁必须具备三个条件:一是一方当事人申请撤裁,二是法院通知重新仲裁,三是仲裁庭同意。欠缺任何一个条件,重新仲裁都不可能发生。根据仲裁程序的原理,同时考虑到重新仲裁的审理内容与原案一致,且原仲裁员的选定过程中,当事人已经表达了选用仲裁员的真实意愿,行使了选择仲裁员的权利,不应由当事人再次行使该权利,所以一般应当由原仲裁庭成员继续担任新的仲裁庭成员。原仲裁员因特殊情况不能履行仲裁员职责的,实践中也存在重新仲裁后另行组成仲裁庭仲裁的情况。

第三节　重新仲裁程序

一、审理主体

在仲裁庭同意重新仲裁后,重新仲裁程序是由"原仲裁庭"审理,还是由"重新组成的新仲裁庭"审理,《仲裁法》并未规定。实践中原仲裁庭重新仲裁和新组成仲裁庭重新仲裁的情况都有。关于重新仲裁的审理主体,《中国(上海)自由贸易试验区仲裁规则》第34条规定了仲裁庭结束仲裁后,仲裁员变动的处理方法,一是按程序更改仲裁员,二是在当事人、仲裁委员会都认可的前提下维持现状,不更改仲裁员。对于原仲裁庭若有人员主动退出又该如何处理，实践中，不难发现存在法院裁定重新仲裁但首席仲裁员决定退出的情况。比如，有案例中法院明确指出，原仲裁庭首席仲裁员退出后，原仲裁庭就已经被迫解散，不复存在。北京市第二中级人民法院（2017）京02民特155号民事裁定认为“关于仲裁庭首席仲裁员退出后本案仲裁程序应否终结。《仲裁法》第61条规定，本案重新仲裁程序启动后，因首席仲裁员决定退出，仲裁委员会主任重新指定首席仲裁员，继续本案仲裁程序，并不违反上述规定，故黑天鹅公司主张原仲裁庭首席仲裁员退出后本案仲裁程序应终结，缺乏法律依据，不予支持”。

（一）原仲裁庭仲裁

首先，原仲裁庭是双方当事人共同作用下产生的，也是当事人真实意思表示的结果。在重新仲裁程序启动后，无须另行组成新的仲裁庭，以免错失最佳的审理时机。并且，由原仲裁庭审理可以有效节约仲裁资源，使得案件在最理想和最迅捷的方式下解决。其次，保密性是仲裁制度的重要特征之一。从保护当事人的商业秘密来讲，由原仲裁庭审理也是把知悉当事人商业秘密的相关人员控制在最小范围内的理性选择。这样既保障了纠纷得以及时解决，又保护了当事人的合法权益。最后，从现行立法关于法院通知重新仲裁的理由上看，不包含原仲裁庭有违反程序或者贪污受贿等违法行为，而限定于当事人有伪造或故意隐瞒证据的欺骗行为，才使得仲裁庭作出不当的裁决，因而由原仲裁庭重新审理是存在合理性的。

（二）新组成仲裁庭仲裁

在特殊情况下，如案件符合重新仲裁的要求，双方当事人均要求更换仲裁庭或者存在原仲裁庭无法参加的情形，应当从尊重当事人的意愿以及支持仲裁的理念出发，由当事人重新选定的仲裁庭重新审理，从而最大限度地体现当事人意思自治原则。

此外，仲裁委员会主任认为有必要、原仲裁庭组成人员主动退出的，组庭程序、审理程序全部将重新进行。

二、审理期限

重新仲裁的审理期限，直接影响着当事人之间的权利义务关系。而关于重新仲裁的审理期限，《仲裁法》及司法解释均未明确规定，笔者检索到的仲裁规则也未发现有规定重新仲裁期限的。

重新仲裁的期限与仲裁的效率密切相关，该期限涉及以下两方面的问题：一是仲裁庭被法院通知要求重新仲裁后多久启动重新仲裁程序，二是重新仲裁程序开始后的审理期限。

2001年上海市高级人民法院《关于执行〈中华人民共和国仲裁法〉若干问题的处理意见》对国内重新仲裁程序进行限制，即在法院裁定重新仲裁之日起1个月内，仲裁庭应当启动仲裁程序,并且在6个月内做出裁决。

实践中部分法院在通知重新仲裁时,会明确在10天或者30天内决定是否重新仲裁。决定重新仲裁后的审限,通常理解为仲裁规则规定的审限。

三、是否允许提供新证据

证据是影响当事人之间权利义务关系的关键因素。是否允许提供新证据,现行法律没有规定,而在部分仲裁规则中明确交由仲裁庭决定。允许提供新证据的,应明确给予举证期限。从重新仲裁的法定事由和实体公正、彻底解决纠纷的角度考虑,也应准许当事人提供新证据。

四、是否允许当事人再次申请撤销仲裁裁决

重新仲裁是仲裁机构的内部救济机制对瑕疵裁决进行纠正以完善仲裁程序的必要措施。但是,若仲裁庭经重新仲裁所作的仲裁裁决再次出现瑕疵或错误时,当事人应该如何行使自己的权利?这是完善重新仲裁程序不能规避的问题。我国《仲裁法》规定的重新仲裁,是当事人向法院提出撤销仲裁裁决申请,法院经审查后有权通知仲裁庭重新仲裁而不过问当事人的意见。实践中当事人很有可能因不满重新仲裁或不满重新仲裁后的仲裁裁决而再次申请撤销,当事人反复维权没有次数的限制,这样不但耗费自己的时间也会浪费司法资源。当然当事人无法自由选择救济途径也会导致其对非自由选择下的救济方式产生不信任感,从而导致对救济的结果不满意,会形成恶性循环。

《仲裁法司法解释》第23条规定:“当事人对重新仲裁裁决不服的,可以在重新仲裁裁决书送达之日起六个月内依据仲裁法第五十八条规定向人民法院申请撤销。”由此可见,对重新仲裁裁决的救济,当事人可以再次申请法院撤销。

如果当事人对重新仲裁裁决不服,再次向法院申请撤销裁决,那就很容易出现程序循环反复的问题。如果立法不对重新仲裁的次数作限制性规定,将会出现同一案件在法院与仲裁庭之间来回穿梭的现象,终将不利于纠纷的快速解决,造成时间上的拖延,直接影响当事人之间的权利义务关系。本书认为,应参照“发回重审以一次为限”的法律规定,平衡保护双方利益,保障仲裁效率,规定再次申请撤销仲裁以一次为限。

五、重新仲裁费用

关于当事人在重新仲裁程序中,是否还需要交纳仲裁费用的问题,根据《仲裁委员

会仲裁收费办法》第 10 条①的规定，重新仲裁程序开始后，当事人不再向仲裁委员会交纳案件受理费。但根据该办法规定，仲裁费用不仅指案件受理费，还包括案件处理费。也就是说，虽然当事人不再交纳案件受理费，但根据案件的实际情况，很有可能还需向仲裁委员会交纳案件处理费。根据该办法第 7 条②规定，案件处理费主要是指需要对案件进行调查取证时，所需的必要费用。

2014 年《太原仲裁委员会仲裁规则》第 78 条第 5 款规定：依照《仲裁法》第 61 条的规定仲裁庭重新仲裁的，本会不再收取案件受理费。③《广州仲裁委员会仲裁收费办法》（穗府办规〔2022〕6 号）第 13 条也有相似规定，即重新仲裁不再收取案件受理费和处理费。

本书认为，重新仲裁是为了弥补瑕疵裁决的一种救济程序，只是就案件的某个部分进行审理，而非一个全新的仲裁程序。对于当事人是否需要交纳案件处理费的问题，应当对裁决存在瑕疵的原因进行分析。（1）如果仲裁裁决出现瑕疵是因当事人在提交证据时有隐瞒或伪造的情形，才导致仲裁庭作出瑕疵的仲裁裁决。此时，当事人应当向仲裁委员会交纳案件处理费，包括证人的食宿费及交通费、仲裁员的交通费及其他合理费用等。（2）如果仲裁裁决出现瑕疵的原因是仲裁庭违反法定程序或仲裁规则，使当事人未及时行使自己的权利造成一定的损失，那么就不应当向当事人收取案件处理费。

第四节　重新仲裁与既有生效裁决的效力衔接

仲裁裁决业已生效，重新仲裁后会存在两个有效的裁决，此时，是否需要先判定原仲裁裁决无效？重新仲裁后原仲裁裁决的效力如何？是否能够被申请执行？仲裁庭重新仲裁的范围是否是毫无边界的全面审查？

重新仲裁中原仲裁裁决的效力问题，目前我国法律法规没有明文规定，但由于原仲裁裁决的效力将直接导致原仲裁裁决的执行问题，因此我们可以转而从执行的角度来

① 《仲裁委员会仲裁收费办法》第 10 条规定："依照仲裁法第六十一条的规定，仲裁庭同意重新仲裁的，仲裁委员会不得再行收取案件受理费。仲裁庭依法对裁决书中的文字、计算错误或者仲裁庭已经裁决但在裁决书中遗漏的事项作出补正，不得收费。"

② 《仲裁委员会仲裁收费办法》第 7 条规定的案件处理费包括：（1）仲裁员因办理仲裁案件出差、开庭而支出的食宿费、交通费及其他合理费用；（2）证人、鉴定人、翻译人员等因出庭而支出的食宿费、交通费、误工补贴；（3）咨询、鉴定、勘验、翻译等费用；（4）复制、送达案件材料、文书的费用；（5）其他应当由当事人承担的合理费用。

③ 2021 年将此规定内容删除。

分析。

一、自行失效

案号:(2016)最高法民再151号民事判决

从司法实践中有关案例对原仲裁裁决的执行情况进行分析,如在“假日酒店(中国)有限公司(以下简称假日酒店)和北京龙城丽宫商贸中心、昌信公司债权人撤销权纠纷案”中,当事人间因合同履行产生纠纷,假日酒店便将争议提交到中国国际经济贸易仲裁委员会解决。后昌信公司申请撤销仲裁裁决,北京市第二中级人民法院决定并通知仲裁庭重新仲裁。在后续的审判监督程序中,最高人民法院称,重新仲裁开始,则当事人申请执行的裁决失效,执行程序应予终止。

二、效力待定

案号:(2016)桂01执异17号民事判决

广西某案中,南宁市中级人民法院认为“虽然本案现已进入重新仲裁程序,原仲裁裁决效力处于待定状态,但并不意味着原仲裁裁决已被更改或撤销”。

“涟源市六亩塘镇人民政府与龙达建设工程有限公司缔约过失责任纠纷案”中,湖南省高级人民法院认为,因本案的执行依据,由仲裁庭予以重新仲裁,当事人的权利义务关系有待仲裁重新裁决。

由此说明,重新仲裁之先决条件并没有以立法的形式明确,原仲裁裁决在重新仲裁开始后为效力待定还是无效没有明确的规定。

三、同时存在两个有效裁决

重新仲裁情况下,原仲裁裁决并没有被撤销,按照送达生效的法律规定应该还具有法律效力。但是,同时存在两份生效的仲裁裁决并不符合法理。

四、笔者观点——取决于重新仲裁的结果

重新仲裁与“一裁终局”并非对立,而撤销仲裁裁决则不然。后者更为彻底,撤裁倾向于否定,直接挑战裁决的终局性。重新仲裁制度体现了纠纷解决过程中公正与效率价值的统一,有利于维护仲裁的公信力以及我国仲裁监督体制的良性运行。

重新仲裁期间,原仲裁裁决效力待定,产生类似于“本院再审期间中止原判决执行”的法律后果。最终效力如何,能否得到执行,取决于重新仲裁的结果。重新仲裁开始后,当裁决不可分割,则原仲裁裁决无效;当裁决瑕疵与非瑕疵部分可分割,则瑕疵部分无效,非瑕疵部分可以执行。

衍生思考：

重新仲裁是否违反“一裁终局”？“一裁终局”之终，即终了之意，当事人之间的纠纷得以解决的时间点便是仲裁裁决出现的那一刻，如同法院的裁判文书一样发生效力。当事人之间的纠纷既然已经解决便不能再以此缘由让仲裁庭再仲裁一次，或者也不能对同一个问题要求法院进行裁判。

第五章　仲裁案件司法审查

仲裁、诉讼与调解是我国并行的民商事纠纷化解机制，仲裁凭借其高效、保密、一裁终局的优势成为越来越多重视商业机密和效率商事主体的首选。仲裁司法审查制度赋予人民法院监督仲裁裁决的权利，仲裁裁决撤销制度和不予执行仲裁裁决制度的存在虽然在一定程度上保障了当事人遭遇不公正仲裁的救济权利，但由于现有法律及司法解释对仲裁裁决撤销与不予执行的审查程序中细节问题未予明确，上述两制度有时会成为当事人的拖延利器，使得仲裁原本的高效优势无法发挥，反而极大损耗了主张权利当事人的时间、金钱成本，期望中的速战速决不得已变成了旷日持久战，因此，如何避免仲裁裁决被裁定撤销、不予执行，仲裁裁决生效后如何获得有效执行，就显得尤为重要。

最高人民法院《关于审理仲裁司法审查案件若干问题的规定》第 1 条规定：仲裁司法审查案件包括申请确认仲裁协议效力案件；申请执行我国内地仲裁机构的仲裁裁决案件；申请撤销我国内地仲裁机构的仲裁裁决案件；申请认可和执行香港特别行政区、澳门特别行政区、台湾地区仲裁裁决案件；申请承认和执行外国仲裁裁决案件；其他仲裁司法审查案件。基于本书仅研究国内仲裁，因此重点探讨前三种。

第一节　仲裁司法审查概述

一、仲裁司法审查制度概况

仲裁司法审查案件的裁判结果更能体现一国司法对仲裁的态度，彰显司法对仲裁的干预程度，也更能规范引领仲裁良性发展并为当事人选择纠纷解决方式提供有益参考。

仲裁司法审查制度的建立对“一裁终局”制度有所突破，但并不意味着对“一裁终局”制度的合理推翻。对仲裁司法干预的适度性必须包含对“一裁终局”制度的尽量维护。为了防止司法对仲裁的“纠错”思维，任意撤销仲裁裁决，很多地方对中级人民法院拟裁定撤销仲裁裁决案件或拟裁定重新仲裁案件建立了报请高级人民法院审批的机制。但需要注意的是，仲裁司法审查程序的启动本就延长了仲裁裁决被执行的时间，因此应注重该程序效率以尽量维护仲裁的效率性原则。2017 年 12 月 26 日，最高人民法院发布法释〔2017〕21 号司法解释，即《关于仲裁司法审查案件报核问题的有关规定》①。根据该规定，各中级人民法院或者专门人民法院办理非涉外涉港澳台仲裁司法

① 2021 年修正后，将情形限定在：以违背公共利益为由不予执行或撤裁，删除 2017 版“（一）仲裁司法审查案件当事人住所跨省级行政区域……”

审查案件,经审查拟认定仲裁协议无效,不予执行或者撤销我国内地仲裁机构的仲裁裁决,应当向本辖区所属高级人民法院报核;待高级人民法院审核后,方可依高级人民法院的审核意见作出裁定。高级人民法院经审查拟同意中级人民法院或者专门人民法院认定仲裁协议无效,不予执行或者撤销我国内地仲裁机构的仲裁裁决,在下列情形下,应当向最高人民法院报核,待最高人民法院审核后,方可依最高人民法院的审核意见作出裁定:(1)仲裁司法审查案件当事人住所地跨省级行政区域;(2)以违背社会公共利益为由不予执行或者撤销我国内地仲裁机构的仲裁裁决。上述规定对各地区此前惯行的仲裁司法审查案件内部报批审核机制予以法律上的确认及保障,这会在正确审理仲裁司法审查案件、统一裁判尺度、依法保护当事人合法权益及保障仲裁发展等方面发挥积极的作用。但同时,我们也应当注意到,《仲裁法》对申请撤销仲裁裁决案件的审理规定了2个月的法定审限,但内部报批机制导致2个月法定审限的规制在需要向上级法院报批的案件中被突破。事实上,从过往司法实践来看,很多报请上级法院批准的申请撤销仲裁裁决案件都需要历经6个月甚至更长的实际审理时间。因而,法院内部报批审核制度与兼顾司法审查效率的平衡机制有待建立。

法院对仲裁司法审查,是仲裁司法监督的一个重要环节,特指一国的司法机关依照法律赋予的监督权,对商事仲裁不同阶段的诸多事项给予的支持、审查、控制和干预。法院如何平衡对仲裁的监督与支持,主要涉及对司法审查范围的划定,从最宽泛的意义上分析,对仲裁的司法审查包括对仲裁员资质、中立性及公正性的审查,对仲裁管辖权是否成立及范围宽窄的审查,对仲裁程序是否公正的审查(含送达、证据、临时措施等方面),对裁决合法性及其可执行性的审查等。

二、仲裁司法审查的司法实践

为全面展现近年来人民法院仲裁司法审查工作取得的成绩,及时总结经验,统一裁判尺度,最高人民法院组织编写了《最高人民法院商事仲裁司法审查年度报告(2019年)》。这也是最高人民法院首次发布仲裁司法审查年度报告,其中提及:2019年,全国法院旧存仲裁司法审查案件1649件,新收20,528件,审结20,513件,结案率为92.6%。2019年,最高人民法院共受理高级法院报核的仲裁司法审查案件204件,审结201件,结案率为98.5%。

2019年全国法院仲裁司法审查案件呈现如下特点:(1)仲裁司法审查案件数量持增长趋势。全国仲裁机构2018年和2019年受理案件数量分别为54万余件和48万余件,较2017年23万余件增长一倍以上,使仲裁司法审查案件的数量也相应呈增长态势。(2)低撤裁率和高保全率体现司法支持仲裁的立场。2019年,全国法院审结撤裁类案件11,029件,其中637件被撤销或部分撤销,撤裁率为5.8%,较2018年撤销裁决的案件数量714件,同比降低10.8%。审结仲裁保全案件3959件,其中3428件得到支持,保全率为86.6%,充分体现了司法支持仲裁的立场。(3)报核制度统一裁判尺度效果明显。根据报核制度,下级法院对仲裁司法审查案件拟做否定性评价的,需逐级报核。最高人民法院2019年审结的201件案件中,114件支持报请法院的处理意见,占57%;65件不同意报请法院的处理意见,占32%;3件部分变更报请处理意见,占2%;另有19件以其他方式结案(因不符合报核条件或者需要补充查明事实而退回高级法院)占9%。最高人民法院通过复函明确对报核案件的处理思路,有效发挥了统一裁判尺度的作用。

第二节　仲裁司法审查法律体系

一、仲裁司法审查的法律规范

(一)法律

《民事诉讼法》

《仲裁法》

(二)司法解释

《仲裁法司法解释》

最高人民法院《关于正确审理仲裁司法审查案件有关问题的通知》(法〔2013〕194号)

最高人民法院《关于仲裁司法审查案件报核问题的有关规定》(法释〔2017〕21号,经法释〔2021〕21号修改)

最高人民法院《关于审理仲裁司法审查案件若干问题的规定》(法〔2017〕22号)

最高人民法院《关于仲裁司法审查案件归口办理有关问题的通知》(法〔2017〕152号)

二、地方法院的规范性文件

广东省高级人民法院《关于涉外商事审判若干问题的指导意见》(粤高法发〔2004〕32号,已废止)

湖北省高级人民法院《关于规范仲裁司法审查支持仲裁事业健康发展的指导意见(试行)》和《湖北法院仲裁司法审查案件审理指南(试行)》(鄂高法发〔2020〕5号)

江苏省高级人民法院《关于审理民商事仲裁司法审查案件若干问题的意见》(苏高

法审委〔2010〕11 号）

河南省高级人民法院《审理民商事仲裁司法审查案件若干问题的暂行规定》（豫高法〔2011〕294 号）

深圳市中级人民法院《关于涉外仲裁司法审查案件的裁判指引》（2015）

上海市二中院《关于适用〈中国（上海）自由贸易试验区仲裁规则〉仲裁案件司法审查和执行的若干意见》（2014）

厦门海事法院《仲裁司法审查案件审理工作指南》重庆市高级人民法院关于印发《商事仲裁司法审查（2020）的问题与解答》的通知（渝高法〔2019〕194 号）

江西省高级人民法院《仲裁司法审查案件审理工作指引》（2019）

三、仲裁司法审查的法律后果

除不予受理、驳回管辖权异议、驳回申请的裁定外，仲裁司法审查裁定一经送达即发生法律效力。当事人提出上诉、申请复议或再审的，法院都不予受理。

当事人对下列裁定提起上诉、申请复议或再审，人民法院不予受理：（1）确认仲裁协议效力的；（2）撤销仲裁裁决、驳回撤销仲裁裁决申请的；（3）不予执行仲裁裁决、驳回不予执行仲裁裁决申请的。

第三节　申请确认仲裁协议效力之诉

一、申请主体

仲裁双方当事人，申请人与被申请人均可以提起确认仲裁协议效力之诉。

二、管辖法院

（一）一般规定

最高人民法院《关于审理仲裁司法审查案件若干问题的规定》（法释〔2017〕22 号）第 2 条第 1 款规定："申请确认仲裁协议效力的案件，由仲裁协议约定的仲裁机构所在地、仲裁协议签订地、申请人住所地、被申请人住所地的中级人民法院或者专门人民法院管辖。"

《仲裁法司法解释》（2008 年 12 月 16 日修正）第 12 条第 1 款规定："当事人向人民法院申请确认仲裁协议效力的案件，由仲裁协议约定的仲裁机构所在地的中级人民法院管辖；仲裁协议约定的仲裁机构不明确的，由仲裁协议签订地或者被申请人住所地的中级人民法院管辖。”

基于上述规定，结合“新法优于旧法”的原则，仲裁协议效力确认之诉可由仲裁机构所在地、仲裁协议签订地、申请人住所地、被申请人住所地的中级人民法院管辖。

（二）特定法院专门规定

需要说明的是，针对仲裁协议效力确认之诉，部分地区由专门法院进行管辖。关于仲裁司法审查案件的管辖问题，部分地区已不再区分司法审查案件的类型以及是否包含涉外因素，而是全部由专门法院集中管辖。以北京为例，根据 2018 年 2 月 5 日北京市高级人民法院发布的《关于北京市第四中级人民法院案件管辖的规定》（2018 年修订）的规定，应由北京市人民法院管辖的申请确认仲裁协议效力案件、申请撤销仲裁裁决案件、申请承认与执行外国仲裁裁决审查案件、申请认可与执行我国香港特别行政区、澳门特别行政区、台湾地区仲裁裁决审查案件均由北京市第四中级人民法院管辖。最高人民法院于 2018 年 8 月 7 日发布的《关于上海金融法院案件管辖的规定》对上海市辖区内金融民商事纠纷仲裁司法审查案件的管辖进行了重大调整。根据该规定，上海市辖区内金融民商事纠纷的仲裁司法审查案件将转由上海金融法院管辖，而不再由上海市第一中级人民法院和上海市第二中级人民法院管辖。

（三）个案提示

律师在办理该等业务中应随时注意各地高级人民法院的通知文件，以避免因管辖问题影响立案。

对仲裁协议效力有异议的，可以请求所约定的仲裁机构作出决定或者请求仲裁机构所在地中级人民法院作出裁定。律师应当注意并提示当事人，双方当事人一方请求所约定的仲裁机构作出决定，另一方请求人民法院作出裁定的，由人民法院裁定。

发生上述情形，在人民法院尚未作出裁定前，律师应当结合仲裁机构的仲裁规则，建议或申请仲裁机构将此仲裁案件中止。

律师应告知当事人，在仲裁庭首次开庭前未对仲裁协议的效力提出异议，而在之后向有管辖权的人民法院申请确认仲裁协议无效的，人民法院将不予受理。

（四）管辖权冲突

申请人向两个以上有管辖权的人民法院提出申请的，由最先立案的人民法院管辖。

三、法定事由与审查范围

仲裁协议效力确认之诉的审查范围，根据《仲裁法》第 20 条的规定，仲裁协议效力确认之诉的审查范围仅限于“效力异议”。结合《仲裁法》的规定，仲裁协议无效的常见情形主要有：仲裁机构约定不明确、意思表示不真实等。

其他导致仲裁协议无效的情形包括：（1）约定的仲裁事项超出法律规定的仲裁范

围;(2)无民事行为能力人或者限制民事行为能力人订立的仲裁协议;(3)一方采取胁迫手段,迫使对方订立仲裁协议;(4)仲裁协议对仲裁事项或者仲裁委员会没有约定或者约定不明确,当事人达不成补充协议;(5)当事人约定争议可以向仲裁机构申请仲裁也可以向人民法院起诉的,仲裁协议无效。但一方向仲裁机构申请仲裁,另一方未在仲裁庭首次开庭前提出异议的除外。

特别注意事项提示:

律师应当注意,在一方采取胁迫手段迫使对方订立合同的情形下,根据《仲裁法》第17条之规定,仲裁协议直接认定为无效,仅产生仲裁机构无权管辖的法律后果,合同文件本身并不一定属于无效合同,在欺诈、胁迫中若不存在"损害国家利益"的情形亦可能属于"可撤销"合同,在此情况下,律师可以向相关人民法院起诉要求撤销合同。

但实践中对上述条款的理解与运用,要比想象中复杂得多。仲裁实践中,除仲裁协议无效外,当事人往往会提出仲裁协议不存在等情形(如当事人未签署过该仲裁协议等)。

四、审查程序

各级人民法院审理涉外商事案件的审判庭(合议庭)作为专门业务庭负责办理仲裁司法审查案件。对于申请人的申请,人民法院应当在7日内审查决定是否受理,受理后应当在5日内向申请人和被申请人发出通知书,告知其受理情况及相关的权利义务。

人民法院审查仲裁司法审查案件,应当组成合议庭并询问当事人。

五、申请期限

确认仲裁协议效力之诉应当在仲裁庭首次开庭前且仲裁庭未作出效力认定前向仲裁协议约定的仲裁机构所在地、仲裁协议签订地、申请人住所地、被申请人住所地的中级人民法院提起。

六、提交的材料

律师在代理当事人向法院提起确认仲裁协议效力之诉时,应当提交申请书及仲裁协议正本或者经证明无误的副本。申请书应当载明下列事项:(1)申请人或者被申请人为自然人的,应当载明其姓名、性别、出生日期、国籍及住所;申请人为法人或者其他组织的,应当载明其名称、住所以及法定代表人或者负责人的姓名和职务。(2)仲裁协议的内容。(3)具体的请求和理由。

建议律师在实务中同时准备好仲裁申请书及证据材料、仲裁机构立案受理文件、仲裁协议等文件的副本,以便人民法院提出要求时可以随时提交。

七、审理后果及救济途径

申请人主张成立的，法院应作出确认仲裁协议无效的裁定；当事人重新达成仲裁协议仲裁或者依法提起诉讼。申请人的主张和事由不成立的，法院应裁定驳回申请，仲裁程序继续。

八、特殊情况

（一）“仲裁协议不存在”，是否属于仲裁协议效力确认之诉的审查范围

“仲裁协议不存在”，是否属于仲裁协议效力确认之诉的审查范围也是实践中经常会遇到的问题。其实，回归到《仲裁法》第20条的规定较难将“仲裁协议不存在”囊括进“仲裁协议效力异议”的范围。这种从文义解释上进行严格适用的理解，也得到相当一部分人民法院的支持。例如：重庆市高级人民法院在（2019）渝民终77号《民事裁定书》中认为：“廖某某虽提起确认仲裁协议无效之诉，但其实际诉求为确认当事人之间不存在仲裁协议，而没有仲裁协议与仲裁协议无效具有两种不同的法律性质……鉴于现行法律法规并未规定当事人可以就是否存在仲裁协议的争议单独提起诉讼，故本案当事人提起的前述诉讼，不属于人民法院审理范围。”

北京市第四中级人民法院在（2019）京04民特515号《民事裁定书》中认为：“现G. V. SSARL以《债权转让协议》所适用的法律不确定，《债权转让协议》效力存疑为由，认为其与巨鑫公司之间不存在仲裁协议。关于仲裁协议是否存在，属于客观事实，并非属于《中华人民共和国仲裁法》第二十条规定的仲裁协议效力的价值判断范畴。G. V. SSARL的上述理由不属于人民法院审理确认仲裁协议效力案件的审查范围。”

除上述观点外，最高人民法院似乎有其他的理解。最高人民法院在（2019）最高法民特1号、2号、3号《民事裁定书》中认为：“（被申请人）在（申请人）申请仲裁后，以仲裁条款未成立为由，向人民法院申请确认双方之间不存在有效的仲裁条款。虽然这不同于要求确认仲裁协议无效，但是仲裁协议是否存在与是否有效同样直接影响到纠纷解决方式，同样属于需要解决的先决问题，因而要求确认当事人之间不存在仲裁协议也属于广义的对仲裁协议效力的异议……据此，当事人以仲裁条款未成立为由要求确认仲裁协议不存在的，属于申请确认仲裁协议效力案件，人民法院应予立案审查。”

上述裁定中，最高人民法院实际上已将仲裁协议效力确认之诉的审理范围扩大至“仲裁协议是否存在”。由于最高人民法院的审判级别最高，其裁判的规则和要旨有较强的指导性，可能将成为未来仲裁协议效力确认之诉的审理方向，很值得持续关注。

（二）或裁或审条款的司法认定

或裁或审条款的典型表述为："凡因履行本合同发生的或与本合同有关的一切争议，双方应通过友好协商解决。协商不成的，任何一方可以向××仲裁委员会申请仲裁，也可以向某某人民法院起诉。"

1. 司法解释和批复的意见

《仲裁法司法解释》第7条规定：当事人约定争议可以向仲裁机构申请仲裁也可以向人民法院起诉的，仲裁协议无效。但一方向仲裁机构申请仲裁，另一方未在《仲裁法》第20条第2款规定期间内提出异议的除外。

最高人民法院《关于深圳联昌印染有限公司诉香港益锋行纺织有限公司承包合同纠纷案拟立案受理的报告的复函》（法经〔1996〕110号）规定：双方当事人之间合同中解决争议的条款既约定涉外仲裁机构仲裁又约定可向人民法院起诉的，该仲裁约定无效。

2. 司法实践不同裁判观点

（1）或裁或审条款无效

案号：（2014）淮中民辖终字第0008号民事裁定

面对当事人约定"合同发生纠纷，当事人应当及时协商解决。协商不成，任何一方均可向乙方所在地的仲裁机构申请仲裁或向乙方所在地的人民法院起诉"的情形。淮安市中级人民法院认为，"根据审查协议的公正性原则，判定协议内容效力的尺度应当是统一的，在当事人既选择仲裁又选择诉讼的情况下，当事人之间实际上是达成了两个合意，一个是关于仲裁的合意，一个是关于诉讼的合意。当两个合意发生冲突时，既然关于仲裁的合意由于约定不明而无效，那么双方关于诉讼管辖合意的效力也应同样无效。就诉讼而言，双方当事人约定的管辖条款，应具有单一性、排他性，'或审或裁'的约定，属当事人约定了两个互相排斥的纠纷解决方式，因此该条款整体无效，应根据法定管辖原则来确定管辖法院"。

（2）仲裁管辖无效不否认诉讼协议管辖的效力

案号：（2016）最高法民辖终第39号民事裁定

在"久益环球一案"中，黑龙江省高级人民法院对于当事人涉及"或裁或审"的条款却进行了分割解读。该案中，双方当事人签订的33份销售合同均约定："争议由双方协商解决；也可以由当地工商行政管理部门调解；协商或调解不成的，提交签订地仲裁委员会仲裁，或者向签订地人民法院起诉。"黑龙江省高级人民院则认为，因上述合同约定了争议可以向仲裁机构申请仲裁，也可以向人民法院起诉，按照《仲裁法司法解释》第7条的规定，该争议解决方式中对仲裁的约定，应当认定无效。其后法院又审查了条款中约定法院管辖的部分，认为当事人对于"向签订地人民法院起诉"的约定符合我国《民事诉讼法》第34条中关于协议管辖的规定，因此认定该诉讼管辖条款有效。另外需要注意的是，最高人民法院随后肯定了黑龙江省高级人民法院对于“或裁或审”条款的分割分析，认可了《仲裁法司法解释》第 7 条中“仲裁协议无效”并不否定诉讼管辖的观点，作出了驳回上诉，维持原裁定的裁定。

九、仲裁协议效力思考

如前所述，与仲裁协议效力认定相关的内容集中规定在《仲裁法》第三章及《仲裁法司法解释》中。实践中，被法院确认无效的仲裁协议，绝大多数违反的是《仲裁法》第 16 条及相关司法解释之规定。基于《仲裁法》第 17 条规定的情形而认定仲裁协议无效的案例，则相对少见。结合相关法律的规定，在此次收集的仲裁协议被认定无效的案例中，法院所援引的理由可大体归类如下：

1. 请求仲裁的意思表示类

(1)双方当事人各自持有约定不同争议解决条款的合同；(2)当事人未提交证据证明双方针对包括仲裁条款在内的合同达成一致的意思表示；(3)鉴定意见表明仲裁条款是在当事人签名捺印之后套印的；(4)一方当事人的合同未选择争议解决方式，另一方当事人的合同选择仲裁；(5)领取营业执照的分公司虽不具有法人资格，但有权对外签订合同，其签订的仲裁条款对总公司没有约束力；(6)当事人未在主合同书上签字盖章；(7)保险单中载明的仲裁协议是一方当事人单方制作的，并非双方当事人一致的意思表示。

2. 仲裁事项类

(1)合同约定“本协议未尽事宜……可提请××仲裁委员会仲裁”，而双方对“未尽事宜”如何理解发生争议，应视为双方对仲裁事项约定不明；(2)约定“未尽事宜……任何一方均可在甲方所在地仲裁机构提请仲裁”，该“未尽事宜”对仲裁事项约定并不明确。

3. 选定的仲裁委员会类

(1)约定“如协商不成，应提交仲裁委员会依其仲裁规则在签约所在地仲裁解决……签订地点为厦门市……”，该条款并未选定仲裁机构；(2)约定“在提起仲裁一方所在地的仲裁机构申请仲裁”，而双方当事人已经分别向各自所在地仲裁机构申请仲裁，故当事人并未选定仲裁机构；(3)当事人约定的“中国国际贸易仲裁委员会北京分会”并不存在，且北京存在两家商事仲裁机构；(4)约定的“武汉市经济仲裁委员会”并不存在，对仲裁机构约定不明确；(5)合同约定“当地经济合同仲裁机构解决”，但约定的“当地”究竟指哪方当事人所在地还是涉案工程所在地并不明确；(6)仲裁条款内容为“English law to apply arbitrationin Xiamen/Fujian/China”，该条款仅约定仲裁地为厦门，未约定仲裁机构；(7)虽然当事人约定“仲裁委员会仲裁……仲裁地点为西安”，但由于仲裁案件不实行地域管辖,仲裁地为西安并不必然应由西安仲裁委员会管辖;(8)当事人约定由合同订立时尚不存在的“诸暨市仲裁委员会”仲裁,虽然合同订立后成立了绍兴仲裁委诸暨分会,但该仲裁协议仍被认定为无效;(9)约定的“上海市经济仲裁委员会”并非实际存在的仲裁机构,且无法从该表述中确定一个具体的仲裁机构。

4. 或裁或审类

(1)涉案合同约定“提交中国国际经济贸易仲裁委员会……上述约定并不排除权利人在任何对本合同有管辖权的其他争议解决机构(无论一个或多个司法区域)提起主张或者申请强制执行的权利”,该条后一款提及的争议解决机构应包括有管辖权的法院;(2)涉案合同中同一条款约定,协商不成时,双方既可将争议提交仲裁,亦可向法院提起诉讼;(3)涉案合同不同条款约定,协商不成时,双方既可将争议提交仲裁,亦可向法院提起诉讼;(4)涉案两份合同分别约定仲裁和诉讼,由于该两份合同并未形成两个独立不同的法律关系,故无法确认双方是否约定了唯一的争议解决方式。

5. 仲裁协议失效类

(1)前一合同与后一合同约定的争议解决方式不一致,应以后一合同所约定的争议解决方式为准;(2)合同中虽订有仲裁协议,但双方当事人分别向不同法院起诉,当事人的行为表明双方均抛弃了合同中的仲裁协议。

6. 其他类型

(1)当事人约定对争议“可依法向西安市仲裁委员会申请仲裁,对仲裁不服的,十五日内可向西安市人民法院提出诉讼”,该约定由于违反了我国实行的“一裁终局”制度而无效;(2)双方因履行主合同所产生的纠纷属于劳动争议范围,不属于商事仲裁的法定仲裁范围;(3)非涉外民事案件的当事人约定发生争议由我国境外仲裁机构裁决,该仲裁协议应认定为无效;(4)约定将争议提交武汉市仲裁委,同时约定仲裁地点为鄂州市,该仲裁协议属于约定不明。

综观以上各类情形,有如下四个特点:

第一,总体上看,在司法实践中,仲裁协议被确认无效最为常见的理由依次分别为:约定的仲裁机构不明确,存在“或裁或审”之情形,缺乏请求仲裁的意思表示。因仲裁协议约定不完善而导致仲裁协议被确认无效的案件也有一定数量,而且在相近事实情形下不同法院的处理往往并不一致。因仲裁事项约定不明,而导致仲裁协议被确认无效的案件仅有三例。

第二,对于缺乏请求仲裁的意思表示这一情形,除当事人主张仲裁协议无效的案件外,另有一类案件值得特别注意:当事人向法院提出申请的目的可能并非是确认仲裁协议无效,而是确认该仲裁协议对其没有约束力。对此类案件,多数法院一般会予以受理并根据相应事实作出裁定，但也有部分法院认为这一请求并不属于法院受理确认仲裁协议效力申请的审查范围，而应由仲裁委员会审查决定，或者裁定先由仲裁委员会进行仲裁。这一观点部分源于对《仲裁法》第20条的理解，即从该条字面上来看，法院仅需要审查仲裁协议是否符合有效要件，仲裁条款的效力范围并不在其审查范围之内；另外也因为在该法院看来，合同的主体和成立问题属于仲裁庭的实体审查范围，法院对此不应作出判断。

第三，对于选定的仲裁机构不明确之情形，虽有《仲裁法司法解释》的具体规定，但实践中依然存在不少争议。首先，对于约定"提交/提起仲裁一方/申诉方/起诉方/原告所在地仲裁委员会"的仲裁条款，多数法院认为其并未约定明确的仲裁机构，但也有个别法院肯定其效力。其次，一个值得注意的问题是，实践中当事人选择的仲裁机构可能在订立合同时尚未成立，但在之后争议发生时已经设立。多数法院认为此类情形属于对仲裁机构的无效约定，因此确认仲裁协议无效，但也有法院认为此种仲裁协议是有效的仲裁协议。此类案例表明，对当事人是否明确选定仲裁机构这一问题，司法实务中仍存在种种不甚明晰之处。笔者认为，如果法院能够秉持尊重当事人意思、支持仲裁的精神，不对有效选定仲裁机构的方式作过于狭义的理解，则前述两类仲裁协议将不被一概视为无效，种种裁判意见上的分歧也可得到消除。

第四，对于违反"一裁终局"原则之情形，如当事人在合同中约定"对仲裁不服的，可向××人民法院起诉"，实践中不乏此类案例出现。笔者看到，尽管多数法院否定此类仲裁协议的效力，但也有个别法院将其确认为有效的仲裁协议，并在裁定书中进行了一定论证。笔者认为，此类仲裁协议同典型的"或裁或审"条款存在差异，其选择仲裁方式解决争议的意思是清晰、明确的，并不存在对不同争议解决方式进行选择的问题。对于此类约定中违反"一裁终局"的部分内容，可以运用合同中的"部分无效"理论，将其认定为无效约定，但这一无效认定并不影响其余部分的效力，即当事人的仲裁意思依然有效。

第四节　申请执行我国内地仲裁机构的仲裁裁决

一、申请主体

仲裁申请人，仲裁仅请求申请人。

二、管辖法院

原则上由被执行人住所地或者被执行的财产所在地的中级人民法院管辖；特殊情

况可以指定基层人民法院执行。

法律规范：

《仲裁法》第62条，当事人应当履行裁决。一方当事人不履行的，另一方当事人可以依照《民事诉讼法》的有关规定向人民法院申请执行。受申请的人民法院应当执行。

《民事诉讼法》第244条第1款，对依法设立的仲裁机构的裁决，一方当事人不履行的，对方当事人可以向有管辖权的人民法院申请执行。受申请的人民法院应当执行。

《仲裁法司法解释》第29条，当事人申请执行仲裁裁决案件，由被执行人住所地或者被执行的财产所在地的中级人民法院管辖。

最高人民法院《关于人民法院办理仲裁裁决执行案件若干问题的规定》第2条，当事人对仲裁机构作出的仲裁裁决或者仲裁调解书申请执行的，由被执行人住所地或者被执行的财产所在地的中级人民法院管辖。

符合下列条件的，经上级人民法院批准，中级人民法院可以参照《民事诉讼法》第38条的规定指定基层人民法院管辖：

(1)执行标的额符合基层人民法院一审民商事案件级别管辖受理范围；

(2)被执行人住所地或者被执行的财产所在地在被指定的基层人民法院辖区内。

被执行人、案外人对仲裁裁决执行案件申请不予执行的，负责执行的中级人民法院应当另行立案审查处理；执行案件已指定基层人民法院管辖的，应当于收到不予执行申请后3日内移送原执行法院另行立案审查处理。

三、执行依据

已经发生法律效力的仲裁裁决或者仲裁调解书。

四、执行程序

执行法院对符合条件的裁定受理并执行；不符合条件且经补正后仍然不符合条件，裁定驳回执行申请。执行员接到申请执行书或者移交执行书，应当向被执行人发出执行通知，并可以立即采取强制执行措施。

五、申请执行期限

仲裁裁决书或者调解书签收后2年。

《民事诉讼法》第246条规定申请执行的期间为2年。申请执行时效的中止、中断，适用法律有关诉讼时效中止、中断的规定。

法律规定的期间，从法律文书规定履行期间的最后一日起计算；法律文书规定分期履行的，从规定的每次履行期间的最后一日起计算；法律文书未规定履行期间的，从法律文书生效之日起计算。

六、申请执行仲裁裁决提交材料

律师在代理当事人向法院申请执行仲裁裁决时，应当提交申请书及仲裁协议正本或者经证明无误的副本。申请书应当载明下列事项：(1)申请人或者被申请人为自然人的，应当载明其姓名、性别、出生日期、国籍及住所；申请人为法人或者其他组织的，应当载明其名称、住所以及法定代表人或者负责人的姓名和职务。(2)仲裁协议的内容。(3)具体的请求和理由。

建议律师在实务中同时准备好仲裁申请书及证据材料、仲裁机构立案受理文件、仲裁协议等文件的副本，以便人民法院提出要求时可以随时提交。

七、申请执行的法律后果及救济途径

(一)执行实现债权

仲裁裁决或者调解书符合法律规定，通过执行实现债权。

(二)驳回执行申请

因仲裁裁决或者仲裁调解书不明确无法执行，执行申请会被驳回。

1. 驳回执行申请的法定事由

根据最高人民法院《关于人民法院办理仲裁裁决执行案件若干问题的规定》的规定，驳回执行申请的法定情形有：(1)权利义务主体不明确；(2)金钱给付具体数额不明确或者计算方法不明确导致无法计算出具体数额；(3)交付的特定物不明确或者无法确定；(4)行为履行的标准、对象、范围不明确；(5)仲裁裁决或者仲裁调解书仅确定继续履行合同，但对继续履行的权利义务，以及履行的方式、期限等具体内容不明确，导致无法执行；(6)对仲裁裁决主文或者仲裁调解书中的文字、计算错误以及仲裁庭已经认定但在裁决主文中遗漏的事项，仲裁庭不补正也不说明，且人民法院调阅仲裁案卷后执行内容仍然不明确具体导致无法执行。

2. 对驳回执行申请裁定的救济

申请执行人对驳回执行申请裁定不服的，可以自裁定送达之日起 10 日内向上一级人民法院申请复议。

(三)不予执行

1. 不予执行的法定情形

《仲裁法》第 63 条规定：被申请人提出证据证明裁决有《民事诉讼法》第 213 条第 2 款规定的情形之一的，经人民法院组成合议庭审查核实，裁定不予执行。

《民事诉讼法》第 244 条规定：对依法设立的仲裁机构的裁决，一方当事人不履行的，对方当事人可以向有管辖权的人民法院申请执行。受申请的人民法院应当执行。

被申请人提出证据证明仲裁裁决有下列情形之一的，经人民法院组成合议庭审查核实，裁定不予执行：(1)当事人在合同中没有订有仲裁条款或者事后没有达成书面仲裁协议的；(2)裁决的事项不属于仲裁协议的范围或者仲裁机构无权仲裁的；(3)仲裁庭的组成或者仲裁的程序违反法定程序的；(4)裁决所根据的证据是伪造的；(5)对方当事人向仲裁机构隐瞒了足以影响公正裁决的证据的；(6)仲裁员在仲裁该案时有贪污受贿，徇私舞弊，枉法裁决行为的。

人民法院认定执行该裁决违背社会公共利益的，裁定不予执行。裁定书应当送达双方当事人和仲裁机构。

仲裁裁决被人民法院裁定不予执行的，当事人可以根据双方达成的书面仲裁协议重新申请仲裁，也可以向人民法院起诉。

2. 对不予执行的救济

当事人可以根据双方达成的书面仲裁协议重新申请仲裁，也可以向人民法院起诉。

八、一方申请执行，另一方申请撤销仲裁裁决

一方当事人申请执行裁决，另一方当事人申请撤销裁决的，人民法院应当裁定中止执行。

人民法院裁定撤销裁决的，应当裁定终结执行。撤销裁决的申请被裁定驳回的，人民法院应当裁定恢复执行。

第五节　申请撤销仲裁裁决

一、申请主体

仲裁申请人和被申请人均是申请撤销仲裁裁决的主体。

二、管辖

撤销仲裁裁决的管辖法院为仲裁委员会所在地的中级人民法院。

三、法定事由与审查范围

根据《仲裁法》第58条规定，当事人提出证据证明裁决有下列情形之一的，可以向仲裁委员会所在地的中级人民法院申请撤销裁决：(1)没有仲裁协议的；(2)裁决的事

项不属于仲裁协议的范围或者仲裁委员会无权仲裁的；(3)仲裁庭的组成或者仲裁的程序违反法定程序的；(4)裁决所根据的证据是伪造的；(5)对方当事人隐瞒了足以影响公正裁决的证据的；(6)仲裁员在仲裁该案时有索贿受贿，徇私舞弊，枉法裁决行为的。

人民法院经组成合议庭审查核实裁决有前款规定情形之一的，应当裁定撤销。

人民法院认定该裁决违背社会公共利益的，应当裁定撤销。

四、申请撤销仲裁裁决提交材料

律师在代理当事人向法院申请撤销仲裁裁决时，应当提交申请书及仲裁裁决原件或者经证明与原件无误的复印件。申请书应当载明下列事项：(1)申请人或者被申请人为自然人的，应当载明其姓名、性别、出生日期、国籍及住所；申请人为法人或者其他组织的，应当载明其名称、住所以及法定代表人或者负责人的姓名和职务。(2)仲裁协议的内容。(3)具体的请求和理由。

建议律师在实务中同时准备好仲裁申请书及证据材料、仲裁机构立案受理文件、仲裁协议等文件的副本，以便人民法院提出要求时可以随时提交。

五、撤销仲裁裁决的司法认定标准与规则

(一)没有仲裁协议的司法认定

"没有仲裁协议"是指当事人没有达成仲裁协议。仲裁协议被认定无效或者被撤销的，视为没有仲裁协议。

当事人在仲裁程序中未对仲裁协议的效力提出异议，在仲裁裁决作出后以仲裁协议无效为由主张撤销仲裁裁决或者提出不予执行抗辩的，人民法院不予支持。当事人在仲裁程序中对仲裁协议的效力提出异议，在仲裁裁决作出后又以此为由主张撤销仲裁裁决或者提出不予执行抗辩，经审查符合《仲裁法》第 58 条或者《民事诉讼法》第 244 条、第 282 条规定的，人民法院应予支持。

没有仲裁协议的司法实践情形：

"没有仲裁协议的"相关案例体现的裁判规则与司法实践形态：(1)经鉴定，涉案《个人借款/担保合同》中申请人的指纹并非申请人本人所留，虽然对其签名无法鉴定，但签名和指纹应是一人所留，故可判断签名也非本人所签；(2)申请人的法定代表人在签订合同前已登记变更为他人，其无权代表申请人签订仲裁协议，事后也未得到申请人的追认；(3)申请人与原房屋所有人签订的《房屋租赁合同书》中虽有仲裁条款，但被申请人系受让取得该房屋，其与原房屋所有人之间的买卖合同并无仲裁协议，不受原租赁合同中仲裁协议的约束；(4)当事人约定提交当地劳动仲裁委员会仲裁，由于劳动仲裁

委员会没有商事仲裁权限，且当地并无仲裁机构，故仲裁协议无效；(5)原合同中虽有仲裁条款，但新签协议没有约定仲裁条款，且同时约定原合同废止，而由于合同废止不属于合同变更、解除、终止、无效等情形，故不能依据《仲裁法》第19条认定原合同仲裁协议效力及于新的合同；(6)合同中约定提交当地仲裁委员会仲裁，且合同签订地、合同标的均位于乐陵市，但该市并无仲裁机构，故该仲裁协议对仲裁机构的约定并不明确。

(二)裁决的事项不属于仲裁协议的范围或者仲裁委员会无权仲裁的

当事人以仲裁裁决事项超出仲裁协议范围为由申请撤销仲裁裁决，经审查属实的，人民法院应当撤销仲裁裁决中的超裁部分。但超裁部分与其他裁决事项不可分的，人民法院应当撤销仲裁裁决。

中国国际经济贸易仲裁委员会及其原分会等仲裁机构因更名等引发的管辖权争议处理问题。

超裁司法实践情形：(1)部分撤销，涉案仲裁裁决第××项裁决超出了仲裁协议范围且与仲裁裁决其他内容可分；(2)部分撤销，涉案仲裁裁决第××项裁决超出了仲裁请求范围且与仲裁裁决其他内容可分；(3)当事人所签订的合同具有行政协议性质，或案件争议属于应由行政机关处理的行政争议，仲裁委员会对此无权仲裁；(4)当事人所签协议的性质属于家庭成员间因身份关系引起的财产分割、抚养、赡养问题，不能由仲裁庭仲裁。

(三)仲裁庭的组成或者仲裁的程序违反法定程序的

违反法定程序，是指违反《仲裁法》规定的仲裁程序和当事人选择的仲裁规则可能影响案件正确裁决的情形。通常有以下情形：

1. 对证据的分析和认定属于仲裁庭的权力范围，当事人不能以仲裁庭对有关证据材料的质证程度、采信与否作为申请撤销仲裁裁决的理由。

2. 仲裁庭未经双方当事人同意即对被申请人提出的反请求进行书面审理，违反了仲裁规则的规定，属于“仲裁程序与仲裁规则不符”的情形，依法应当予以撤销。

3. 仲裁被申请人在仲裁庭首次开庭前即向仲裁机构提出对仲裁条款效力的异议，仲裁机构没有依法对此异议作出决定。首次开庭时，仲裁被申请人再次对仲裁条款的效力明确提出书面异议，表明其并未放弃异议的权利，但仲裁机构仍未对此作出决定。仲裁庭继续审理并作出仲裁裁决，其仲裁程序不仅不符合相关仲裁规则，而且明显违法。

4. 未被续聘的仲裁员继续参加审理并作出裁决的案件，只要其在仲裁庭组成时具有仲裁员身份，尽管其在裁决作出时未被续聘，其在裁决书上的签字仍为有效。

其他违反法定程序的情形：(1)仲裁员与一方当事人选定的代理人是一个律师事

务所的律师,属于同事关系,属于《仲裁法》第 34 条所规定的回避情形;(2)当事人在仲裁程序中的代理人系受理案件的仲裁委员会的现任仲裁员,违反《律师和律师事务所违法行为处罚办法》(司法部令第 122 号)第 7 条第 5 项的规定;(3)当事人要求选定仲裁员时被拒绝,仲裁委员会直接启用仲裁委员会主任指定仲裁员的程序;(4)仲裁委员会未按照仲裁被申请人工商注册的营业执照的地址送达相关手续,而是按仲裁申请人申请书所写的地址送达,因没有履行基本查实义务而导致未完成送达;(5)仲裁委员会的审理期限超过仲裁规则规定的仲裁期限,期间并无延长、中断或扣除审限的法定情形;(6)一名仲裁员未能到庭,首席仲裁员经释明并征求当事人意见后继续开庭,而没有按照《仲裁法》第 37 条的规定重新选定或指定仲裁员;(7)仲裁委员会向当事人邮寄送达仲裁文书被退回后,并未穷尽送达手段,而直接采用公告送达方式,违反了仲裁规则相关规定;(8)仲裁委员会驳回当事人的鉴定申请,或对当事人调查取证的申请未进行处理;(9)仲裁申请人在提交仲裁时申请缓交仲裁费,至仲裁裁决作出时仍未缴纳;(10)对影响仲裁裁决作出的某项证据,仲裁庭未组织当事人进行质证;(11)同一仲裁委员会在对同一事实、同一请求已经作出仲裁裁决处理后,经当事人重新提出请求后又再次作出仲裁裁决,违反了我国“一裁终局”制度;(12)依据仲裁规则,仲裁委员会对本应适用普通程序进行审理的案件适用了简易程序。

司法实践中违反法定程序是撤裁的主要事由。部分裁判规则整理如下:

裁判规则一:送达程序违法属于违反法定程序。

仲裁委员会未查明申请人是否下落不明,也未使用直接送达、留置送达、邮寄送达等其他方式进行送达,而直接采取公告送达方式送达仲裁申请书、开庭通知书、仲裁裁决书等重要法律文书,违反了法律规定。

案号:湖南省邵阳市中级人民法院(2015)邵中民二初字第 103 号民事裁定。

裁判规则二:仲裁员缺席,属于违反法定程序。

仲裁员缺席,违反了普通仲裁程序仲裁员应参加庭审、听取当事人意见的直接审理原则和言词审理原则。法院通知重新仲裁。

案号:湖北省宜昌市中级人民法院(2015)鄂宜昌中民仲字第 00010 号民事裁定。

裁判规则三:法律关系应否释明,裁判标准不一。

裁判规则三之一:法律关系未释明,属于违反法定程序。

仲裁庭仲裁时未向当事人释明待清算后可以就该案主张另行起诉的权利,程序上存在瑕疵。

法院认为:该案在 2015 年 4 月 9 日的仲裁庭审中,仲裁庭向申请人陈某某询问宁夏中瑞发展煤业有限公司与宁夏中瑞煤炭有限公司是否是同一公司,陈某某回答为“同一公司”,至此仲裁庭应当根据当事人的主张和案件审理情况,确定当事人应当提供的证据及期限。仲裁庭在未对该事实的举证证明责任进行分配及相应举证期限进一步释明的情况下，依据举证证明责任规则裁决一方败诉与该规则的适用条件不符，亦违反了《仲裁法》第45条“证据应当在开庭时出示，当事人可以质证”的规定，应属仲裁程序违反法定程序。

案号：吉林省通化市中级人民法院（2016）吉05民初7号民事裁定。

裁判规则三之二：法律关系未释明，不在仲裁司法审查范围，不认为违反法定程序。

释明仲裁请求变更属于仲裁实体审查范围，不属于人民法院审理申请撤销仲裁裁决的案件范围。

案号：北京市第二中级人民法院（2016）京02民特31号民事裁定。

裁判规则四：仲裁员的指定、选定属于笔误，不属于对仲裁规则的违反，更不能因此撤销仲裁裁决。

案号：北京市第四中级人民法院（2017）京04民特34号民事裁定。

（四）裁决所依据的证据是伪造的

仲裁裁决的作出建立在审查事实的基础上，如果事实是根据伪造的证据认定的，仲裁裁决结果的合法性基础也会丧失。

伪造证据相关案例：（1）合同印章中的“长沙××公司”与当事人全称“长沙市××公司”对比，少了一个“市”字，该印章显系伪造；（2）已有生效的判决将涉案合同认定为虚假合同，仲裁庭以该合同真实有效为前提而作出的仲裁裁决应予撤销。

（五）对方当事人隐瞒了足以影响公正裁决的证据的

“隐瞒了足以影响公正裁决的证据的”相关案例：（1）申请人提交的证据表明，被申请人曾指令申请人向债权受让方支付货款，且申请人已经支付，而被申请人对这一事实在仲裁程序中没有如实陈述；（2）申请人提供了出库单及原始记账凭证以证明发货事实，仲裁庭要求被申请人提供付款凭证或记账凭证，但被申请人未提供；（3）该案裁决作出前，已有生效的仲裁裁决对同一事实作出处理，被申请人作为前一仲裁案的当事人，明知该结果却未提交给该案仲裁庭，致使仲裁委员会作出了与生效裁决不一致的认定；（4）对涉及违约责任认定的关键性工程的完工时间，被申请人作为施工方理应掌握相关证据，但在仲裁庭询问后却只作出模糊陈述，属于对该项事实的隐瞒；（5）仲裁裁决驳回仲裁请求的原因是，被申请人称案外人王某下落不明，无法通过庭审查清事实，但现已查明王某只是因为涉嫌犯罪而被羁押，并非下落不明。

（六）仲裁员在仲裁该案时有索贿受贿、徇私舞弊、枉法裁决行为的

仲裁员在仲裁该案时有索贿受贿、徇私舞弊、枉法裁决行为，是指已经由生效刑事法律文书或者纪律处分决定所确认的行为。

（七）裁决违背社会公共利益的

依照我国法律应当被认定为无效的行为不能完全等同于违反我国公共政策。裁决违背公共利益的司法认定情形：(1)三方协议约定合伙解散时应予清算，仲裁庭未以清算结果作为依据，使权利义务失去了公平性，违背社会公共利益；(2)招投标活动涉及国家利益和社会公共利益，涉案工程合同未经招标程序且已被行政部门纠正，但仲裁庭仍认定其为有效，间接否定了行政部门的执法行为；(3)当事人妇幼保健院属于具有公益性质的医疗单位，其所用土地只能用于具有公益性质的医疗卫生设施用地，未经批准不能改作其他用途，而仲裁裁决内容违反了相关强制性规定；(4)机动车交通事故责任强制保险具有社会公共利益性质，仲裁裁决在处理特种机动车责任事故时，未依照相关规章在交强险范围内裁决赔偿，与我国设立交强险的立法本意相悖。

裁判规则一：建设工程借用建筑资质又非法转包，裁决认定合同有效违背了社会公共利益。

案号：江苏省盐城市中级人民法院(2014)盐民仲审字第0015号民事裁定。

裁判规则二：妨碍执行工作的仲裁裁决，法院不予认可仲裁裁决效力。

案号：江苏省高级人民法院(2014)苏民终字第203号民事裁定。

法院认为：由仲裁裁决解除了《商品房预售合同》。该仲裁裁决的直接后果就是致使姜某蓝丧失了原本享有的已经被预查封了的房屋交付请求权和所有权移转登记请求权。其实质是在未经执行法院审查同意的情形下，借由仲裁形式确认其达成的解除协议而处分被预查封的财产（权利），客观上导致了人民法院采取的预查封措施因“失去”查封对象而落空。因此，该仲裁裁决实为对抗人民法院实施的预查封措施而为，其效力不应得到确认。

六、申请撤裁法律后果

《仲裁法司法解释》第21条规定，当事人申请撤销国内仲裁裁决的案件属于下列情形之一的，人民法院可以依照《仲裁法》第61条的规定通知仲裁庭在一定期限内重新仲裁：(1)仲裁裁决所根据的证据是伪造的；(2)对方当事人隐瞒了足以影响公正裁决的证据的。人民法院应当在通知中说明要求重新仲裁的具体理由。第22条规定，仲裁庭在人民法院指定的期限内开始重新仲裁的，人民法院应当裁定终结撤销程序；未开始重新仲裁的，人民法院应当裁定恢复撤销程序。

不符合撤销法定事由的，裁定驳回申请；符合法定事由的，裁定撤销仲裁裁决。一般认为，在仲裁司法监督框架下，较之于直接裁定撤销仲裁裁决，通知重新仲裁是一项带有“支持仲裁”色彩的选择。通过给予仲裁庭纠错的机会，有利于纠纷迅速得到解决，从而节约司法资源，减少当事人诉累。

仲裁裁决被裁定撤销后的救济途径:当事人就该纠纷可以根据双方重新达成的仲裁协议申请仲裁,也可以向人民法院起诉。

七、仲裁裁决被申请撤销和被申请不予执行的异同

仲裁裁决被申请撤销和被申请不予执行相同点在于:(1)进入程序的方式相同。只能依申请,不得依职权。(2)基本功能相同。都是仲裁裁决的补救制度。(3)审查标准相同。《仲裁法》第58条第1款和《民事诉讼法》第244条规定的情形相同。

仲裁裁决被申请撤销和被申请不予执行的不同点主要有:(1)提出请求的当事人不同。申请撤销仲裁裁决的主体为仲裁当事人,申请不予执行的主体为被执行人和案外人。(2)提出的阶段不同。申请撤销仲裁裁决不限于执行阶段,申请不予执行限于执行阶段。(3)提出请求的期限不同。申请撤销仲裁裁决自收到裁决书之日起6个月内;申请不予执行的期限,被执行人应在执行通知书送达之日起15日内提出书面申请,有《民事诉讼法》第244条第2款第4项、第6项规定情形且执行程序尚未终结的,应当自知道或者应当知道有关事实或案件之日起15日内提出书面申请;案外人在执行程序尚未终结时,自知道或者应当知道法院采取执行措施之日起30日内提出。(4)管辖法院可能不同。申请撤销仲裁裁决由仲裁委员会所在地的中级人民法院管辖,申请不予执行为执行法院。(5)法律程序不同。申请撤销仲裁裁决,法院可以通知仲裁庭重新仲裁,或自行审理;申请不予执行中法院不可以要求仲裁庭重新审理。(6)救济途径不同。申请撤销仲裁裁决,可以重新达成仲裁协议申请仲裁,或者另行起诉。申请不予执行,对于不予受理的裁定,只有案外人可向上一级人民法院申请复议;对于不予执行的裁定,如果是被执行人申请的,只可以重新达成仲裁协议申请仲裁,或者另行起诉;如果是案外人申请的,当事人只可向上一级法院申请复议;对于驳回申请的裁定,只有案外人可向上一级人民法院申请复议。(7)审查期限不同。申请撤销仲裁裁决的审查期限为两个月,为不变期间;申请不予执行仲裁裁决的期限为两个月,特殊情况需要延长的,经院长批准,可以延长1个月。

八、申请撤销仲裁裁决司法实践

裁判规则:因合同效力纠纷引发的撤销仲裁裁决,中级人民法院认为应予撤销,报请高级人民法院后,高级人民法院认为不应撤销,最终驳回撤裁申请。

北京第四中级人民法院(2018)京04民特111号民事裁定:本院认为……综合上述三方面分析,对于徐某某在仲裁中未提交南方分院相关经营活动的财务材料的行为,符合最高人民法院《关于人民法院办理仲裁裁决执行案件若干问题的规定》第16条第1款之规定,属于隐瞒了足以影响公正裁决的证据,故本院拟对于北京大学的该项申请理

由予以支持。在本院形成上述意见后，根据最高人民法院《关于仲裁司法审查案件报核问题的有关规定》第 2 条规定，向上级法院报请审核。……中华人民共和国最高人民法院审查认为："未响应仲裁庭举证要求，不属于隐瞒足以影响公正裁决而应予撤销的情形。本院不同意你院关于撤销涉仲裁裁决的意见。"……根据最高人民法院《关于仲裁司法审查案件报核问题的有关规定》第 2 条规定，我院在报核后应依最高人民法院的审核意见作出裁定，故依据最高人民法院的审核意见，本院对北京大学撤销仲裁裁决的申请不予支持，依照《仲裁法》第 60 条规定，裁定如下：驳回北京大学的申请。

特别提示：

按照最新司法裁判规则：关于合同效力认定的问题，是仲裁庭经过审理进行判断和裁量的实体处理范畴，不属于法院司法审查范围。

案号：北京市第四中级人民法院（2019）京 04 民特 267 号民事裁定。

第六节　管理人申请撤销仲裁裁决

一、法律依据

《企业破产法》第 21 条：人民法院受理破产申请后，有关债务人的民事诉讼，只能向受理破产申请的人民法院提起。

最高人民法院《关于适用〈中华人民共和国企业破产法〉若干问题的规定（三）》（2020 年修正）（以下简称《破产法司法解释三》）第 7 条：已经生效法律文书确定的债权，管理人应当予以确认。管理人认为债权人据以申报债权的生效法律文书确定的债权错误，或者有证据证明债权人与债务人恶意通过诉讼、仲裁或者公证机关赋予强制执行力公证文书的形式虚构债权债务的，应当依法通过审判监督程序向作出该判决、裁定、调解书的人民法院或者上一级人民法院申请撤销生效法律文书，或者向受理破产申请的人民法院申请撤销或者不予执行仲裁裁决、不予执行公证债权文书后，重新确定债权。

二、管辖法院

管辖制度的立法宗旨在于便利当事人行使诉权、便于法院依法审理和执行，从而有利于公正司法，保护当事人的合法权益。破产衍生诉讼集中管辖有利于保障破产事务的协调处理，体现了便于法院审理的分配原则，符合管辖制度的公平、公正、便利之价值。而对于"申请撤销或者不予执行仲裁裁决"的案件，《仲裁法》第 58 条规定了当事人申请撤销仲裁裁决应当由仲裁机构所在地中级人民法院受理；最高人民法院《关于人民法院办理仲裁裁决执行案件若干问题的规定》(法释〔2018〕5 号)第 2 条规定,申请不予执行的案件,原则上由被执行人住所地或者被执行的财产所在地的中级人民法院管辖。当受理破产申请的法院是基层人民法院时,则会与《仲裁法》及相关法律规定中所确定的中级人民法院之间产生管辖权冲突。这种冲突如何协调?实践中存在不同观点。

一种观点认为,假设破产案件受理法院是 A 地的基层法院,仲裁裁决是由 B 地的仲裁机构作出的,若管理人申请撤销或者不予执行 B 地仲裁机构作出的仲裁协议时,A 地的基层法院无权受理并审查,否则违反地域管辖和级别管辖原则。另一种观点认为,根据破产衍生诉讼集中管辖原则,破产案件受理法院,即 A 地的基层人民法院有权受理并审查。不同理解将造成各地法院对同类案件的处理结果迥然不同,不利于统一裁判思维和确立司法权威和公信力。

冲突解决路径:为协调管辖冲突,回应现实需求,《破产法司法解释三》第 7 条第 2 款规定,管理人申请撤销或者不予执行仲裁裁决的,应向受理破产申请的法院提出。理由为《企业破产法》第 21 条规定了破产衍生诉讼集中管辖制度,其相对于《仲裁法》属于特别法,在破产程序中应当优先适用,因此,原则上基层人民法院可以受理申请撤销或者不予执行仲裁裁决的案件。就其本质而言,《破产法司法解释三》第 7 条第 2 款有关管辖法院的规定是《企业破产法》第 21 条的具体体现,仍然体现了破产衍生诉讼集中管辖原则。从管辖权确定的角度分析,破产衍生诉讼可以分为两类情况,一类是债权确认诉讼,另一类是破产撤销权诉讼、破产抵销权诉讼等。管理人认为生效仲裁裁决所确认的债权有错误时,依法申请撤销或者不予执行仲裁裁决的案件处理结果,将影响管理人对债权的确认,因而既可以将其归入广义的债权确认诉讼类型,也可以将其归入另一类破产衍生诉讼。无论如何分类,均可以逻辑推导出如下结论,受理破产申请案件的基层人民法院原则上有权受理并审查管理人申请撤销或者不予执行仲裁裁决的案件。但由于最高人民法院《关于仲裁司法审查案件报核问题的有关规定》(法释〔2017〕21 号)第 2 条规定,各中级人民法院或者专门人民法院办理涉外涉港澳台仲裁司法审查案件,经审查拟认定仲裁协议无效,不予执行或者撤销我国内地仲裁机构的仲裁裁决,不予认可和执行香港特别行政区、澳门特别行政区、台湾地区仲裁裁决,不予承认和执行外国仲裁裁决,应当向本辖区所属高级人民法院报核;高级人民法院经审查拟同意的,应当向最高人民法院报核。待最高人民法院审核后,方可依最高人民法院的审核意见作出裁定。各中级人民法院或者专门人民法院办理非涉外涉港澳台仲裁司法审查案件,经审查拟认定仲裁协议无效,不予执行或者撤销我国内地仲裁机构的仲裁裁决,应当向本辖区所属高级人民法院报核;待高级人民法院审核后,方可依高级人民法院的审核意见作出裁定。

考虑最高人民法院《关于仲裁司法审查案件报核问题的有关规定》的规定，对于破产案件受理法院确实不便于对管理人申请撤销或者不予执行仲裁裁决案件行使管辖权的，可以根据最高人民法院《关于适用〈中华人民共和国企业破产法〉若干问题的规定（二）》（以下简称《破产法司法解释二》）第 47 条第 2 款、第 3 款的规定予以处理，即受理破产申请的人民法院管辖的有关债务人的第一审民事案件，可以依据《民事诉讼法》第 38 条的规定，由上级人民法院提审，或者报请上级人民法院批准后交下级人民法院审理。如果是特定类型案件的，依据《破产法司法解释二》第 47 条第 3 款规定，受理破产申请的人民法院，如对有关债务人的海事纠纷、专利纠纷、证券市场因虚假陈述引发的民事赔偿纠纷等案件不能行使管辖权的，可以依据《民事诉讼法》第 37 条的规定，由上级人民法院指定管辖。本规定适用的对象，亦不限于海事纠纷、专利纠纷、证券市场因虚假陈述引发的民事赔偿纠纷等三类案件，受理破产申请的人民法院因其他特殊原因不能行使管辖权的，均可由上级人民法院指定管辖。鉴此，破产衍生诉讼集中管辖不排除《民事诉讼法》移送管辖和指定管辖的规定，破产衍生诉讼案件可以在上下级法院之间转移管辖权；对于专业性较强的特定类型的案件，受理破产案件的法院可以将其交由上级法院指定管辖。

可见，对于管理人申请撤销或者不予执行仲裁裁决可能引发的管辖权冲突，在我国现行法律框架内，采取“移送管辖”和“指定管辖”是解决冲突之基本方式。尽管指定管辖制度设立初衷旨在达到“方便法院”之目的，但《民事诉讼法》中关于指定管辖的规定仍存在不足之处：（1）对于指定管辖的适用程序在立法上并未规定，如指定管辖的申请方式、文书形式及类型；（2）对于上级法院受理指定管辖时适用的程序及如何审查、指定下级法院的程序均未作规定，如受理指定管辖的机构及指定管辖的期限。

仲裁作为解决争议的方式，具有一定的独立性。司法实践中存在两种不同观点。

1. 仲裁不受破产集中管辖的限制

仲裁处理实体争议，不受集中管辖的限制。

集中管辖不能排除仲裁条款的效力。《仲裁法》第 5 条规定，当事人达成仲裁协议，一方向人民法院起诉的，人民法院不予受理，但仲裁协议无效的除外。由此可见，在约定仲裁条款有效的情况下，应由当事人通过仲裁方式解决纠纷，《企业破产法》规定的破产申请受理法院集中管辖，不能排除仲裁条款的效力。《破产法司法解释三》第 8 条规定，“当事人之间在破产申请受理前订立有仲裁条款或仲裁协议的，应当向选定的仲裁机构申请确认债权债务关系”。但是《企业破产法》赋予了管理人法定解除权，管理人可以依法行使解除权。也就是说仲裁不受集中管辖的限制，前提条件是管理人未行使解除仲裁协议的权利。

2. 仲裁司法审查应当受破产集中管辖的限制

仲裁司法审查的管辖应按照《民事诉讼法》相关规定进行确定，由受理破产申请的人民法院集中管辖。

基层人民法院受理破产案件的，可以依据《民事诉讼法》进行管辖权的移转，报请上级人民法院审理。

三、申请主体

破产程序中申请仲裁司法审查的主体为管理人。破产管理人是指破产案件中，在法院的指挥和监督下全面接管债务人财产并负责对其进行保管、清理、估价、处理和分配的专门机构，在破产案件的债权确认和财产分配中处于核心地位。

管理人以谁的名义提出撤销仲裁裁决的申请实践中存在争议。

《仲裁法》第58条（国内仲裁）和第70条（涉外仲裁）规定"可以"向法院提出撤销仲裁裁决申请的是"当事人"，即受仲裁协议约束的仲裁程序参与方。未参加仲裁程序的"案外人"是否"可以"向法院提出撤销仲裁裁决的申请，《仲裁法》没有规定。

如果破产管理人以破产企业的名义向法院提出撤销仲裁裁决的申请，则属于管理人在《企业破产法》第25条所述"诉讼"或"其他法律程序"中行使代表权，代表破产企业对其曾经参加过仲裁程序而获得的仲裁裁决提出效力性异议，请求法院裁定消灭该仲裁裁决的效力。在该撤销程序中，即便破产管理人的意见与破产企业先前的作为或主张之间存在些许不一致，但从程序正义来看，破产企业的撤裁申请还是符合《仲裁法》对适格"当事人"要求的。

如果破产管理人以自己的名义向法院提出撤销仲裁裁决的申请，则存在管理人是否具有独立的诉讼当事人资格问题。如前所述，《企业破产法》未明确赋予管理人此等资格。《破产法司法解释（三）》第7条可否理解为最高人民法院意在通过司法解释给管理人明确的角色定位，允许管理人以自己的名义提出撤裁申请呢？根据该条规定，管理人有证据证明债权人与破产企业恶意通过仲裁的形式虚构债权债务的，应当提出撤裁申请。但对于管理人以谁的名义提出撤裁申请，该条没有进一步明确。因此，关于管理人能否以自己的名义提出撤裁申请问题，仅凭此条规定尚无法确定，有待进一步观察研究。

我们认为管理人在破产程序衍生诉讼中的地位是诉讼代表人，此时破产企业法人资格仍然存续，管理人以破产企业名义申请撤裁比较合适。

四、申请撤裁的法律后果

仲裁裁决被撤销或被裁定不予执行后，就该仲裁裁决所涉及的纠纷而言，裁决内容和仲裁协议对当事人都失去了拘束力，当事人之间的债权债务关系又回到了仲裁前的原点，他们之间的债权债务纠纷需要重新确定或裁判。如果破产企业作为当事人一方的仲裁裁决被法院撤销，破产企业在该裁决下的债权债务也需要重新确定或裁判。

第七节　仲裁司法审查的特殊问题

一、可否对撤销或者不予撤销裁定提起上诉

最高人民法院《关于人民法院裁定撤销仲裁裁决或驳回当事人申请后当事人能否上诉问题的批复》（法复〔1997〕5号，已失效）：

根据《民事诉讼法》第140条、第141条和《仲裁法》第9条第2款规定，对人民法院依法作出的撤销仲裁裁决或驳回当事人申请的裁定，当事人无权上诉。人民法院依法裁定撤销仲裁裁决的，当事人可以根据双方重新达成的仲裁协议申请仲裁，也可以向人民法院起诉。

根据最高人民法院《关于审理仲裁司法审查案件若干问题的规定》第20条的规定，人民法院在仲裁司法审查案件中作出的裁定，除不予受理、驳回申请、管辖异议的裁定外，一经送达即发生法律效力。

二、申请撤销仲裁裁决被驳回后能否申请再审

最高人民法院《关于当事人对驳回其申请撤销仲裁裁决的裁定不服而申请再审，人民法院不予受理问题的批复》（法释〔2004〕9号，已废止）：

根据《仲裁法》第9条规定的精神，当事人对人民法院驳回其申请撤销仲裁裁决的裁定不服而申请再审的，人民法院不予受理。

最高人民法院《关于当事人对人民法院撤销仲裁裁决的裁定不服申请再审人民法院是否受理问题的批复》（法释〔1999〕6号）：

根据《仲裁法》第9条规定的精神，当事人对人民法院撤销仲裁裁决的裁定不服申请再审的，人民法院不予受理。

三、对不予撤销仲裁裁决的民事裁定的检察监督

人民检察院对撤销仲裁裁决的民事裁定可否提起抗诉？

最高人民法院《关于人民检察院对撤销仲裁裁决的民事裁定提起抗诉人民法院应如何处理问题的批复》（法释〔2000〕17号）：

检察机关对发生法律效力的撤销仲裁裁决的民事裁定提起抗诉,没有法律依据,人民法院不予受理。依照《仲裁法》第 9 条的规定,仲裁裁决被人民法院依法撤销后,当事人可以重新达成仲裁协议申请仲裁,也可以向人民法院提起诉讼。

人民检察院对不予撤销仲裁裁决的民事裁定可否提出抗诉?

最高人民法院《关于人民检察院对不撤销仲裁裁决的民事裁定提出抗诉人民法院应否受理问题的批复》(法释〔2000〕46 号):

人民检察院对发生法律效力的不撤销仲裁裁决的民事裁定提出抗诉,没有法律依据,人民法院不予受理。

四、未被续聘的仲裁员所作仲裁裁决效力

最高人民法院《关于未被续聘的仲裁员在原参加审理的案件裁决书上签名人民法院应当执行该仲裁裁决书的批复》(法释〔1998〕21 号):

广东省高级人民法院:

你院(一九九六)粤高法执函字第五号《关于未被续聘的仲裁员继续参加审理并作出裁决的案件,人民法院应否立案执行的请示》收悉。经研究,答复如下:

在中国国际经济贸易仲裁委员会深圳分会对深圳东鹏实业有限公司与中国化工建设深圳公司合资经营合同纠纷案件仲裁过程中,陈某被当事人指定为该案的仲裁员时具有合法的仲裁员身份,并参与了开庭审理工作。之后,新的仲裁员名册中没有陈某的名字,说明仲裁机构不再聘任陈某为仲裁员,但这只能约束仲裁机构以后审理的案件,不影响陈某在此前已合法成立的仲裁庭中的案件审理工作。其在该仲裁庭所作的(九四)深国仲结字第四十七号裁决书上签字有效。深圳市中级人民法院应当根据当事人的申请对该仲裁裁决书予以执行。

五、管辖错误如何处理

最高人民法院《关于人民法院发现已经受理的申请执行仲裁裁决或不服仲裁裁决而起诉的案件不属本院管辖应如何处理问题的批复》[法(研)复〔1988〕8 号,已废止]:

河北省高级人民法院:

你院(87)冀法(经)请字第 3 号请示报告收悉。经研究,答复如下:

人民法院对于当事人申请执行仲裁机关生效裁决或者不服仲裁机关裁决向人民法院起诉的案件,应当进行认真审查。在受理案件后,如发现案件不属本院管辖,应当根据《民事诉讼法(试行)》第 32 条的规定,将案件及时移送有管辖权的人民法院,并同时通知各方当事人。凡当事人申请执行或起诉时未超过法定期限的,有管辖权的人民法院不得以受移送时已超过法定期限为由而拒绝接受移送。

六、人民法院其他工作人员能否担任仲裁员

最高人民法院研究室《关于人民法院其他工作人员能否担任仲裁员的答复》(法研〔2010〕35号)(2010年2月24日):

内蒙古自治区高级人民法院:

你院内高法〔2010〕1号《关于人民法院其他工作人员能否担任仲裁员的请示》收悉。经研究,答复如下:

根据《公务员法》《仲裁法》的有关规定,人民法院法官及其他现职工作人员不得担任仲裁员。

七、同时选定两个仲裁机构的效力

最高人民法院《关于同时选择两个仲裁机构的仲裁条款效力问题的函》(法函〔1996〕176号):

山东省高级人民法院:

你院鲁法经(1996)88号"关于齐鲁制药厂诉美国安泰国际贸易公司合资合同纠纷一案中仲裁条款效力的审查报告"收悉。经研究,答复如下:

本案当事人订立的合同仲裁条款约定"合同争议应提交中国国际贸易促进委员会对外经济贸易仲裁委员会,或瑞典斯德哥尔摩商会仲裁院仲裁",该仲裁条款对仲裁机构的约定是明确的,亦是可以执行的。当事人只要选择约定的仲裁机构之一即可进行仲裁。根据《民事诉讼法》第111条第2项之规定,本案纠纷应由当事人提交仲裁解决,人民法院对本案没有管辖权。

八、仲裁机构、案外人能否申请撤销仲裁裁决

《仲裁法》第58条规定,当事人提出证据证明裁决有下列情形之一的,可以向仲裁委员会所在地的中级人民法院申请撤销裁决:(1)没有仲裁协议的;(2)裁决的事项不属于仲裁协议的范围或者仲裁委员会无权仲裁的;(3)仲裁庭的组成或者仲裁的程序违反法定程序的;(4)裁决所根据的证据是伪造的;(5)对方当事人隐瞒了足以影响公正裁决的证据的;(6)仲裁员在仲裁该案时有索贿受贿,徇私舞弊,枉法裁决行为的。人民法院经组成合议庭审查核实裁决有前款规定情形之一的,应当裁定撤销。人民法院认定该裁决违背社会公共利益的,应当裁定撤销。

从上述规定看,仲裁委员会申请撤销仲裁裁决无法律依据,况且其作为仲裁裁决的主体,不能再作为撤销其裁决的申请人。由于《仲裁法》第58条仅将申请撤销仲裁裁决的权利赋予当事人而非案外人,故依照现行法律其也不能成为申请撤销仲裁裁决的

主体。

（载于《民事审判参考与指导》2017 年第 3 辑）

九、因仲裁当事人恶意串通、骗取仲裁裁决损害案外人利益时对案外人如何救济

因仲裁当事人恶意串通、骗取仲裁裁决损害案外人利益时，案外人可以通过就执行标的提出异议的方式来解决。根据《民事诉讼法》第 234 条的规定，在执行过程中，案外人可以对执行标的提出书面异议，人民法院应当自收到书面异议之日起 15 日内审查，理由成立的，裁定中止对该标的的执行；理由不成立的，裁定驳回。

案外人、当事人对裁定不服，认为原判决、裁定错误的，依照审判监督程序办理；与原判决、裁定无关的，可以自裁定送达之日起 15 日内向人民法院提起诉讼。

最高人民法院《关于适用〈中华人民共和国民事诉讼法〉执行程序若干问题的解释》（法释〔2008〕13 号）第 15 条又明确规定："案外人对执行标的主张所有权或者有其他足以阻止执行标的转让、交付的实体权利的，可以依照民事诉讼法第二零四条的规定，向执行法院提出异议。"据此，案外人可在仲裁裁决确定的权利人申请执行过程中，通过提出执行异议的方式予以救济。①

十、案件起诉至法院并立案受理后，在首次开庭前达成的仲裁协议效力如何认定

从尊重当事人意思自治、诚实信用原则和鼓励仲裁的角度出发，可认定仲裁协议有效并驳回原告起诉。

1. 案情简介

2014 年 6 月，甲公司与乙公司签订《建设工程施工合同》，约定发包人甲公司将案涉工程承包给乙公司施工，但乙公司最终未能进场施工，双方因上述合同发生争议。甲公司于 2016 年 9 月就涉案合同向法院提起民事诉讼，在该院向乙公司送达相关法律文书过程中，甲公司与乙公司于 2016 年 10 月达成书面仲裁协议。乙公司根据双方达成的书面仲裁协议就涉案合同向仲裁委员会申请仲裁，仲裁委员会于 2016 年 12 月受理仲裁申请并于 2017 年 1 月首次开庭，甲公司提出其已向法院提起诉讼，请求中止对仲裁程序的审理，仲裁委员会于同日决定对案件中止审理。乙公司以双方达成书面仲裁协议为由向法院提出异议，请求裁定驳回甲公司起诉。

2. 法院裁判情况

一审法院依照《民事诉讼法》第 154 条第 1 款第 3 项、《民事诉讼法司法解释》第 216 条规定，裁定驳回原告甲公司的起诉。宣判后，甲公司不服原审裁定，以原审裁定

① 参见《民事审判指导与参考》2017 年第 3 辑。

认定事实不清、适用法律不当等为由提起上诉，请求撤销原审裁定。

二审法院裁定驳回上诉，维持原裁定。

3. 主要观点及理由

司法实践中，仲裁协议多形成于诉讼发生之前，或在争议发生之前约定仲裁条款，或在争议发生之后达成仲裁协议，但该案原告在向法院提起诉讼且案件被法院受理之后，又与该案的被告达成仲裁协议，随后被告依据仲裁协议向仲裁委员会提出仲裁。此种情形下，仲裁协议的效力认定实践中争议很大。

有观点认为：基于仲裁与诉讼的性质，在人民法院受理案件后当事人达成的仲裁协议应认定无效。理由是：

第一，《民事诉讼法》第127条规定，依照法律规定，双方当事人达成的书面仲裁协议申请仲裁、不得向人民法院起诉的，告知原告向仲裁机构申请仲裁。其文意表述为“不得向人民法院起诉的”，此种情形下，仅限于人民法院受理案件之前达成仲裁协议。

第二，诉讼与仲裁虽为当事人经常选择的争议解决方式，但两者彼此排斥，案件被人民法院受理后，即已体现当事人选择诉讼程序的本意，其后达成的仲裁协议应为无效。

第三，仲裁性质不同于诉讼，仲裁的提交以双方当事人合意自愿为基础，而诉讼以当事人的诉权为基础；仲裁机构是非官方机构，管辖权来自双方协议，诉讼由法院代表国家行使审判权，其管辖权是法律规定的。《仲裁法》规定当事人提出证据证明存在法定情形，人民法院可撤销裁决，即具有司法监督权，在法院已经受理案件后，不宜认可其后达成仲裁协议的效力。

另外一种观点认为：虽然双方达成仲裁协议系在一方当事人向法院起诉、法院已经受理后，但如该仲裁协议是在人民法院首次开庭前达成，且符合相关法律规定、仲裁协议本身是当事人意思自治的体现，从尊重当事人意思自治、诚实信用原则和鼓励仲裁的角度出发，可以认定仲裁协议有效，并裁定驳回原告起诉。

本书倾向于第二种观点。理由如下：

首先，《民事诉讼法司法解释》第216条规定：“在人民法院首次开庭前，被告以有书面仲裁协议为由对受理民事案件提出异议的，人民法院应当进行审查。经审查符合下列情形之一的，人民法院应当裁定驳回起诉：

（一）仲裁机构或者人民法院已经确认仲裁协议有效的；

（二）当事人没有在仲裁庭首次开庭前对仲裁协议的效力提出异议的；

（三）仲裁协议符合仲裁法第十六条规定且不具有仲裁法第十七条规定情形的。”

该司法解释对于异议提出时限为“首次开庭前”，《仲裁法》第26条规定，当事人达成仲裁协议，一方向人民法院起诉未声明有仲裁协议，人民法院受理后，另一方在首次开庭前提交仲裁协议的,人民法院应当驳回起诉,但仲裁协议无效的除外;另一方在首次开庭前未对人民法院受理该案提出异议的,视为放弃仲裁协议,人民法院应当继续审理。由此可见,《仲裁法》规定的异议提出时限也为“首次开庭前”。

《仲裁法司法解释》第 14 条规定,《仲裁法》第 26 条规定的“首次开庭”,是指答辩期满后人民法院组织的第一次开庭审理,不包括审前程序中的各项活动。人民法院受理案件后,存在一定的准备期间,在此期间人民法院及当事人均会进行一系列诉讼活动。根据《民事诉讼法》与《仲裁法司法解释》规定,首次开庭,不包括在开庭审理前准备期间进行的各项活动,仅指答辩期满后人民法院组织的第一次开庭审理。由此可见,法律并未规定仲裁协议的形成时间必须是诉讼开始之前,也就是说,在案件受理后首次开庭前达成仲裁协议并非为法律明令禁止。

其次,从仲裁法律规定角度分析。《仲裁法》第 16 条规定:“仲裁协议包括合同中订立的仲裁条款和以其他书面方式在纠纷发生前或者纠纷发生后达成的请求仲裁的协议。仲裁协议应当具有下列内容:(一)请求仲裁的意思表示;(二)仲裁事项;(三)选定的仲裁委员会。”《仲裁法》第 17 条规定:“有下列情形之一的,仲裁协议无效:(一)约定的仲裁事项超出法律规定的仲裁范围的;(二)无民事行为能力人或者限制民事行为能力人订立的仲裁协议;(三)一方采取胁迫手段,迫使对方订立仲裁协议的。”

结合上述两条法律规定,有效的仲裁协议必须具备以下四个方面的要素:(1)签订仲裁协议的主体必须合法;(2)仲裁协议必须是当事人的真实意思表示;(3)仲裁事项必须是财产权益纠纷;(4)仲裁委员会必须明确具体。具体到该案情形,当事人之间签订的仲裁协议符合法律所要求的有效要件,并无须要认定无效的情形存在。

再次,遵循民事诉讼的当事人有权在法律规定的范围内处分自己民事权利和诉讼权利的原则。意思自治原则是民法基本原则之一,又称私法自治,是民法主体在法律规定的范围内,按照自己的意志从事民事活动,管理自己的事务,创设自己的权利和义务,不受他人非法干涉的自由。《民事诉讼法》第 13 条规定,民事诉讼应当遵循诚实信用原则。原告在选定向法院诉讼后又在法院首次开庭前与被告达成书面仲裁协议,系处分自己诉讼权利的行为,且其应知达成仲裁协议的后果,一旦选择通过仲裁解决纠纷就意味着排斥法院的管辖权。《仲裁法》第 5 条规定,当事人达成仲裁协议,一方向人民法院起诉的,人民法院不予受理,但仲裁协议无效的除外。仲裁协议的签订,表示双方当事人形成选择仲裁作为纠纷处理方式的合意,而且这种合意是自愿形成的。同时,这种选择表示自愿选择非通过诉讼方式解决争议事项的意思自治。

最后,尊重仲裁与诉讼作为两种不同性质解决纠纷功能的独立性。仲裁相对法院诉讼而言有其特定功能,诸如裁决者具有更强专业性、当事人自主权大、一裁终局程序便捷、处理及时、保密性强的特点。最高人民法院《关于人民法院进一步深化多元化纠纷解决机制改革的意见》(法发〔2016〕14号)指出,要加强与仲裁机构的对接,积极支持仲裁制度改革,加强与商事仲裁机构、劳动人事争议仲裁机构、农村土地承包仲裁机构等的沟通联系。尊重商事仲裁规律和仲裁规则,及时办理仲裁机构的保全申请,依照法律规定处理撤销和不予执行仲裁裁决案件,规范涉外和外国商事仲裁裁决司法审查程序。从提升纠纷解决效率、鼓励仲裁的角度出发,人民法院可对此种情形下的仲裁协议效力予以认定。

4. 最高人民法院民一庭倾向性意见

案件起诉至法院并立案受理后,在首次开庭前达成仲裁协议,并不违反《民事诉讼法司法解释》第216条的规定,从尊重当事人意思自治、诚实信用原则和鼓励仲裁的角度出发,可认定仲裁协议有效并驳回原告起诉。①

十一、仲裁程序中达成的调解书被人民法院依职权裁定不予执行的,当事人可以向人民法院起诉

仲裁程序中达成的调解书被人民法院依职权裁定不予执行的,当事人可以向人民法院起诉。

1. 案情简介

2010年10月甲公司与陈某签订《房地产买卖合同》,约定陈某购买甲公司所有的一栋楼房,付款总额1010万元。同时对支付方式、期限、违约责任、物业交付、逾期交房的违约责任及产权过户登记等事项进行了约定。当日,甲公司将案涉房屋交付给陈某使用。后双方发生纠纷。2012年12月,陈某向A仲裁委员会申请仲裁,请求甲公司履行合同,交付房产并且办理过户手续。甲公司提出了反请求,要求确认《房地产买卖合同》无效。2013年1月15日,经仲裁庭主持调解,双方当事人最终达成如下调解协议:(1)《房地产买卖合同》所涉房产所有权转让给陈某。(2)房款总额为1270万元。各方签收仲裁调解书后,陈某应在15个工作日内向甲公司支付1270万元。仲裁委员会据此出具调解书。2013年1月28日,甲公司收到陈某向其支付的1270万元整,但是并未将房屋产权手续转移至陈某名下。2013年4月26日,陈某向法院提出强制执行申请。2013年6月7日,法院作出裁定书,以上述仲裁调解书违背社会公共利益为由,裁定不予执行。

2013年6月20日,甲公司向法院起诉,请求:(1)确认《房地产买卖合同》无效;(2)判令陈某返还案涉房屋,并支付占用期间的房屋使用费。

陈某答辩称,甲公司已丧失诉权,不应由法院再进行审理。在仲裁调解书未经法定

① 参见《民事审判指导与参考》2017年第3辑。

程序撤销之前，另行作出实体处理会造成法律关系上的混乱；甲公司起诉的依据是《民事诉讼法》第 237 条的规定，但是该规定针对的是仲裁裁决书，并非调解书，两者外延与内涵均不同。请求驳回甲公司的起诉。

2. 法院裁判情况

一审法院认为，《仲裁法》第 51 条第 2 款规定，仲裁调解书与裁决书具有相同的法律效力。《仲裁法》第 9 条第 2 款规定，裁决被人民法院裁定撤销或者不予执行的，当事人就该纠纷可以依据重新达成的仲裁协议进行仲裁或者向人民法院起诉。《民事诉讼法》第 237 条第 5 款规定，裁决被人民法院裁定不予执行的，当事人可以依据重新达成的仲裁协议进行仲裁或者向人民法院起诉。故甲公司依法提起诉讼，符合法律规定。同时认定《房地产买卖合同》因违反法律强制性规定而无效。故作出判决：(1)《房地产买卖合同》无效；(2)陈某于判决生效后 20 日内向甲公司返还案涉房产；(3)甲公司于判决生效后向陈某返还已付购房款 1270 万元；(4)驳回陈某的其他诉讼请求。

陈某不服一审判决，上诉请求撤销一审判决，驳回甲公司的起诉。

二审法院维持了一审判决。

3. 主要观点及理由

本案存在的争议问题有两个：一是人民法院对仲裁调解书能否裁定不予执行；二是对仲裁调解书裁定不予执行后，当事人如何救济。

(1) 人民法院对仲裁调解书能否裁定不予执行

这实际上涉及司法对仲裁调解书能否监督的问题。一种观点认为，依据《仲裁法司法解释》第 28 条的规定，当事人请求不予执行仲裁调解书或者根据当事人之间的和解协议作出的仲裁裁决书的，人民法院不予支持，也即人民法院不能对仲裁调解书不予执行。另一种观点认为，既然《仲裁法》规定仲裁调解书与裁决书具有同等法律效力，则如果执行仲裁调解书违背社会公共利益的，人民法院也可以不经当事人申请，主动作出不予执行的裁定。本书同意后一种观点。主要理由是：第一，司法对仲裁调解书亦应有监督职能。从《民事诉讼法》和《仲裁法》的制度设计上看，法律赋予司法对仲裁的监督机制主要通过两种方式，即撤销仲裁裁决和对仲裁裁决的不予执行。但不论是《民事诉讼法》还是《仲裁法》，在司法对仲裁监督的表述上均使用的是"仲裁裁决"，对仲裁调解书存在法律规定的不予执行或撤销情形时，人民法院可否撤销或不予执行，法律并未明确。本书认为，就执行而言，仲裁裁决书和调解书均是通过仲裁方式解决民事纠纷的结果，均是据以执行的依据，在效力上两者并无本质区别。在制度设计上，法律赋予的是司法对仲裁这一纠纷解决方式的监督，而不应狭义地理解为仅是对仲裁裁决的监督，因此，通过仲裁方式达成的调解书，也应纳入司法监督范围。《仲裁法司法解释》是从维护诚实信用角度对不予执行仲裁调解书的限制，并未否认仲裁调解书受司法监督。相反，否认当事人反悔行为，对于仲裁调解书予以强制执行，恰恰是司法对仲裁调解书的保障和支持，该种保障和支持从广义上讲，也属于监督的一部分。第二，《民事诉讼法》第244条第2款规定，被申请人提出证据证明仲裁裁决有下列情形之一的，经人民法院组成合议庭审查核实，裁定不予执行：①当事人在合同中没有订有仲裁条款或者事后没有达成书面仲裁协议的；②裁决的事项不属于仲裁协议的范围或者仲裁机构无权仲裁的；③仲裁庭的组成或者仲裁的程序违反法定程序的；④裁决所根据的证据是伪造的；⑤对方当事人向仲裁机构隐瞒了足以影响公正裁决的证据的；⑥仲裁员在仲裁该案时有贪污受贿、徇私舞弊、枉法裁决行为的。该条第3款规定，人民法院认定执行该裁决违背社会公共利益的，裁定不予执行。从上述两款规定的表述上看，第2款是通过当事人主张的方式，需要当事人提出证据证明有法律规定的情形。而第3款没有规定必须当事人提出主张。无论是从文义解释还是从体系解释的角度，均能推出人民法院"认定"的启动程序可以是当事人的申请，也当然包括人民法院依职权认定。第三，虽然从条文表述上两款针对的都是仲裁裁决，而且从2012年《民事诉讼法》修改的精神看，司法应尽量维护仲裁的终局性和权威性，但毕竟法律赋予了司法对仲裁的监督职能，如果人民法院在审查中发现仲裁调解书有违背社会公共利益的情形，仍予以执行，则与司法的价值和功能矛盾，也与《民事诉讼法》和《仲裁法》的制度设计目的不符。司法程序中达成的调解书有救济的渠道，即可以申请再审或人民法院依职权启动再审，对于违背社会公共利益的仲裁调解书，也应该有纠正的渠道，故人民法院有依照职权对仲裁调解书不予执行的权力。这与《仲裁法司法解释》第28条的规定并不矛盾。该条适用的前提是当事人请求不予执行，针对的是当事人达成仲裁调解后又反悔而请求不予执行的，有违诚实信用的基本原则，也是对仲裁和司法资源的浪费，这种情况理应不予支持。这与人民法院依职权认定的情况存在本质差异。

(2)对仲裁调解书裁定不予执行后，当事人如何救济

根据《民事诉讼法》第157条的规定，不予执行仲裁裁决的裁定本身，当事人不能上诉。但对该裁定能否提起执行异议或者复议以资救济，这一问题向来争议较大，司法实践中做法也很不一致。一种观点认为，已经明确对不予执行仲裁裁决所作的裁定不允许上诉和申请再审，如果在执行程序中却允许复议，则与法律规定精神相悖，因此对不予执行仲裁裁决的裁定不服的，不应当赋予当事人申请复议的权利；另外一种观点认为，目前随意裁定不予执行的问题较突出，有必要赋予当事人申请复议的权利，使上级法院能够对此予以监督。因此，实践中有的法院允许对该裁定提出复议，有的法院则实行一裁终局，不允许当事人提起复议。《民事诉讼法司法解释》采纳了第一种观点，该解释第476条明确规定，依照《民事诉讼法》第244条第2款、第3款规定，人民法院裁定不予执行仲裁裁决后，当事人对该裁定提出执行异议或者复议的，人民法院不予受

理。该解释的法理依据在于,仲裁裁决被人民法院裁定不予执行后,丧失了强制执行力,从而间接否定了该仲裁裁决的法律效力,该不予执行仲裁裁决本质上属于对执行依据的监督程序,而并非对执行程序中的执行行为提出异议,因此,不应当将不予执行仲裁裁决的裁定作为执行行为纳入执行异议和复议程序的范围之内。根据《民事诉讼法》和《仲裁法》的相关规定,当事人民事权利的救济渠道应是重新申请仲裁或向人民法院起诉。

如前所述,不予执行仲裁调解书也是司法对仲裁的监督程序,与不予执行仲裁裁决的情况一样,在人民法院依法作出不予执行仲裁调解书的情形下,该调解书所确认的债权债务关系亦处于不稳定状态,需要司法或仲裁予以解决。因此,在仲裁调解书被人民法院认定不予执行的情况下,当事人应可根据《民事诉讼法》和《仲裁法》的规定,重新申请仲裁或提起诉讼。

4. 最高人民法院民一庭意见

司法对仲裁的监督应当包括对仲裁调解书的监督。人民法院认定执行仲裁调解书违背社会公共利益的,可以依职权裁定不予执行;仲裁调解书被人民法院裁定不予执行后,当事人向人民法院起诉的。人民法院应予受理。

资料来源:《民事审判指导与参考》(2015 年第 2 辑总第 62 辑)。

第六章　仲裁案件执行

法院执行是仲裁(司法)的最后一道程序,也是当事人权利得以落实的最终保障。人民法院的保全、执行程序是商事仲裁能够有效保证当事人实现其合法权利的执行力保证。申请执行内容第五章第四节已经阐述,本章重点阐述被申请人、案外人申请不予执行,执行异议与执行异议之诉等内容。

第一节　被申请人申请不予执行仲裁裁决

在执行程序中,被执行人认为仲裁裁决具有不予执行的法定情形时,即可以向执行法院申请不予执行仲裁裁决。

一、不予执行的条件

(一)提出不予执行仲裁裁决的主体是被执行人

根据最高人民法院《关于办理仲裁裁决执行案件若干问题的规定》第2条的规定,申请不予执行仲裁裁决的主体是被执行人,申请不予执行是法律赋予仲裁义务人免受不当仲裁裁决执行的一项权利,是对被执行人权利予以救济的一项制度。

(二)提出不予执行的期间与法定情形

1. 一般期间

被执行人向人民法院申请不予执行仲裁裁决的,应当在执行通知书送达之日起15日内提出书面申请。

不予执行的法定情形:

《民事诉讼法》第244条第2款第4项、第6项规定情形(裁决所根据的证据是伪造的;仲裁员在仲裁该案时有贪污受贿、徇私舞弊、枉法裁决行为的)且执行程序尚未终结的,应当自知道或者应当知道有关事实或案件之日起15日内提出书面申请。

2. 申请撤裁情形下的期间

被执行人向有管辖权的人民法院申请撤销仲裁裁决且已被受理的,自人民法院驳回撤销仲裁裁决申请的裁判文书生效之日起重新计算期限。

3. 逾期申请

超出法定期限提出不予执行申请,人民法院应当裁定不予受理;已经受理的,应当裁定驳回不予执行申请。

(三)提出不予执行的管辖法院

被执行人所在地或者财产所在地的中级人民法院。

（四）被执行人有证据证明具有不予执行的法定情形

被申请人申请不予执行，需要有明确、充分的证据证实具有不予执行的法定事由，否则其申请会被驳回。

（五）被执行人申请不予执行的文书仅限于仲裁庭作出的仲裁裁决

被执行人申请不予执行仲裁调解书或者根据当事人之间的和解协议、调解协议作出的仲裁裁决，人民法院不予支持，但该仲裁调解书或者仲裁裁决违背社会公共利益的除外。

二、不予执行的法定情形

（一）依申请审查不予执行的法定事由

被申请人提出证据证明仲裁裁决有下列情形之一的，经人民法院组成合议庭审查核实，裁定不予执行。

1. 当事人在合同中没有订有仲裁条款或者事后没有达成书面仲裁协议的。

2. 裁决的事项不属于仲裁协议的范围或者仲裁机构无权仲裁的。

属于该事由的情形：

（1）裁决的事项超出仲裁协议约定的范围；

（2）裁决的事项属于依照法律规定或者当事人选择的仲裁规则规定的不可仲裁事项；

（3）裁决内容超出当事人仲裁请求的范围；

（4）作出裁决的仲裁机构非仲裁协议所约定。

3. 仲裁庭的组成或者仲裁的程序违反法定程序的。

司法审查案例：

裁判规则：仲裁员曾担任过当事人法律顾问或者其他顾问，该顾问关系结束未满两年的，应自行提出回避，当事人也有权提出回避申请。故裁决案件的仲裁庭的组成违反了法定程序，以此理由请求不予执行裁决符合法律规定，法院应予准许。

案号：上海市第二中级人民法院（2019）沪02执异156号执行裁定书。

4. 裁决所根据的证据是伪造的。

属于该事由的情形：

（1）该证据已被仲裁裁决采信；

（2）该证据属于认定案件基本事实的主要证据；

（3）该证据经查明确属通过捏造、变造、提供虚假证明等非法方式形成或者获取，违反证据的客观性、关联性、合法性要求。

5. 对方当事人向仲裁机构隐瞒了足以影响公正裁决的证据的。

属于该事由的情形：

(1)该证据属于认定案件基本事实的主要证据；

(2)该证据仅为对方当事人掌握,但未向仲裁庭提交；

(3)仲裁过程中知悉存在该证据,且要求对方当事人出示或者请求仲裁庭责令其提交,但对方当事人无正当理由未予出示或者提交。

例外情形:当事人一方在仲裁过程中隐瞒己方掌握的证据,仲裁裁决作出后以己方所隐瞒的证据足以影响公正裁决为由申请不予执行仲裁裁决的,人民法院不予支持。

6. 仲裁员在仲裁该案时有贪污受贿、徇私舞弊、枉法裁决行为的。

(二)依职权审查不予执行的法定事由

仲裁裁决违背社会公共利益属于依职权审查不予执行的法庭事由。违背社会公共利益,主要指仲裁裁决违反我国法律的基本原则,违反社会善良风俗、危害国家及社会公共安全等情形,涉及不特定多数人的共同利益,即为社会公众所享有的利益,不同于合同当事人的利益。如仲裁裁决仅在当事人之间显失公平,涉及的仅是当事人之间的利益,不涉及不特定多数人的共同利益,不属于违背社会公共利益,不能以此为由裁定不予执行仲裁裁决。

仲裁司法审查实践中,法院因违反公共利益裁定不予执行仲裁裁决常见的主要是以“放贷”为业、“赚取高额利息”的民间借贷类案件,主要法律依据是《银行业监督管理法》第 19 条“未经国务院银行业监督管理机构批准,任何单位或者个人不得设立银行业金融机构或者从事银行业金融机构的业务活动”和中国银行保险监督管理委员会、中华人民共和国公安部、国家市场监督管理总局、中国人民银行《关于规范民间借贷行为维护经济金融秩序有关事项的通知》中:“未经有权机关依法批准,任何单位和个人不得设立从事或者主要从事发放贷款业务的机构或以发放贷款为日常业务活动”等规定。仲裁程序中更加注重考虑当事人的意思自治因素,而执行过程中则适当考虑了社会公共利益因素。如四川省达州市中级人民法院(2019)川 17 执 343 号民事裁定中就以“本案申请执行人向不特定多数人大量出借资金,以利息、咨询费和服务费、违约金、预先扣除咨询费和服务费等形式突破法定利息红线,还款期限内年利率达 34.42%,逾期违约金年利率达 60%(仲裁中按年利率 24% 计算)。该仲裁裁决违反法律认定了预先扣除首期咨询费、服务费为借款本金,损害了被执行人的合法权益,申请执行人以借贷为业赚取高额利息,严重扰乱经济金融秩序和社会秩序,执行该仲裁裁决违背社会公共利益”为由裁定不予执行仲裁裁决。

三、不予执行中的特殊问题

1. 同一事由,申请撤销仲裁裁决或者不予执行只能选择其中之一

当事人向人民法院申请撤销仲裁裁决被驳回后,又在执行程序中以相同理由提出

不予执行抗辩的,人民法院不予支持。

2. 执行转移管辖,仲裁司法审查应由最初受理执行案件的法院管辖

中院受理后将执行案件指定基层人民法院管辖的,被执行人提出不予执行申请的,应当于收到不予执行申请后3日内移送原执行法院另行立案审查处理。

四、不予执行申请原则上只能提出一次

被执行人申请不予执行仲裁裁决,对同一仲裁裁决的多个不予执行事由应当一并提出。不予执行仲裁裁决申请被裁定驳回后,再次提出申请的,人民法院不予审查,但有新证据证明存在《民事诉讼法》第244条第2款第4项、第6项规定情形的除外。

当事人向人民法院申请撤销仲裁裁决被驳回后,又在执行程序中以相同事由提出不予执行申请的,人民法院不予支持;当事人向人民法院申请不予执行被驳回后,又以相同事由申请撤销仲裁裁决的,人民法院不予支持。

五、不予执行的审查范围、方式与期限

人民法院对不予执行仲裁裁决案件应当组成合议庭围绕被执行人申请的事由、案外人的申请进行审查;对被执行人没有申请的事由不予审查,但仲裁裁决可能违背社会公共利益的除外。

被执行人对仲裁裁决执行案件申请不予执行的,人民法院应当进行询问;被执行人在询问终结前提出其他不予执行事由的,应当一并审查。人民法院审查时,认为必要的,可以要求仲裁庭作出说明,或者向仲裁机构调阅仲裁案卷。

人民法院对不予执行仲裁裁决案件的审查,应当在立案之日起两个月内审查完毕并作出裁定;有特殊情况需要延长的,经本院院长批准,可以延长一个月。

六、申请不予执行的法律后果

1. 裁定不予执行

被执行人对仲裁裁决执行案件申请不予执行,经审查理由成立的,人民法院应当裁定不予执行。

人民法院裁定撤销仲裁裁决或者基于被执行人申请裁定不予执行仲裁裁决,原被执行人申请执行回转或者解除强制执行措施的,人民法院应当支持。原申请执行人对已履行或者被人民法院强制执行的款物申请保全的,人民法院应当依法准许;原申请执行人在人民法院采取保全措施之日起30日内,未根据双方达成的书面仲裁协议重新申请仲裁或者向人民法院起诉的,人民法院应当裁定解除保全。

2. 裁定驳回不予执行申请

经审查不予执行申请的理由不成立的，应当裁定驳回不予执行申请。执行法院应当恢复执行。

3. 不予执行裁定为终局性裁定，不可对该裁定提出执行异议或者申请复议

人民法院裁定不予执行仲裁裁决、驳回或者不予受理不予执行仲裁裁决申请后，当事人对该裁定提出执行异议或者申请复议的，人民法院不予受理。

七、不予执行期间申请撤销仲裁裁决的处理

在不予执行仲裁裁决案件审查期间，当事人向有管辖权的人民法院提出撤销仲裁裁决申请且被受理的，人民法院应当裁定中止对不予执行申请的审查；仲裁裁决被撤销或者决定重新仲裁的，人民法院应当裁定终结执行，并终结对不予执行申请的审查；撤销仲裁裁决申请被驳回或者申请执行人撤回撤销仲裁裁决申请的，人民法院应当恢复对不予执行申请的审查；被执行人撤回撤销仲裁裁决申请的，人民法院应当裁定终结对不予执行申请的审查，但案外人申请不予执行仲裁裁决的除外。

八、裁定不予执行的救济

裁定不予执行仲裁裁决，实体纠纷并未解决，争议需要重新处理。人民法院裁定不予执行仲裁裁决的，当事人可以根据双方达成的书面仲裁协议重新申请仲裁，也可以向人民法院起诉。

第二节　案外人不予执行仲裁裁决制度

一、制度创设的背景

案外人不予执行仲裁裁决制度，主要是基于打击虚假诉讼维护真正权利人的合法权益而产生的。这一制度的确立为防止、打击虚假仲裁提供了司法保障和原则性指导。

《民事诉讼法》规定的公共利益条款为案外人申请不予执行仲裁裁决提供了法律适用空间。《民事诉讼法》第 244 条第 3 款和第 281 条第 2 款均规定“人民法院认定执行该裁决违背社会公共利益的，裁定不予执行”。

长期以来，虚假诉讼和虚假仲裁始终是实现司法公正的一大障碍，近年来司法机关愈发对虚假诉讼进行严厉的打击。《民事诉讼法》第 59 条第 3 款赋予了案外人针对损害其权益的错误判决提起撤销之诉的权利；第 234 条允许案外人在强制执行阶段提起

执行标的异议之诉;最高人民法院《关于适用〈中华人民共和国民事诉讼法〉审判监督程序若干问题的解释》第5条还明确规定,案外人针对生效判决、裁定、调解书有权申请再审。2016年,最高人民法院还发布了《关于防范和制裁虚假诉讼的指导意见》,将虚假诉讼的类型、特点进行专门说明与系统整理,明确要求各级法院从各个层面严厉制裁虚假诉讼。2021年3月4日,最高人民法院、最高人民检察院、公安部、司法部印发《关于进一步加强虚假诉讼犯罪惩治工作的意见》,包括总则、虚假诉讼犯罪的甄别和发现、线索移送和案件查处、程序衔接、责任追究、协作机制、附则等七章,共29条。该意见坚持以习近平法治思想为指导,依法从严打击通过虚假诉讼妨害司法秩序或者严重侵害他人合法权益的行为,保护自然人、法人和非法人组织的合法权益,保障人民群众依法行使诉权,同时坚持问题导向,着眼于解决实践中存在的突出问题,为司法实践提供有效指导。

最高人民法院2018年3月1日起施行的《关于办理仲裁裁决执行案件若干问题的规定》(法释〔2018〕5号),首次创设了案外人不予执行仲裁裁决制度,就仲裁程序案外人的权利救济给予了一定的权利基础。该规定于2018年2月22日公布,自2018年3月1日起施行,全文共24条,除对执行仲裁裁决、调解书相关问题进行详细规定外,引言和7个条文涉及案外人申请法院裁定不予执行仲裁裁决、调解书制度,对打击虚假仲裁,维护社会公共利益和案外人合法权益提供了有力保障。

二、司法实践

(一)法院审理规范

陕西省高级人民法院《关于审理涉及国内民商事仲裁案件若干问题的规定(试行)》第23条规定:案外人对仲裁裁决书、调解书确定的执行标的物主张权利,可以在知道或者应当知道仲裁裁决作出之日起3个月内,向仲裁机构所在地的中级人民法院申请撤销。

(二)司法实践体现

广东省珠海中院在(2016)粤04民终2666号案中首创了案外人申请不予执行仲裁裁决的制度,明确了如下救济程序:由案外人在案件执行过程中提出执行异议,执行局经审查认为仲裁裁决可能存在错误的,将执行异议提交审判委员会讨论;审委会讨论后认为裁决违反社会公众利益、有必要启动审查机制的,由立案庭决定立案,交由民四庭负责审查;民四庭经审查认为仲裁裁决错误的,裁定不予执行仲裁裁决。创设该制度的依据是《民事诉讼法》第244条第3款"人民法院认定执行该裁决违背社会公共利益的,裁定不予执行"之规定,在程序的启动与衔接、不予执行的标准以及裁定的处理上作了突破性的规定。

江苏省高级人民法院在(2014)苏民终字第203号案[①]中,也相似地类推适用《仲裁法》第58条第3款及《民事诉讼法》第237条第3款之规定,依职权对仲裁裁决进行司法审查,并以该裁决违背社会公共利益而“不予认定其效力”。

“马会公司与姜某某却经由仲裁裁决解除了《商品房预售合同》。该仲裁裁决的直接后果就是致使姜某某丧失了原本享有的已经被预查封了的房屋交付请求权和所有权移转登记请求权。其实质是在未经执行法院审查同意的情形下,借由仲裁形式确认其达成的解除协议而处分被预查封的财产(权利),客观上导致了人民法院采取的预查封措施因‘失去’查封对象而落空。因此,该仲裁裁决实为对抗人民法院实施的预查封措施而为,其效力不应得到确认”。

“依据《中华人民共和国仲裁法》第五十八条、六十二条、六十三条、《中华人民共和国民事诉讼法》第二百三十七条的规定,对仲裁裁决的效力(应否撤销)、执行(应否执行),我国均采取司法审查主义原则。然而,这一审查程序,仅限于仲裁的双方当事人申请启动。设若双方当事人恶意仲裁,妨碍人民法院的执行工作,损害第三人的利益,自不会申请启动司法审查程序。如何看待这样的仲裁裁决的效力,目前法律没有明文规定。然而,人民法院的执行工作、执行程序、执行秩序,不仅仅关乎申请执行人权利的实现,更关乎司法秩序与威信,关乎法律的威信与尊严。何谓权利?借助法律之力得以实现之利益也。何谓法律?借助国家之力得以实现之规则也。司法的过程,就是借助国家之力实施、实现法律的过程,就是借助法律之力实现当事人权利的过程。因此,妨碍执行工作的仲裁裁决,就是妨碍了法律的实施,妨碍了当事人权利的实现。对于这样的仲裁裁决,人民法院不应囿于现行法之疏漏,困惑于审查程序启动之缺位,只要已经进入司法的视野,即可以进行审查,并类推适用《中华人民共和国仲裁法》第五十八条第三款、《中华人民共和国民事诉讼法》第二百三十七条第三款之规定,以该裁决违背社会公共利益(司法秩序即为社会公共利益)为据,不予认定其效力。因此,对涉案仲裁裁决的效力,本院不予认定”。

珠海市中级人民法院也在(2014)珠中法民四执仲字第1号、第2号执行裁决书中以仲裁当事人存在恶意串通损害他人合法权益的行为,执行该仲裁裁决将明显违背社会公共利益为由裁定不予执行珠仲裁字(2013)第145号裁决书。

三、现行案外人不予执行制度与规范

最高人民法院2018年《关于办理仲裁裁决执行案件若干问题的规定》与2017年发

---

① 银川市中级人民法院(2020)宁01执异24号执行裁定书。长沙市中级人民法院(2018)湘01民终3591号民事判决书。

布的《关于仲裁司法审查案件报核问题的有关规定》和《关于审理仲裁司法审查案件若干问题的规定》共同构建了仲裁司法审查较为完整的架构，明确了从仲裁协议的效力到仲裁裁决的撤销与不予执行在司法审查过程中关于管辖、受理、审查等各方面的程序要求和标准。尤其是《关于办理仲裁裁决执行若干问题的规定》对诸多仲裁执行中的历史疑难问题或模糊地带予以明确规定，包括：(1)放宽仲裁裁决执行案件的管辖；(2)确定裁决执行内容不明确认定标准及处理方法；(3)创设案外人申请不予执行制度；(4)统一不予执行仲裁裁决案件的审查标准；(5)明确撤销与不予执行的程序衔接。

案外人申请法院裁定不予执行仲裁裁决制度，其核心内容是发生仲裁当事人虚构法律关系、捏造案件事实并损害案外人合法权益时，法院得根据权益受到虚假仲裁损害的案外人的申请裁定不予执行仲裁裁决或调解书。旨在预防仲裁当事人通过仲裁欺诈对案外人实施侵权行为，让案外人通过不予执行阻止侵权结果发生。

1. 案外人申请的程序条件

案外人向人民法院申请不予执行仲裁裁决或者仲裁调解书的，应当提交申请书以及证明其请求成立的证据材料，并符合三个条件：(1)有证据证明仲裁案件当事人恶意申请仲裁或者虚假仲裁，损害其合法权益(案外人与仲裁案件有连接点)；(2)案外人主张的合法权益所涉及的执行标的尚未执行终结(尚未执行终结)；(3)自知道或者应当知道人民法院对该标的采取执行措施之日起30日内提出(赋权加限制)。

案外人需要证明的是仲裁案件当事人恶意申请仲裁或者虚假仲裁。

2. 案外人提出申请后的法律效果

根据最高人民法院《关于办理仲裁裁决执行案件若干问题的规定》第7条的规定，案外人对仲裁裁决执行案件提出不予执行申请并提供适当担保的，执行法院应当裁定中止执行；中止执行期间，人民法院应当停止处分性措施。

3. 人民法院的审查形式及审查期限

人民法院对不予执行仲裁裁决案件应当组成合议庭，围绕案外人的申请进行审查；并且应当在立案之日起两个月内审查完毕并作出裁定，有特殊情况需要延长的，经本院院长批准，可延长一个月。

4. 不予执行申请的实质审查标准

案外人申请不予执行仲裁裁决或者仲裁调解书，应当符合下列条件：(1)案外人系权利或者利益的主体(主体适格)；(2)案外人主张的权利或者利益合法、真实(真正权利人)；(3)仲裁案件当事人之间存在虚构法律关系、捏造案件事实的情形(虚构+捏造)；(4)仲裁裁决主文或者仲裁调解书处理当事人民事权利义务的结果部分或者全部错误，损害案外人合法权益(违法)。

(1)主体适格的审查标准

关于案外人的范围,即适格的不予执行案外人申请主体,须是权利或利益的主体。这里的"案"是指依据我国《仲裁法》作出的仲裁裁决或者仲裁调解书的案件[见最高人民法院《关于办理仲裁裁决执行案件若干问题的规定》(法释〔2018〕5 号)规定引言部分],根据我国《仲裁法》的相关规定,应指国内一般仲裁机构和国内涉外仲裁机构作出的仲裁裁决或者仲裁调解书的案件,不包括外国仲裁机构处理的案件。但案外人的国籍等身份情况,不影响案外人的认定。只要是权利或利益的主体,即可能构成本解释所称的"案外人"。

(2)真正权利人的审查标准

关于案外人主张的权利或利益合法、真实。案外人须是权利或利益的合法、真实的享有主体,不仅与执行标的直接相关,而且与申请人的执行请求相冲突,即案外人的诉求直接否定执行申请人的执行请求。

(3)原仲裁当事人虚构事实的审查标准

关于仲裁案件当事人之间存在虚构法律关系、捏造案件事实。案外人对权利或利益的主张"合法、真实"是从正面规定实质要件,而仲裁案件当事人之间存在虚构法律关系、捏造案件事实系从另一面规定实质要件。案外人对权利或利益的主张"合法、真实",必然是仲裁案件当事人之间存在虚构法律关系、捏造案件事实的情况。

(4)原仲裁结果对案外人造成了不利影响

仲裁裁决书主文或调解书结果错误,损害案外人合法权益。仲裁裁决书和仲裁调解书均是案件的处理结果,由于仲裁案件当事人虚构法律关系、捏造案件事实,其意图在于获取不正当利益,其结果必然是仲裁案件结果错误并损害案外人的合法权益。本项要件实际上系第二、三项要件合乎逻辑的、自然的结果,揭示了仲裁案件当事人对案外人实施了侵权行为的真相,所谓仲裁案件不过是侵权人假借的形式和工具。

如案外人的申请同时符合四项实质要件,法院作出不予执行仲裁裁决或调解书的裁定。反之,法院裁定驳回案外人申请。

(5)必须符合法定事由

法定事由之外的案外人异议,法院不予审查。

裁判规则:因本案是案外人申请不予执行仲裁裁决纠纷,至于同济机电公司主张的济仲裁字(2019)第 294 号裁决存在仲裁机构无权仲裁等情形,均非案外人不予执行仲裁裁决应予审查的范围,本案依法不做审查。

案号:山东同济机电有限公司、孙媛建设工程施工合同纠纷执行审查类执行裁定书/枣庄市中级人民法院(2019)鲁 04 执异 53 号执行裁定书。

5. 人民法院裁定不予执行后的处置

根据最高人民法院《关于办理仲裁裁决执行案件若干问题的规定》第 21 条第 3 款的规定，人民法院基于案外人申请裁定不予执行仲裁裁决或者仲裁调解书，案外人申请执行回转或者解除强制执行措施的，人民法院应当支持。

6. 人民法院对不予执行申请作出裁定后当事人与案外人的救济途径

最高人民法院《关于办理仲裁裁决执行案件若干问题的规定》第 22 条第 3 款还明确规定，对于人民法院基于案外人申请作出的不予执行仲裁裁决或者仲裁调解书的裁定、或者驳回/不予受理案外人不予执行申请的裁定，当事人或者案外人不服的，可以自裁定送达之日起 10 日内向上一级人民法院申请复议。法院对案外人不予执行仲裁裁决申请所作出的裁定属于程序性裁定，本身并不对当事人之间的实体权利作出评判与处理，当事人和案外人有权另行提起诉讼解决纠纷。

四、案外人不予执行实务操作难点与提示

1. 实务操作难点

案外人申请不予执行仲裁裁决，实务中难点主要聚焦于案外人主体资格的审查和权利滥用及仲裁诉讼化。对符合法律规定的案外人主体资格的证据的审查标准太过严格，可能会让虚假仲裁案件的当事人侵犯了真正权利人的正当权益；审查标准过低，将会对仲裁“一裁终局”的制度价值产生怀疑，会造成仲裁诉讼化，从而对仲裁公信力产生挑战。如何在仲裁司法审查中既防范权利滥用，保障真正权利人，又能厘清仲裁与诉讼不同程序制度的功能和价值，需要依据法律和法理、日常生活经验法则，结合个案的特殊性综合判断。

2. 实务提示

我们应当注意的是，法院在决定是否受理案外人申请不予执行仲裁裁决的审查时，首先，应当是进行程序性、形式性方面的审查，对于实质性证据方面的审查应在审理程序中进行；其次，与被执行人申请不予执行受案范围不同的是，被执行人申请不予执行的仲裁文书范围仅包括仲裁裁决书，而案外人可就仲裁裁决书及调解书申请法院不予执行。

五、其他思考

案外人对仲裁裁决的执行是否有权提起执行异议之诉。

《民事诉讼法》第 234 条规定：执行过程中，案外人对执行标的提出书面异议的，人民法院应当自收到书面异议之日起 15 日内审查，理由成立的，裁定中止对该标的的执行；理由不成立的，裁定驳回。案外人、当事人对裁定不服，认为原判决、裁定错误的，依

照审判监督程序办理;与原判决、裁定无关的,可以自裁定送达之日起 15 日内向人民法院提起诉讼。

对仲裁裁决的执行,案外人能否提起执行异议之诉,首先应当明确条文中的“原判决、裁定”是否包括“仲裁裁决”。有观点认为,“原判决、裁定”不包括“仲裁裁决”,理由是仲裁裁决不存在审判监督的程序问题。本书认为,我国设立案外人执行异议之诉制度是为了案外人权利的救济,针对的是整个执行程序,而仲裁裁决的执行当然属于民事执行的范畴,“原判决、裁定”应包括“仲裁裁决”。

针对此问题,最高人民法院的相关判例也给出了答案。最高人民法院在(2018)最高法民申 2419 号民事裁定书(案外人陆某啸与被申请人海南博兴投资咨询有限公司、原审第三人海南东兰投资有限公司案外人执行异议之诉一案)中认为,根据《民事诉讼法》第 234 条、《民事诉讼法司法解释》)第 304 条的有关规定,执行异议之诉作为一项执行救济制度,目的在于阻止、排除对特定标的的执行,其指向的特定标的物应系法院在执行过程中审查认定属于被执行人的标的物,而非执行依据中确定执行的标的物,不涉及执行依据本身的对错问题。因此,《民事诉讼法司法解释》第 304 条第 1 款第 2 项规定的提起执行异议之诉的条件,即“有明确的排除对执行标的执行的诉讼请求,且诉讼请求与原判决、裁定无关”中,“原判决、裁定”宜解释为包括仲裁机构发生法律效力的、依法应当由法院执行的裁决书、调解书等在内的法律文书。

根据《仲裁裁决执行规定》第 18 条的规定,违反社会公共利益不属于案外人申请不予执行仲裁裁决的理由。

第三节　先予执行仲裁裁决

一、先予执行的司法实践

2017 年湛江仲裁委员会湛江国际仲裁院(以下简称“湛江仲裁院”)创造了先予仲裁的方式来解决催收问题,在其官方介绍中将先予仲裁称为“无争议同时仲裁”。就其具体操作而言,是通过互联网借款的双方当事人在签订借款合同时,如果选择通过湛江仲裁院的仲裁来作为纠纷解决方式的,湛江仲裁院就会同步就借款人不还款的情形进行提前仲裁,并根据当事人要求出具裁决书或者调解书,从而使得借款方一旦不还款,作为债权人的贷款方就可凭借湛江仲裁院事先出具的裁决文书向法院申请强制执行。应该说,湛江仲裁院这种“先予仲裁”机制的创建,一定程度上确实省去了事后维权的麻烦,符合商事仲裁高效便捷的特点,但是其在借款方权利保护层面明显存在缺陷。就此，厦门市中级人民法院2018年在其官方微信发布《厦门中院对“先予仲裁”执行说不！》一文，明确认定这类先予仲裁所形成的裁决文书是无效的，并表达了如下几点意见：其一，有争议才有纠纷解决，这是诉的基本构成要素，所以说执行程序如果将上述先予仲裁的裁决文书加以认定，则违背了正当程序的要求；其二，先予仲裁事实上就是公证的债权文书，湛江仲裁院所创造的先予仲裁模式，本质上所行使的是公证机关的职权，并不属于《仲裁法》所规定的“仲裁”，不仅不是仲裁功能的实现方式，还属于对仲裁的颠覆。对此，湛江仲裁院予以明确回应，指出互联网仲裁根据当事人意思自治，通过调解在先、约定在先、解决在先的办法来防“变”，地方法院无权否认且无法律依据拒绝承认。这场争论最终迫使广东省高级人民法院向最高人民法院提交《关于“先予仲裁”裁决应否立案执行的请示》（粤高法〔2018〕99号），最高人民法院以《仲裁法》第2条规定的仲裁机构可以仲裁的是平等主体之间已经发生的合同纠纷和其他财产权益纠纷为由否定了先予仲裁裁决文书的效力。

二、最高人民法院对先予执行的观点

最高人民法院《关于仲裁机构“先予仲裁”裁决或者调解书立案、执行等法律适用问题的批复》（法释〔2018〕10号）：

广东省高级人民法院：

你院《关于“先予仲裁”裁决应否立案执行的请示》（粤高法〔2018〕99号）收悉。经研究，批复如下：

当事人申请人民法院执行仲裁机构根据《仲裁法》作出的仲裁裁决或者调解书，人民法院经审查，符合《民事诉讼法》《仲裁法》相关规定的，应当依法及时受理，立案执行。但是，根据《仲裁法》第2条的规定，仲裁机构可以仲裁的是当事人间已经发生的合同纠纷和其他财产权益纠纷。因此，网络借贷合同当事人申请执行仲裁机构在纠纷发生前作出的仲裁裁决或者调解书的，人民法院应当裁定不予受理；已经受理的，裁定驳回执行申请。

你院请示中提出的下列情形，应当认定为《民事诉讼法》第237条[①]第2款第3项规定的“仲裁庭的组成或者仲裁的程序违反法定程序”的情形：

（1）仲裁机构未依照《仲裁法》规定的程序审理纠纷或者主持调解，径行根据网络借贷合同当事人在纠纷发生前签订的和解或者调解协议作出仲裁裁决、仲裁调解书的；

（2）仲裁机构在仲裁过程中未保障当事人申请仲裁员回避、提供证据、答辩等《仲裁法》规定的基本程序权利的。

---

① 2022年《民事诉讼法》第244条。

前款规定情形中，网络借贷合同当事人以约定弃权条款为由，主张仲裁程序未违反法定程序的，人民法院不予支持。

人民法院办理其他合同纠纷、财产权益纠纷仲裁裁决或者调解书执行立案，适用本批复。

此复。

第四节　执行异议和执行异议之诉

一、执行异议

人民法院在执行程序中可采取强制措施，对被执行人的财产予以处置。若当事人、利害关系人认为执行行为违反法律规定，或案外人认为其对执行标的享有排除执行的所有权或者其他实体权利的，可以向人民法院提出执行异议。

二、执行异议法律规范

1.《民事诉讼法》

第232条　当事人、利害关系人认为执行行为违反法律规定的，可以向负责执行的人民法院提出书面异议。当事人、利害关系人提出书面异议的，人民法院应当自收到书面异议之日起十五日内审查，理由成立的，裁定撤销或者改正；理由不成立的，裁定驳回。当事人、利害关系人对裁定不服的，可以自裁定送达之日起十日内向上一级人民法院申请复议。

第234条　执行过程中，案外人对执行标的提出书面异议的，人民法院应当自收到书面异议之日起十五日内审查，理由成立的，裁定中止对该标的的执行；理由不成立的，裁定驳回。案外人、当事人对裁定不服，认为原判决、裁定错误的，依照审判监督程序办理；与原判决、裁定无关的，可以自裁定送达之日起十五日内向人民法院提起诉讼。

2. 最高人民法院《关于适用〈中华人民共和国民事诉讼法〉执行程序若干问题的解释》

第15条　案外人异议审查期间，人民法院不得对执行标的进行处分。

案外人向人民法院提供充分、有效的担保请求解除对异议标的的查封、扣押、冻结的，人民法院可以准许；申请执行人提供充分、有效的担保请求继续执行的，应当继续执行。

因案外人提供担保解除查封、扣押、冻结有错误，致使该标的无法执行的，人民法院可以直接执行担保财产；申请执行人提供担保请求继续执行有错误，给对方造成损失的，应当予以赔偿。

第16条 案外人执行异议之诉审理期间，人民法院不得对执行标的进行处分。申请执行人请求人民法院继续执行并提供相应担保的，人民法院可以准许。

案外人请求解除查封、扣押、冻结或者申请执行人请求继续执行有错误，给对方造成损失的，应当予以赔偿。

3. 最高人民法院《关于人民法院办理执行异议和复议案件若干问题的规定》

第1条 异议人提出执行异议或者复议申请人申请复议，应当向人民法院提交申请书。申请书应当载明具体的异议或者复议请求、事实、理由等内容，并附下列材料：(1)异议人或者复议申请人的身份证明；(2)相关证据材料；(3)送达地址和联系方式。

第5条 有下列情形之一的，当事人以外的自然人、法人和非法人组织，可以作为利害关系人提出执行行为异议：(1)认为人民法院的执行行为违法，妨碍其轮候查封、扣押、冻结的债权受偿的；(2)认为人民法院的拍卖措施违法，妨碍其参与公平竞价的；(3)认为人民法院的拍卖、变卖或者以物抵债措施违法，侵害其对执行标的的优先购买权的；(4)认为人民法院要求协助执行的事项超出其协助范围或者违反法律规定的；(5)认为其他合法权益受到人民法院违法执行行为侵害的。

第24条 对案外人提出的排除执行异议，人民法院应当审查下列内容：(1)案外人是否系权利人；(2)该权利的合法性与真实性；(3)该权利能否排除执行。

第25条 对案外人的异议，人民法院应当按照下列标准判断其是否系权利人：(1)已登记的不动产，按照不动产登记簿判断；未登记的建筑物、构筑物及其附属设施，按照土地使用权登记簿、建设工程规划许可、施工许可等相关证据判断。(2)已登记的机动车、船舶、航空器等特定动产，按照相关管理部门的登记判断；未登记的特定动产和其他动产，按照实际占有情况判断。(3)银行存款和存管在金融机构的有价证券，按照金融机构和登记结算机构登记的账户名称判断；有价证券由具备合法经营资质的托管机构名义持有的，按照该机构登记的实际出资人账户名称判断。(4)股权按照工商行政管理机关的登记和企业信用信息公示系统公示的信息判断。(5)其他财产和权利，有登记的，按照登记机构的登记判断；无登记的，按照合同等证明财产权属或者权利人的证据判断。

案外人依据另案生效法律文书提出排除执行异议，该法律文书认定的执行标的权利人与依照前款规定得出的判断不一致的，依照本规定第26条规定处理。

第29条 金钱债权执行中，买受人对登记在被执行的房地产开发企业名下的商品房提出异议，符合下列情形且其权利能够排除执行的，人民法院应予支持：

(1)在人民法院查封之前已签订合法有效的书面买卖合同；(2)所购商品房系用于

居住且买受人名下无其他用于居住的房屋;(3)已支付的价款超过合同约定总价款的50%。

4.《民事诉讼法司法解释》

第303条　案外人提起执行异议之诉,除符合《民事诉讼法》第122条的规定外,还应当具备下列条件:(1)案外人的执行异议申请已经被人民法院裁定驳回;(2)有明确的排除对执行标的执行的诉讼请求,且诉讼请求与原判决、裁定无关;(3)自执行异议裁定送达之日起15日内提起。

人民法院应当在收到起诉状之日起15日内决定是否立案。

第304条　申请执行人提起执行异议之诉,除符合《民事诉讼法》第122条的规定外,还应当具备下列条件:(1)依案外人执行异议申请,人民法院裁定中止执行;(2)有明确的对执行标的继续执行的诉讼请求,且诉讼请求与原判决、裁定无关;(3)自执行异议裁定送达之日起15日内提起。

人民法院应当在收到起诉状之日起15日内决定是否立案。

第305条　案外人提起执行异议之诉的,以申请执行人为被告。被执行人反对案外人异议的,被执行人为共同被告;被执行人不反对案外人异议的,可以列被执行人为第三人。

第306条　申请执行人提起执行异议之诉的,以案外人为被告。被执行人反对申请执行人主张的,以案外人和被执行人为共同被告;被执行人不反对申请执行人主张的,可以列被执行人为第三人。

三、执行异议提出

1.提出执行异议的主体

当事人、利害关系人、案外人均可以。

2.提出执行异议的事由

执行过程中或者执行保全中法院的违法执行行为。

3.提出执行异议的形式与材料

书面形式。

执行异议申请书、证据材料、送达地址和联系方式。

4.提出执行异议的时间

当事人、利害关系人依照《民事诉讼法》第232条规定提出异议的,应当在执行程序终结之前提出,但对终结执行措施提出异议的除外。

案外人依照《民事诉讼法》第234条规定提出异议的,应当在异议指向的执行标的执行终结之前提出;执行标的由当事人受让的,应当在执行程序终结之前提出。

5. 执行异议的受理与救济

执行异议符合《民事诉讼法》第232条或者第234条规定条件的,人民法院应当在3日内立案,并在立案后3日内通知异议人和相关当事人。不符合受理条件的,裁定不予受理;立案后发现不符合受理条件的,裁定驳回申请。

执行异议申请材料不齐备的,人民法院应当一次性告知异议人在3日内补足,逾期未补足的,不予受理。

异议人对不予受理或者驳回申请裁定不服的,可以自裁定送达之日起10日内向上一级人民法院申请复议。上一级人民法院审查后认为符合受理条件的,应当裁定撤销原裁定,指令执行法院立案或者对执行异议进行审查。

四、执行异议之诉

1. 提起执行异议之诉的当事人

案外人、当事人均可提起。

2. 提起执行异议之诉的条件

案外人、当事人提起主体不同,具体要求也不同。详见《民事诉讼法司法解释》第304条至第307条。

3. 执行异议之诉的目的

(1)申请人:对执行标的继续执行;

(2)被执行人:中止执行;

(3)案外人:对执行标的主张实体权利,请求对执行标的停止执行。

4. 提起执行异议之诉的期限

驳回执行异议裁定送达之日起15日内。

5. 管辖与处理

(1)执行法院管辖。

(2)按照普通程序审理。

(3)执行异议之诉的判决与普通民事判决一样,可以上诉。

6. 执行标的被查封、扣押、冻结前作出的另案生效法律文书与排除执行异议的关系

金钱债权执行中,案外人依据执行标的被查封、扣押、冻结前作出的另案生效法律文书提出排除执行异议,人民法院应当按照下列情形,分别处理:

(1)该法律文书系就案外人与被执行人之间的权属纠纷以及租赁、借用、保管等不以转移财产权属为目的的合同纠纷,判决、裁决执行标的归属于案外人或者向其返还执行标的且其权利能够排除执行的,应予支持。

(2)该法律文书系就案外人与被执行人之间除前项所列合同之外的债权纠纷,判

决、裁决执行标的归属于案外人或者向其交付、返还执行标的的,不予支持。

(3)该法律文书系案外人受让执行标的的拍卖、变卖成交裁定或者以物抵债裁定且其权利能够排除执行的,应予支持。

金钱债权执行中,案外人依据执行标的被查封、扣押、冻结后作出的另案生效法律文书提出排除执行异议的,人民法院不予支持。

非金钱债权执行中,案外人依据另案生效法律文书提出排除执行异议,该法律文书对执行标的权属作出不同认定的,人民法院应当告知案外人依法申请再审或者通过其他程序解决。

申请执行人或者案外人不服人民法院依照本条第1款、第2款规定作出的裁定,可以依照《民事诉讼法》第234条规定提起执行异议之诉。

第五节 执行措施和迟延履行金

一、法院强制执行的方法和手段

1. 查询、冻结、划拨被执行人的存款

人民法院采取查询、冻结、划拨措施时,可直接向银行营业所、储蓄所及信用合作社提出,无须经其上级主管单位同意。

2. 扣留、提取被执行人的收入

人民法院扣留、提取被执行人收入时,应当作出裁定,并发出协助执行通知书,被执行人所在单位、银行、信用合作社和其他有储蓄业务的单位必须办理。

3. 查封、扣押、拍卖、变卖被申请执行人的财产

被执行人未按执行通知履行义务,人民法院有权查封、扣押、拍卖、变卖被申请执行人应当履行义务部分的财产。

4. 搜查被执行人隐匿的财产

被执行人不履行法律文书确定的义务,并隐匿财产的,人民法院有权发出搜查令,对被执行人及其住所或者财产隐匿地进行搜查。在搜查中,如发现有应依法查封或者扣押的财产时,执行人员应当依照《民事诉讼法》的规定查封、扣押。如果来不及制作查封、扣押裁定的,可先行查封、扣押,然后在48小时内补办。

5. 强制被执行人交付法律文书指定交付的财物或者单据

人民法院的判决书、裁定书、调解书以及应由法院执行的其他法律文书指定一方当事人交付财物或者票证的,执行人员应传唤双方当事人到庭或到指定场所,由被执行人

将法律文书交付的财物或票证直接交付申请执行人签收。

6. 强制被执行人迁出房屋或者退出土地

这是人民法院执行机构强制搬迁被执行人在房屋内或特定土地上的财物,腾出房屋或土地,交给申请执行人的一种执行措施。

7. 强制执行法律文书指定的行为

这是一种特殊的强制措施,由人民法院执行人员按照法律文书的规定,强制被申请执行人完成指定的行为。

8. 强制加倍支付迟延履行期间的债务利息和支付迟延履行金

人民法院依照《民事诉讼法》第220条发出的执行通知,除责令被执行人履行法律文书确定的义务外,还应通知其交纳迟延履行期间的债务利息或者迟延履行金。

9. 强制办理有关财产权证照转移手续

在执行中,需要办理有关财产权证照转移手续的,人民法院可以向有关单位发出协助执行通知书,有关单位必须办理。

二、迟延履行金、迟延履行利息

1. 被执行人未按生效裁决文书指定的期间履行给付金钱义务的,应当加倍支付迟延履行期间的债务利息。

2. 被执行人未按仲裁文书指定的期间履行其他义务的,应当支付迟延履行金。无论是否已给申请执行人造成损失,都应当支付迟延履行金。

已经造成损失的,双倍补偿申请执行人已经受到的损失;

没有造成损失的,迟延履行金可以由人民法院根据具体案件情况决定。

3. 起算:被执行人未按仲裁文书指定的期间履行非金钱给付义务的,从指定的履行期间届满之日起计算。

4. 迟延履行期间的债务利息计算。

包括迟延履行期间的一般债务利息和加倍部分债务利息。

一般债务利息:根据生效法律文书确定的方法计算;生效法律文书未确定给付该利息的,不予计算。

加倍部分债务利息的计算方法为:

2014年7月31日之前,同期银行贷款利率的2倍;

2014年8月1日起,加倍部分债务利息 = 债务人尚未清偿的生效法律文书确定的除一般债务利息之外的金钱债务 × 日万分之一点七五 × 迟延履行期间。

5. 清偿顺序。

被执行人的财产不足以清偿全部债务的,除当事人另有约定外,应当先清偿生效法律文书确定的金钱债务，再清偿加倍部分债务利息。

第六节 执行程序中的其他特殊情形

一、中止执行

中止执行相关法律规范：

《仲裁法》第 64 条第 1 款规定，一方当事人申请执行裁决，另一方当事人申请撤销裁决的，人民法院应当裁定中止执行。

《民事诉讼法》第 263 条规定，有下列情形之一的，人民法院应当裁定中止执行：(1)申请人表示可以延期执行的；(2)案外人对执行标的提出确有理由的异议的；(3)作为一方当事人的公民死亡，需要等待继承人继承权利或者承担义务的；(4)作为一方当事人的法人或者其他组织终止，尚未确定权利义务承受人的；(5)人民法院认为应当中止执行的其他情形。

中止的情形消失后，恢复执行。

被执行人申请撤销仲裁裁决已由人民法院受理的，或者被执行人、案外人对仲裁裁决执行案件提出不予执行申请并提供适当担保的，执行法院应当裁定中止执行。中止执行期间，人民法院应当停止处分性措施，但申请执行人提供充分、有效的担保请求继续执行的除外；执行标的查封、扣押、冻结期限届满前，人民法院可以根据当事人申请或者依职权办理续行查封、扣押、冻结手续。

二、执行程序中的特殊情形——标的物灭失

交付的特定物毁损灭失的，依照《民事诉讼法司法解释》第 494 条的规定处理。

第 492 条：执行标的物为特定物的，应当执行原物。原物确已毁损或者灭失的，经双方当事人同意，可以折价赔偿。双方当事人对折价赔偿不能协商一致的，人民法院应当终结执行程序。申请执行人可以另行起诉。

三、执行不能后转破产

被执行人为企业法人，且被执行人不能清偿到期债务，并且资产不足以清偿全部债务或者明显缺乏清偿能力，为公平清偿债权，可以将执行案件移送破产。

第七章　仲裁第三人制度

仲裁第三人属于广义的仲裁协议效力扩张，亦即合同相对性的例外，本质上解决的是具有实体法权益牵连关系的多方主体能否通过仲裁一次性解纷的问题。根据《仲裁法》的规定，仲裁处理的是民事主体之间的合同纠纷和其他财产权益纠纷。申请仲裁的前提是当事人之间有仲裁协议。因此，是否为仲裁协议的当事人，是民事主体能否参加仲裁的条件。仲裁协议作为启动仲裁程序的前置条件，现行《仲裁法》的确不承认第三人的存在。然而现实中，仲裁处理的合同纠纷和财产类权益纠纷案件，是完全可能存在"第三人"情形的，如旅游合同纠纷中旅游辅助服务者造成旅游者财产或者人身损害导致旅游经营者出现违约情形。简单地以《仲裁法》不承认第三人为由，无视第三人情形的存在，这样做不仅对案件不够负责，仲裁裁决也会产生不好的社会效果，甚至会影响仲裁公信力。为此，很多地方在实践中探索了案外人加入仲裁程序。为回应司法实践的需求，2021 年 7 月《仲裁法(修订)(征求意见稿)》对第三人权益保护问题作了一定的探索。

第一节　仲裁第三人概述

一、仲裁第三人

一般认为，所谓仲裁第三人指因与仲裁案件存在利害关系，而加入到仲裁程序中的非仲裁协议初始签字方。这一界定表明，仲裁第三人具有形式和实体两大显著特征。形式特征上，仲裁第三人不是仲裁协议的初始签字方；实体特征上，仲裁第三人与仲裁案件有利害关系。本书认为，仲裁第三人是指针对特定的民商事仲裁案件，和仲裁当事人之间就该案件未提前签订仲裁协议但与案件的处理结果有法律上的利害关系，在仲裁程序开始后、尚未作出裁决前，为保障其利益或仲裁程序顺利进行，由当事人主动申请要求其加入仲裁程序并经仲裁庭和第三人本人同意，或仲裁庭主动追加其加入仲裁程序并经双方当事人和第三人本人同意，又或其主动申请加入仲裁程序，并获得双方当事人和仲裁庭的一致同意而参加到仲裁程序中的地位平等的自然人、法人或其他组织。

二、仲裁第三人与诉讼第三人

我国《仲裁法》未对第三人制度加以规定，而在仲裁当事人的变更方面，根据《仲裁法司法解释》和《全国法院民商事审判工作会议纪要》的规定，可知有三种仲裁协议效力扩张的情形，即继受、转让、代位。若要变更仲裁当事人，需要在某些法律规定的特定情形下才能得以实现。因此，不管是从内容还是形式来说，继受、转让、代位都不属于本书所说的“第三人”情形。

民事诉讼中设立了第三人制度。在民事诉讼中,第三人分为有独立请求权的第三人和无独立请求权的第三人。有独立请求权的第三人“有权提起诉讼”,无独立请求权的第三人“可以申请参加诉讼,或者由人民法院通知他参加诉讼”。诉讼第三人和仲裁第三人的概念不能相互混淆,二者区别在于解决争议的机构能否主动追加其为第三人。法院作为国家司法机关,在法定情形下,可以主动追加利害关系人为第三人,使其参加诉讼,无须征得该第三人的同意。但是,仲裁机构基于当事人之间形成的合意才展开仲裁活动,基本原则为意思自治原则。因此,仲裁庭未经当事人或第三人申请,不得主动追加其为第三人。

三、仲裁第三人立法演变

我国《仲裁法》于 1994 年制定颁布,1995 年正式实施,在立法之初并未包含仲裁第三人的相关制度内容。通过十余年的实践发展,学术界关于仲裁第三人的理论呼声越来越高,多家仲裁机构也已开展了积极尝试,仲裁第三人入法的必要性和合理性引起了最高人民法院的重视,也成为最高人民法院制定仲裁法司法解释的重要议题。反观我国制定《仲裁法司法解释》的整个过程,自 2004 年公布征求意见稿直至 2006 年正式颁布实施《仲裁法司法解释》,体现了最高人民法院对于仲裁第三人入法的积极尝试和态度转变——最高人民法院试图对仲裁第三人问题有所创新,但最终步伐很小,仅包含了第 8 条、第 9 条两个条文,只是部分地接受了仲裁协议扩张理论,明确了签订仲裁协议后,当事人进行合并、分立、债权债务转让等情形的,对其继受人、继承人、受让人仲裁协议同样有效。虽然最终版本对仲裁第三人制度并未过多涉及,但该征求意见稿对于仲裁第三人制度立法所进行的多项尝试,对于更加快速、高效地解决当事人之间存在一定联系的纠纷具有重要参考价值,也是我们研究仲裁第三人制度不可缺少的内容。

2021 年 7 月《仲裁法(修订)(征求意见稿)》对第三人权益保护问题作了一定的探索。该征求意见稿对仲裁协议的主体范围作了扩张,其中第 24 条就主从合同的仲裁协议约束范围、约定内容冲突解决等方面作了规定,第 25 条对公司派生诉讼中的仲裁条款约束范围作了规定,即股东提起派生诉讼的,根据公司、合伙企业与对方当事人签订的仲裁协议确定管辖。

第 85 条作了向外的扩张性规定,即“案外人有证据证明裁决的部分或者全部内容错误,损害其民事权益的,可以依法对当事人提起诉讼。案外人起诉且提供有效担保的,该裁决中止执行。裁决执行的恢复或者终结,由人民法院根据诉讼结果裁定”。

四、仲裁第三人制度构建的理论争议与现实需要

在理论层面,对仲裁属性的不同理解将导致对仲裁第三人准入制度的不同态度。反对构建仲裁第三人制度的理由,主要为仲裁第三人制度将丧失仲裁的保密性、经济性,违背仲裁的契约性,且可能会产生仲裁诉讼化的不利后果;赞成构建仲裁第三人制度的理由,主要为意思自治应当受到合理限制、实体法权益有牵连关系多方主体时应当突破合同相对性、设立第三人制度便于一次性解决纠纷,节约时间和金钱成本,大大提升了仲裁效率。理论争议集中于应否在仲裁中设置第三人制度以使更多第三人加入仲裁程序。大部分支持论者持效力扩张说,认为随着社会生活的逐渐多样化、复杂化,合同越来越多地涉及第三人,合同相对性的突破使得仲裁协议效力也应在约束范围层面突破签署双方当事人。以效率、公平为最终价值导向的仲裁制度,应当在仲裁协议效力确定上吸收合同相对性的例外,允许仲裁协议牵连方成为第三人加入仲裁程序。这不仅可以减少牵连方另行仲裁或另行诉讼的成本,还有利于消除矛盾纠纷的解决。

从最初的《仲裁法》及相关司法解释未曾将仲裁第三人制度纳入立法,到今天部分发达地方的仲裁委员会已将仲裁第三人纳入仲裁规则中,并充分考虑到当事人意思自治原则,同时有部分学者主张仲裁第三人制度的设立,这充分体现了对仲裁第三人制度积极的探索是适应商事仲裁发展的市场需求的应有之义。顺应经济发展新形势,适应经济社会多元化的纠纷解决需求,引入仲裁第三人制度,充分保障第三人和当事人的权益,注重矛盾化解,降低经济成本,凸显仲裁"定分止争"优势,以达到和谐社会的效果。

20 世纪以后现代法律发展的重心已从个人本位向社会本位转变,意思自治固然是仲裁制度中不可替代的、最基本的一项原则,但是当意思自治涉及的是他人的合法权益时,意思自治就必然要为社会利益、他人的合法利益让位。第三人制度的引入并非将无关紧要的第三人纳入仲裁程序,进而影响仲裁程序的进行,而是通过将对仲裁裁决的公正性起到重大影响的第三人引入仲裁程序,让仲裁庭更加高效地查清案件事实,实现真正意义上的高效与公正,也可避免矛盾裁决或判决所引发的社会对仲裁制度信任滑坡。

一个制度的产生必定是顺应时代的要求,当实践中出现了现有制度无法解决的问题时,新的制度就应运而生。构建仲裁第三人制度是因为实践中越来越多的问题出现,商事关系日趋复杂,同一个商事关系中可能有多方当事人参与,但是仲裁协议只能约束签署方,而仲裁程序需要多方参与才能厘清事实,将游离于仲裁协议之外的当事人纳入仲裁程序中来,有利于快速解决纠纷,减少诉累。我国现有的仲裁制度无法走出第三人的困境,所以需要建立一个新的仲裁第三人制度来实现快速解决纠纷的目的,节约社会资源，这不仅是实践的需要，同时顺应了时代的发展趋势。本书认为，我们应当立足于仲裁制度的本质去讨论建立制度的合理性，构建仲裁第三人制度是顺应时代需求的必然选择，而仲裁案件中应否加入第三人也应结合个案的需求与特殊性依据第三人标准进行价值判断。

第二节　仲裁规则与仲裁程序中的第三人

一、仲裁程序中的第三人

仲裁第三人实际是针对案外第三人在进入仲裁程序之前的称谓，在第三人加入仲裁程序后，仲裁第三人从案外人转化成为案中当事人，直接以当事人的身份参加仲裁。

虽然《仲裁法》排斥第三人制度，但依旧有少数仲裁机构通过仲裁规则有条件地引入第三人制度，试图突破立法层面和司法实践对第三人的保守与束缚。上海国际经济贸易仲裁委员会《中国(上海)自由贸易试验区仲裁规则》第 38 条已经认可“案外人”地位允许其加入仲裁，该制度已经具有了第三人制度的雏形，但并未使用“第三人”而是用了“案外人”一词来替代。

广州仲裁委员会《中国广州仲裁委员会仲裁规则》第 23 条、第 24 条已经引入了相对完备的第三人制度，同上海国际经济贸易仲裁委员会一致，使用了“案外人”概念来代替“第三人”，以规避仲裁法的规定。

相对于《中国(上海)自由贸易区仲裁规则》，《广州仲裁委员会仲裁规划》的规定更加细致，其参考《民事诉讼法》中的第三人制度设计出了同一仲裁协议中的案外人(有独立请求权第三人)和无仲裁协议的案外人(无独立请求权第三人)，不得不说这是我国仲裁规则制度设计上的一大突破。

二、部分仲裁规则有关案外第三人的规定

《中国(上海)自由贸易试验区仲裁规则》

第 38 条　案外人加入仲裁程序

在仲裁程序中，双方当事人可经案外人同意后，书面申请增加其为仲裁当事人，案外人也可经双方当事人同意后书面申请作为仲裁当事人。案外人加入仲裁的申请是否同意，由仲裁庭决定；仲裁庭尚未组成的，由秘书处决定。

《北京仲裁委员会仲裁规则》

第 14 条　追加当事人

(1)仲裁庭组成前,经本会同意,当事人可以依据相同仲裁协议在案件中申请追加当事人。

(2)申请追加当事人应当提交追加当事人申请书,申请书的内容及受理、答辩等事项,参照本规则第 7 条、第 9 条至第 11 条的规定办理。

(3)仲裁庭组成后,除非申请人、被申请人及被追加的当事人均同意,否则不再接受追加当事人的申请。

《深圳国际仲裁院仲裁规则》

第 20 条　追加当事人

(1)已经进入仲裁程序的任何一方当事人可以依据相同仲裁协议书面申请追加当事人。是否接受,由仲裁庭作出决定;仲裁庭尚未组成的,由仲裁院作出决定。

(2)经当事人和案外人一致同意后,案外人可以书面申请加入仲裁程序。是否接受,由仲裁庭作出决定;仲裁庭尚未组成的,由仲裁院作出决定。

(3)仲裁庭尚未组成,仲裁院接受追加当事人请求的,各方当事人应按照本规则第 28 条至第 31 条的规定指定仲裁员组成仲裁庭,其所规定的期限从同意追加当事人的决定送达之日起算。仲裁庭已组成,仲裁庭接受追加当事人请求的,由仲裁庭继续审理。任何未参与仲裁庭组成程序的当事人视为放弃此项权利,但不影响该当事人根据本规则第 33 条的规定申请仲裁员回避的权利。

第 48 条　仲裁庭主持的调解

(1)如果各方当事人有调解意愿,仲裁庭可以在仲裁程序中主持调解。当事人同意由仲裁庭调解的,主持调解的仲裁员在其后的仲裁程序中可以继续履行仲裁员职责,除非当事人另有约定或者适用法律另有规定。

(2)仲裁庭可以按照其认为适当的方式进行调解。经征得当事人同意,调解可以由仲裁庭全部或部分成员主持。

(3)一方当事人申请案外人参加调解,所有当事人以及该案外人书面同意的,仲裁庭可以通知案外人参加调解。

(4)在调解过程中,任何一方当事人提出终止调解或仲裁庭认为已无调解成功的可能时,应停止调解。

(5)当事人经调解达成和解的,可以撤回仲裁请求或反请求,也可以请求仲裁庭依照和解协议的内容作出裁决书或调解书。

(6)如果调解不成功,任何一方当事人均不得在其后的仲裁程序、司法程序或其他任何程序中援引当事人、仲裁员在调解过程中的任何陈述、意见、观点、建议或主张作为支持其请求、答辩或反请求的依据。

《哈尔滨仲裁委员会仲裁规则》

第 19 条　非同一仲裁协议的案外人加入仲裁程序

(1)案外人加入仲裁程序成为共同申请人、共同被申请人的,须经案外人、双方当事人一致同意并达成仲裁协议,且该案外人认可已进行的仲裁程序,是否追加,由本会或者本会授权仲裁庭决定。

(2)案外人拒绝加入仲裁程序的,仲裁庭认为案件不具备基本裁决条件,可以建议申请人撤回申请;申请人不同意撤回申请的,可以裁决驳回仲裁申请;当事人一方或双方主张解除仲裁协议的,应当裁决解除仲裁协议。

《重庆仲裁委员会仲裁规则》

第 23 条　同一仲裁协议的案外人申请成为共同申请人的,须经申请人同意。是否接受,仲裁庭组成前由本会决定,仲裁庭组成后由仲裁庭决定。

申请人申请追加同一仲裁协议的案外人为共同被申请人的,是否接受,仲裁庭组成前由本会决定,仲裁庭组成后由仲裁庭决定。

申请追加当事人应当提交追加当事人申请书。申请书的内容及受理、答辩等事项,参照本规则第 13 条、第 14 条、第 15 条、第 18 条、第 19 条的规定办理。

《太原仲裁委员会仲裁规则》(2021 年版)

第 23 条　案外人加入仲裁程序

(1)同一仲裁协议的案外人申请成为共同申请人的,须经申请人同意。是否准许,仲裁庭组成前由本会决定,仲裁庭组成后由仲裁庭决定。

(2)当事人申请追加同一仲裁协议的案外人为共同被申请人的,是否准许,仲裁庭组成前由本会决定,仲裁庭组成后由仲裁庭决定。

(3)存在仲裁反请求的案件中,案外人加入仲裁反请求程序适用本条第(1)款、第(2)款的规定。

(4)无仲裁协议的案外人加入仲裁程序成为当事人的,应当经案外人及各方当事人一致同意,达成仲裁协议。是否准许,仲裁庭组成前由本会决定,仲裁庭组成后由仲裁庭决定。

(5)仲裁庭在审理过程中发现案件处理结果可能涉及案外人权益的,可以通知案外人。案外人申请加入仲裁程序的,参照适用本条第(1)款或者第(4)款的规定处理;案外人没有在仲裁庭规定期限内书面申请加入的,仲裁程序继续进行。

(6)本会决定接受案外人加入仲裁程序的,仲裁庭的组成按照本规则第四章的规定进行。仲裁庭决定接受案外人加入仲裁程序的,由仲裁庭继续审理。

(7)当事人申请追加案外人或者案外人申请加入仲裁程序,应当以书面形式提出。

申请书应包含现有仲裁案件的案号,包括案外人在内的所有当事人的名称、住所、住址及联系方式,所依据的仲裁协议事实和理由以及仲裁请求。当事人在提交申请书时,应附有其申请所依据的证据材料以及其他证明文件。

三、案外第三人参加仲裁程序的途径

通过检索相关仲裁规则可知,在仲裁程序开启之后,仲裁案外第三人可以参与到仲裁程序中,仲裁规则有认可第三人自行申请加入仲裁程序的,也有认可仲裁庭依申请追加当事人的,但是归纳分析仲裁规则准许案外人参加仲裁程序应当具备四个核心要件:(1)第三人认可仲裁协议效力;(2)利益关联,即有仲裁争议案件涉及第三人的权利义务;(3)意思表示一致,原仲裁当事人同意第三人加入;(4)便于一次性解决纠纷,实体法权益牵连关系多方主体,共同参与仲裁程序有利于一次性解决纠纷。可见,第三人参加仲裁的前提是取得仲裁当事人同意并达成新的仲裁协议,实际上属于合并仲裁。

四、案外第三人参加仲裁程序的期限与权利保障

仲裁程序开始之后直至仲裁裁决作出之前,仲裁第三人都可以加入到仲裁程序中。主要原因是,仲裁第三人是非仲裁协议签订人,其本身无法独立启动一个仲裁程序,所以只能加入到已经开始的仲裁程序中。仲裁第三人制度旨在避免司法资源的浪费而在仲裁程序中解决交叉的纠纷,并非对错误仲裁结果的事后救济,因此仲裁第三人的加入必须要在仲裁程序结束前。所以,案外第三人参加仲裁程序应当在仲裁案件受理后裁决作出之前,一般应当在首次开庭之前。

第三人参与到仲裁程序中,原则上与仲裁当事人享有同等的权利义务。理论和实务界在主要程序性权利方面的争议为,仲裁第三人制度中仲裁员选任问题,第三人有无选定仲裁员的权利。由于现行仲裁庭设置分为合议制仲裁庭与独任制仲裁庭,根据《仲裁法》第31条的规定,适用合议庭的形式解决纠纷由当事人的约定确定,对于三名仲裁员的选定由双方当事人各自选定或委托仲裁委员会主任指定,首席仲裁员则由当事人双方共同选定或者共同委托仲裁委员会主任指定。而第三人的加入的确使仲裁员选定的相关法条难以适用,因此需要相应制度的设计,来解决该问题所带来的疑虑。

笔者认为,第三人在仲裁庭组成前加入的,与仲裁原有当事人一样享有选定仲裁员的权利;仲裁庭组成后,第三人加入既有仲裁程序视为对已然进行程序法律后果的认可,此时不再享有选定仲裁员的权利,如具有法定回避事由,第三人可以行使申请回避的权利。

五、仲裁程序结束后的第三人

仲裁程序结束后仲裁裁决即产生既判力，案外第三人若认为既有生效仲裁裁决侵犯了自身合法权益，应当依据最高人民法院《关于人民法院办理仲裁裁决执行案件若干问题的规定》提出案外人不予执行仲裁裁决的执行异议，由人民法院进行形式和实质审查。

第三节 仲裁第三人司法审查规则

一、否认仲裁第三人的司法实践

2013 年至 2019 年"中国裁判文书网"所刊载的关于"仲裁第三人"的裁判文书，在法院层级上涵盖了中级人民法院、高级人民法院、最高人民法院，这些法院对于仲裁中"第三人制度"大多持否定态度，如：最高人民法院（2013）民四终字第 46 号民事裁定书——该裁定直接以"仲裁之中没有第三人制度"为由否认第三人加入到仲裁之中；四川省高级人民法院（2016）川执复 19 号执行裁定书——该裁定认为仲裁第三人制度违背契约相对性以及意思自治原则，且我国并无相关立法、司法实践，否认第三人参与到仲裁程序中；江苏省连云港市中级人民法院（2017）苏 07 民特 2 号民事裁定书——张某并非《借款合同》中仲裁条款的当事人，张某某与包某某之间的纠纷并不属于仲裁协议的范围。在张某某提出管辖权异议的情况下，仲裁庭追加其为第三人，并裁决张某某承担责任，构成超裁；湖南省长沙市中级人民法院（2019）湘 01 民特 125 号民事裁定书——该裁定以"我国仲裁制度未规定第三人"为由驳回当事人的撤销仲裁裁决申请。

呼和浩特市中级人民法院在（2021）内 01 民特 90 号民事裁定中认为，关于呼和浩特仲裁委员会未予追加案外人乾金达公司作为第三人是否属于《仲裁法》第 58 条第 1 款第 3 项规定的"违反法定程序"的情形。案外人乾金达公司并非案涉《钻探工程协议》的当事人，其与亚兴公司、中化地质勘查院并不受相同的仲裁协议所约束；且中化地质勘查院追加第三人的目的实质系证明付款条件未成就及其未构成违约，依照《呼和浩特仲裁委员会仲裁规则》第 51 条之规定，仲裁庭有权对证据进行认定。故呼和浩特仲裁委员会未予准许中化地质勘查院的追加第三人申请未违反《仲裁法》及《呼和浩特仲裁委员会仲裁规则》的相关规定。

二、认可仲裁第三人的司法实践

北京市第四中级人民法院(2019)京04民特596号民事裁定书认为,仲裁委员会是否受理格威公司提出的仲裁反请求,以及是否追加案外人余某为仲裁当事人,属于仲裁委员会行使仲裁权的范畴,并非人民法院审查仲裁案件程序的事项。法院没有禁止仲裁机构追加仲裁第三人,而是认为是否追加第三人的决定权在仲裁机构。仲裁机构可以根据各自的仲裁规则追加第三人。山东省日照市中级人民法院(2021)鲁11民特55号民事裁定书认为,仲裁委员会追加第三人系仲裁庭依法行使仲裁权的范畴,其没有追加第三人不符合违反法定程序的认定情形。广东省广州市中级人民法院(2021)粤01民特1145号民事裁定书认为,是否同意接受追加第三人的申请,属于仲裁庭有权决定事项,不属于法院审查范围。上海市第一中级人民法院(2019)沪01民特93号民事裁定书认为,仲裁法和仲裁规则均未对追加第三人作出规定,故追加第三人并非仲裁法定程序,是否追加第三人属于仲裁庭自主审查范畴。

三、仲裁司法审查中有关第三人制度的变化

制度设计应否认可仲裁第三人,实践中追加第三人需要结合个案进行价值判断,防止仲裁诉讼化。从仲裁实践变化和司法审查规则变化看,主流观点趋于认可仲裁第三人。赋予仲裁第三人参与仲裁程序的权利,并在仲裁程序中享有一定实体和程序权利以及必要的权利救济,是保障公民权利的具体体现,是维护仲裁公平正义、快速获得公正有效仲裁裁决结果的有效途径,同时是避免或减少仲裁作为纠纷解决机制固有缺陷带来不利影响的必要的有效措施之一。因为第三人是案件的利害关系人,如果将第三人排除在仲裁程序之外,就会对案件纠纷处理造成极大的影响。

仲裁第三人加入最终将转化为仲裁当事人,从"案外人"转换为"当事人"。仲裁程序中原则上不宜有第三人,否则在司法审查中仲裁裁决很容易因超裁或者程序违法被撤销,影响仲裁质量和公信力。主要是因为仲裁必须有仲裁协议,第三人如未签署仲裁协议,也不属于法定仲裁协议效力扩张的范围,参加仲裁程序于法无据。但是与案件审理结果有利害关系的案外人,通过签署协议、征得各方当事人一致同意进入并追认已经进行的仲裁程序,有利于纠纷的一次性解决,以实现当事人主义与仲裁经济的共赢。仲裁允许第三人加入,要恰当处理好仲裁与诉讼的制度区别,要遵循仲裁高效、便捷的价值理念,第三人加入的判断标准为:(1)第三人是否受仲裁约束;(2)当事人是否一致同意第三人加入;(3)实体法权益牵连关系的多方主体参与便于一次性解决纠纷。

仲裁建立在当事人意思自治的基础上,仲裁的基石不能随意地突破,否则对参与仲

裁的各方当事人不利。只有实现对仲裁案外人和仲裁第三人的权利和利益进行充分保护,才能从根本上增强仲裁裁决的公信力和权威性,我国的仲裁制度才能得以进一步优化,真正做到兼顾公平与效率,其高效解决纠纷、改善营商环境和促进经济发展的功能方可得以充分保证。

第八章　仲裁案件网络庭审实务

网络仲裁又称电子仲裁、在线仲裁、线上仲裁、网上仲裁、互联网仲裁等。想到信息技术和互联网的无限潜力,令人兴奋也令人不安。作为法律人,我们确实需要解放思想,因为我们正处于史无前例的机器智能大发展时代,机器的能力越来越强。对我们律师来说,谈到技术和互联网时,面临的挑战并不是把现有的工作方式自动化,其挑战在于创新,以过去做不到的方式来从事法律业务。2020 年伊始暴发的新冠肺炎疫情,使得网络开庭成为新型开庭方式的选择。未来需要律师亲自现身法院和仲裁委员会的情况会很少,而虚拟出席将会司空见惯,这也要求律师具备高超的发言和辩论技巧。

近年来互联网交易的拓展对在线纠纷解决提出了强烈需求,随着互联网仲裁案件持续增长,但互联网仲裁案件中当事人程序保障不足的情况较为突出,亟待规范调整。① 互联网仲裁,对律师而言,无疑是机遇和挑战并存。我们需要做的是对新技术的熟悉掌握而非畏惧,逐步开始适应"互联网 + 仲裁"网上平台的工作方式。互联网仲裁也是《仲裁法(修订)(征求意见稿)》的重要内容。

第一节　网络仲裁概述

一、网络仲裁

互联网仲裁是利用互联网等网络技术资源提供仲裁服务的争议解决方式。网络仲裁的实质在于仲裁活动通过互联网工具加以展开,属于仲裁活动的进行方式。与传统现场开展仲裁活动的方式不同,网络仲裁可以实现远程办案:当事人、代理律师、仲裁员可以身处不同地区借助网络环境处理案件,当事人通过网络环境订立仲裁协议、处理签名,律师在线立案、举证、质证,并通过电子化的方式认领仲裁裁决。

二、网络仲裁的优势

在线仲裁具有便捷、低成本的优势,在线参加仲裁活动,可以使仲裁参与者减少赶赴仲裁机构所耗费的时间和交通支出,改变了长途旅行和安排时间冲突的成本。

在线仲裁可以提升透明度和公平度。仲裁以不公开审理为原则,不像诉讼在"中国庭审网络公开网"中全程公开庭审过程,在线仲裁当事人可以直接参与到线上仲裁活动中,能够直接参与庭审并见证各方陈述意见与观点,全面认识案件争议。

---

① 摘自最高人民法院 2020 年 12 月 23 日发布的《中国仲裁司法审查年度报告(2019 年度)》。

在线仲裁虽然通过网络进行，但仍然遵循不公开原则。并且在线仲裁也有利于提高纠纷解决的智能化水平。

三、网络仲裁应遵循的原则

1. 公正高效原则。要严格依法开展在线仲裁活动，完善庭审流程，健全工作机制，加强技术保障，提高仲裁效率，保障仲裁公正。

2. 合法自愿原则。要尊重和保障当事人及其他仲裁参与人对仲裁方式的选择权，未经当事人及其他仲裁参与人同意，不得强制或者变相强制适用在线仲裁。

3. 权利保障原则。要充分保障当事人各项权利，强化提示、说明、告知义务，不得随意减少仲裁环节和减损当事人程序性权益。

4. 便民利民原则。要优化在线仲裁服务，完善仲裁网络平台功能，加强信息技术应用，降低当事人成本，提升纠纷解决效率。统筹兼顾不同群体仲裁需求，对未成年人、老年人、残障人士等特殊群体加强仲裁引导，提供相应仲裁便利。

5. 安全可靠和不公开原则。要依法维护国家安全，保护国家秘密、商业秘密、个人隐私和个人信息，有效保障在线仲裁数据信息安全和有效管控。规范技术应用，确保技术中立和平台中立。

四、网络在线仲裁程序

1. 当事人应订立有效的仲裁协议或者同意在线庭审

争议双方同意通过在线仲裁解决争议，是网络仲裁的前提。网络仲裁协议应当采取书面形式，包括但不限于：(1)当事人在纸质或者电子合同中订立的仲裁条款；(2)当事人在纠纷发生前或者纠纷发生后达成的纸质或者电子仲裁协议；(3)当事人同意通过网络服务协议的方式达成的电子仲裁条款；(4)当事人或者其授权主体运用电子签名或者通过点击、勾选等行为对仲裁协议进行认可的，视为签署了互联网仲裁协议；(5)互联网交易平台用户之间通过互联网交易平台提供的纠纷解决方式选定仲裁的，视为签署了互联网仲裁协议。

网络仲裁合同示范条款通常有以下两种。

示范条款一：因本合同引起的或与本合同有关的争议，应当提交××仲裁委员会，按申请仲裁时该会现行有效的网上仲裁规则进行仲裁。仲裁裁决是终局的，对各方具有约束力。

示范条款二：凡因本合同引起的或与本合同有关的任何争议，均应提交××仲裁委员会进行网络仲裁。各方同意仲裁文件按照如下电子送达地址进行送达：甲方电子邮箱：________，手机号码：________。乙方电子邮箱：________，手机号码：________。丙方电子邮箱：________，手机号码：________。如一方变更电子邮箱或者手机号码的，应当立即书面通知其他各方。

2. 网络仲裁的庭审程序

网络仲裁与线下仲裁有一定的区别，一般程序要求：提交仲裁申请书和答辩书、选定/指定仲裁员、确定仲裁地点、明确信息交流手段、对案件事实调查、庭审辩论、调解、裁决等。网络仲裁采取在线方式审理案件，案件的受理、缴费、送达、证据交换、庭审、调解、裁决等环节一般在互联网上进行。

图 8－1 为北京仲裁委员会网上开庭流程示意图①。

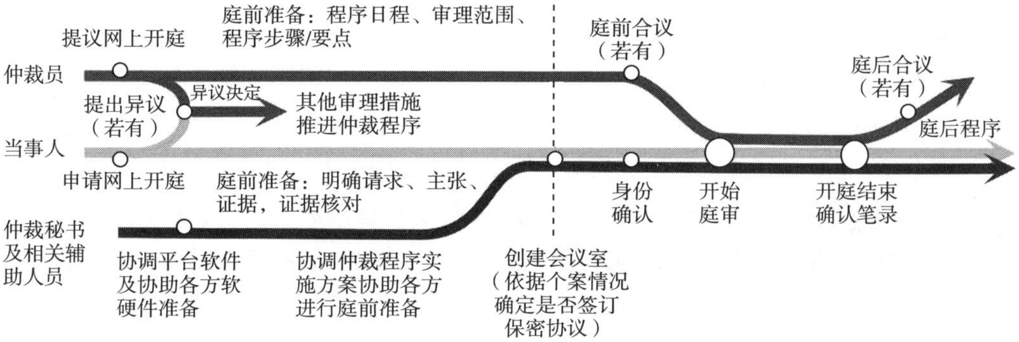

图 8－1　网上开庭流程示意

第二节　网络仲裁立案、审理与送达

一、网络仲裁规则整理索引

《中国国际经济贸易仲裁委员会网上仲裁规则》(2014 年版)

《深圳国际仲裁院网络仲裁规则》(2019 年版)

《中国广州仲裁委员会网络仲裁规则》(2015 年版)

《中国广州仲裁委员会网贷纠纷网络仲裁专门规则》

《中国广州仲裁委员会小额网购纠纷网络仲裁专门规则》

《中国广州仲裁委员会信用卡纠纷网络仲裁专门规则》

《武汉仲裁委员会网上仲裁规则》(2019 年版)

① 此图源于北京仲裁委员会网，网址：https://www.bjac.org.cn/。

《潍坊仲裁委员会互联网仲裁规则(试行)》(2021年版)

《长沙仲裁委员会网络仲裁规则》(2019年版)

《北京仲裁委员会/北京国际仲裁中心关于网上开庭的工作指引(试行)》(2020年版)

《石家庄仲裁委员会互联网仲裁规则》(2018年版)

二、网络仲裁立案

按照具体办案机构的指南进行操作,提前将仲裁申请书、证据、仲裁协议等分类扫描成PDF版或者转化为Word版(以仲裁委员会官网要求为准)准备好,按照指示上传。

以下是中国国际经济贸易仲裁委员会网上仲裁指南,可作为律师代理网络仲裁案件的参考。

(一)申请书提交指南

根据《中国国际经济贸易仲裁委员会网上仲裁规则》(以下简称《网上仲裁规则》)第10条的规定,除非仲裁委员会秘书局或者仲裁庭另有决定,申请人应当采用电子邮件、电子数据交换和传真等方式向仲裁委员会提交仲裁申请、书面陈述、证据及其他与仲裁相关的文件和材料。为此,中国国际经济贸易仲裁委员会研究开发了先进的网上仲裁系统。申请人应当通过贸仲网上仲裁系统申请仲裁,提交仲裁申请、书面陈述、证据及其他与仲裁相关的文件和材料,并通过该系统全程在线参与案件程序,跟踪案件进展状态,查阅案件档案及最终裁决。

具体操作如下:

1. 拟申请网上仲裁的申请人或其仲裁代理人,应当通过www. cietacodr. org网址登录贸仲网上仲裁系统主页面,点击注册按钮,进行注册并取得用户名和密码,然后通过自己的用户名和密码,登录网上仲裁系统,并继而点击左首栏目中的案件提交——仲裁申请,填写格式仲裁申请书,并上传证据,在线提交仲裁申请。

2. 申请人或其仲裁代理人在提交仲裁申请书的同时,可通过点击左首栏目中的案件提交——委托授权、财产保全、证据保全、仲裁员选定,提交相应的代理人授权委托书,申请财产保全和证据保全,以及选定仲裁员。

3. 在案件正式受理后,申请人或其仲裁代理人可以跟随案件的进展和仲裁委员会秘书局的相应通知,通过点击左首栏目中案件提交项下相应栏目,来提交各种申请、书面陈述以及补充提交证据。

4. 仲裁申请、财产保全、最后陈述等所有需要以申请人或其仲裁代理人名义向仲裁委员会或者仲裁庭提交的仲裁文件,申请人或其仲裁代理人均须对所提交的文件进行电子签章或电子签名。为此,申请人或其仲裁代理人需在申请仲裁前或在申请仲裁时通过点击网上仲裁系统左首栏目中的签名图片上传,将签名或签章图片发送仲裁委员会秘书局。在得到仲裁委员会秘书局的确认后,申请人或其仲裁代理人即可对拟提交的文件进行电子签章或电子签名。如果申请人或其仲裁代理人在案件程序中改变签章或签名,均须将新的签章或签名图片再次发送仲裁委员会秘书局。

5. 电子证据可直接提交,非电子证据应当扫描后提交。所有的证据材料均须以 TIFF 格式提交,凡非 TIFF 格式的证据材料,请申请人或其仲裁代理人可以通过点击网上仲裁系统左首栏目中的 TIFF 格式转换,将文件转换成 TIFF 格式后提交。

6. 申请人或其仲裁代理人可通过点击网上仲裁系统左首栏目中的案件档案来查阅案件业已进行过的程序及各类材料、通知和决定,也可通过终局裁决来查看案件终局裁决。

7. 申请人或其仲裁代理人可通过网上仲裁系统左首栏目中的规则名册来查阅仲裁规则的有关规定以及仲裁员的履历等相关信息。

有关申请仲裁事宜,如有疑问,可发电子邮件至 odr@ cietac. org 或直接与贸仲网上争议解决中心联系。

(二)答辩书提交指南

根据《网上仲裁规则》第 10 条的规定,除非仲裁委员会秘书局或者仲裁庭另有决定,被申请人应当采用电子邮件、电子数据交换和传真等方式向仲裁委员会提交仲裁答辩、书面陈述、证据及其他与仲裁相关的文件和材料。为此,中国国际经济贸易仲裁委员会研究开发了先进的网上仲裁系统。被申请人应当通过网上仲裁系统参与仲裁程序,提交仲裁答辩、书面陈述、证据及其他与仲裁相关的文件和材料,并通过该系统全程在线参与案件程序,跟踪案件进展状态,查阅案件档案及最终裁决。

具体操作如下:

1. 接到中国国际贸易仲裁委员会秘书局有关案件受理的"仲裁通知"的被申请人,应当通过 www. cietacodr. org 网址登录网上仲裁系统主页面,利用中国国际贸易仲裁委员会秘书局在上述"仲裁通知"中告知的用户名和密码,登录网上仲裁系统,并继而点击左首栏目中的案件提交——仲裁答辩,填写格式仲裁答辩书,并上传证据,在线提交仲裁答辩。被申请人在登录贸仲网上仲裁系统后,可通过点击左首栏目中的密码修改,对原中国国际贸易仲裁委员会秘书局设定的密码进行修改。

2. 被申请人或其仲裁代理人在提交仲裁答辩书的同时,可通过点击左首栏目中的案件提交——委托授权、仲裁员选定,来提交相应的代理人授权委托书,选定仲裁员。

3. 被申请人或其仲裁代理人可以跟随案件的进展和仲裁委员会秘书局的相应通知,通过点击左首栏目中案件提交项下相应栏目,来提交各种申请、书面陈述以及补充提交证据。

4. 仲裁答辩、补充陈述、最后陈述等所有需要以被申请人或其仲裁代理人名义向仲裁委员会或者仲裁庭提交的仲裁文件，被申请人或其仲裁代理人均须对所提交的文件进行电子签章或电子签名。为此，请被申请人或其仲裁代理人在提交答辩前或在提交答辩时通过点击贸仲网上仲裁系统左首栏目中的签名图片上传，将签名或签章图片发送仲裁委员会秘书局。在得到仲裁委员会秘书局的确认后，被申请人或其仲裁代理人即可对拟提交的文件进行电子签章或电子签名。如果被申请人或其仲裁代理人在案件程序中改变签章或签名，均须将新的签章或签名图片再次发送仲裁委员会秘书局。

5. 电子证据可直接提交，非电子证据应当扫描后提交。所有的证据材料均须以TIFF格式提交，凡非TIFF格式的证据材料，请被申请人或其仲裁代理人可以通过点击贸仲网上仲裁系统左首栏目中的TIFF格式转换，将文件转换成TIFF格式后提交。

6. 被申请人或其仲裁代理人可通过点击网上仲裁系统左首栏目中的案件档案来查阅案件业已进行过的程序及各类材料、通知和决定，可通过终局裁决来查看案件终局裁决。

7. 被申请人或其仲裁代理人可通过网上仲裁系统左首栏目中的规则名册来查阅仲裁规则的有关规定以及仲裁员的履历等相关信息。

有关仲裁答辩事宜，如有疑问，可发电子邮件至 odr@ cietac. org 或直接与贸仲网上争议解决中心联系。

（三）反请求提交指南

如果被申请人拟针对申请人的仲裁申请提出反请求，被申请人应当通过网上仲裁系统采用在线方式，进行提交。

具体操作如下：

1. 拟提出反请求的被申请人或其仲裁代理人，应当通过 www. cietacodr. org 网址登录贸仲网上仲裁系统主页面，利用仲裁委员会秘书局在案件“仲裁通知”中告知的用户名和密码（或被申请人自行修改后的密码），登录网上仲裁系统，并继而点击左首栏目中的案件提交——反请求申请，填写格式反请求申请书，上传证据，在线提交反请求。

2. 被申请人或其仲裁代理人在提交反请求的同时，可通过点击左首栏目中的案件提交——财产保全、证据保全，申请财产保全和证据保全。

有关仲裁反请求申请事宜，如有疑问，可发电子邮件至 odr@ cietac. org 或直接与贸仲网上争议解决中心联系。

（四）反请求答辩指南

申请人应当通过网上仲裁系统采用在线方式，针对被申请人的反请求，进行答辩。

具体操作如下：

接到贸仲秘书局有关被申请人反请求受理的通知后，申请人应当通过 www.

cietacodr. org 网址登录贸仲网上仲裁系统主页面，利用其用户名和密码，登录网上仲裁系统，并继而点击左首栏目中的案件提交——反请求答辩，填写格式反请求答辩书，上传证据，在线提交反请求答辩。

有关仲裁反请求答辩事宜，如有疑问，可发电子邮件至 odr@ cietac. org 或直接与贸仲网上争议解决中心联系。

三、网络仲裁庭审

分为书面审理和线上审理。大多仲裁委员会最新规则都有明确的规定。

《中国广州仲裁委员会网络仲裁规则》

第 24 条　审理方式

（1）仲裁庭对网络仲裁案件进行书面审理。仲裁庭可以通过本会网络仲裁平台向当事人发出问题单，当事人应当自收到该问题单之日起 5 日内通过本会网络仲裁平台作出说明，逾期未说明的，视为放弃说明的权利。

（2）仲裁庭认为必要时，可以通过网络视频庭审、网上交流、电话会议等适当的方式审理案件，但应当确保公平对待各方当事人。

（3）仲裁庭按照本条第（2）款规定网上开庭审理案件的，应当提前 5 日将开庭时间和庭审方式通知双方当事人。当事人申请延期的，应当在审理前 2 日提出，是否延期，由仲裁庭决定。

《太原仲裁委员会仲裁规则》（2021 年版）

第 107 条　在线调解和庭审

（1）仲裁庭在线开展调解、庭审等仲裁活动，应当再次验证仲裁主体的身份；确有必要的，应当在线下进一步核实身份。

（2）本会、仲裁庭、特邀调解组织、特邀调解员可以通过本会仲裁平台开展在线调解活动。达成调解协议的，在线生成调解协议书，在线送达；当事人也可以在线申请制作裁决书，裁决书制作完成后，在线送达。

（3）仲裁庭对案件进行书面审理的，可以通过本会电子仲裁平台向当事人发出问题清单、审理要点、制作审理范围书、要求当事人共同拟定争议焦点问题、要求当事人披露相关文件。当事人应当自收到之日起 5 日内通过本会电子仲裁平台作出陈述或者说明，逾期未进行陈述或者说明的，视为放弃相应权利。

（4）仲裁庭可以采用视频远程庭审，当事人也有权以视频方式远程参与庭审。除一方当事人明确表示反对外，仲裁庭可以采用在线异步庭审，当事人可以在指定期限内自主选择时间登录本会在线仲裁平台，完成陈述、答辩、举证、质证、接受询问并充分发表意见。

(5)仲裁庭按照本条第(4)款规定在线开庭审理案件的,应当提前5日将开庭时间通知双方当事人。当事人申请延期的,应当在审理前3日提出,是否延期由仲裁庭决定。

(6)采取在线庭审方式审理的案件,一方当事人请求且仲裁庭认为必要、各方当事人均请求或仲裁庭认为必要时,应当及时转为线下庭审。转变审理方式,不影响当事人在审理过程中已经作出的陈述、发表的意见的效力。

(7)在线庭审不公开进行。各方当事人及其仲裁代理人等其他有关人员,均不得对外界透露案件实体和程序的有关情况。当事人在线上开庭审理的过程中,应保证所在的环境中仅有当事人及其代理人,其他人不得参与庭审活动。

四、网络仲裁文书

裁决书、调解书、撤案决定书等仲裁文书由仲裁员以电子签名的方式签署,并加盖仲裁委/仲裁院电子印章。

五、网络仲裁送达

《仲裁法》第57条规定,裁决书自作出之日起发生法律效力。这对在线互联网仲裁裁决书同样适用。

1. 电子送达地址

(1)当事人应当在仲裁协议或者合同中,约定电子邮箱及移动通信号码(包括但不限于手机号码、微信账号、QQ账号),作为其电子送达地址或者号码。

(2)当事人在申请仲裁或者答辩时,应当向仲裁委员会确认自己的电子邮箱及移动通信号码,作为其电子送达地址或者号码。

(3)当事人未约定也未向仲裁委确认的,其在网络交易中使用的或者在网站注册时填写的电子邮箱或者移动通信号码,可以作为其电子送达地址或者号码。

(4)当事人在网络仲裁过程中变更电子送达地址或者号码的,应当及时通知仲裁委员会。

2. 电子送达

(1)电子送达可以采用传真、电子邮件、移动通信等即时收悉的特定系统作为送达媒介。仲裁委员会对应系统显示的传真、电子邮件、手机短信等发送成功的日期为送达日期,但受送达人证明到达其特定系统的日期与本会对应系统显示发送成功的日期不一致的,以受送达人证明到达其特定系统的日期为准。

(2)仲裁委员会在向受送达人发送电子邮件时,可以向其移动通信号码一并发送提示查看的信息。

3. 特殊情形的送达

(1)仲裁委员会或者当事人经合理查询仍不能找到受送达人的电子送达地址或者号码的,仲裁委员会可以通过网络仲裁平台为受送达人生成电子邮箱,作为其电子送达地址。

(2)仲裁委员会按照《仲裁规则》规定向受送达人邮寄送达仲裁通知,并告知仲裁委员会为其生成的电子邮箱及密码。

(3)受送达人确认前述电子邮箱或者提供新电子邮箱的,任何仲裁材料发送至受送达人确认的电子邮箱,即视为送达。

(4)受送达人未确认电子邮箱的,仲裁委员会按照《仲裁规则》规定通过公告方式向受送达人送达有关案件材料。

第三节　律师代理仲裁案件网络开庭的特殊注意事项

仲裁案件网络庭审对代理律师的案件准备要求与现场参加仲裁活动并无本质区别,只是参加庭审的方式不同,不用去现场,在网上就可以完成代理工作,这对律师的普通话、着装、礼仪、手续、陈述和发言内容、法律文书制作和提交、各种材料纸质本和电子版等诸多方面提出了更高标准和更为严格的规范性要求。

一、立案

立案前的准备与传统案件的办理方法并无本质区别,但是要求文书制作工作更细致。建议采用"当事人 + 文件类别 + 序号 + 文件简称 + 提交时间"的方式命名。

材料准备好后,按照办案机构的"操作指引/指南"逐步、逐项进行。

1. 注册账户

注册账户:从账户类型上,各系统一般至少会进行当事人、律师两种区分。当事人注册需填写身份证号等基本信息(部分仲裁委员会要求人脸识别认证),律师注册则需填写执业证号。

2. 上传文书

申请书、答辩书提交:一般要求扫描成 jpg、png 等图片格式上传,为避免混乱,提前扫描并重命名,重命名为申请人 × ×与被申请人 × ×—× ×案申请书 -1。为节约时间、提高效率,一般情况下,可以同时准备 WORD 及 PDF 两种版本,按平台指引上传。

3. 上传证据

将整理好的证据卷分类扫描并重命名,按照证据目录顺序上传。证据 1——申请人与被申请人签订的《××合同》,证据2——结算单;单份证据超过一页的,证据1—《买卖合同》—1,证据1—《买卖合同》—2。

4. 查询案件进展情况并及时处理

网络申请后要及时跟进,查询案件受理、进度等进展情况,如有异常,可以电话等方式咨询具体办案的仲裁委员会。

二、参加庭审

同样应当自行准备好全套出庭材料,清晰了解案件细节,做好出庭律师本职工作。

1. 环境选择

相对安静、明亮,网络状态良好(wifi网络不稳定的,建议事先配置好有线网络)、电脑设备电量充足(部分型号电脑设备在连接有线网络时无法充电,建议事先准备好扩展接口配件以避免庭审中突然断电)。

2. 庭前测试

开庭前1~2天需进行设备调试,以保障庭审的顺利进行。

3. 线上开庭适当慢些

对着镜头无疑会产生无形的压力。语速应当比线下庭审模式中更慢一些,咬字要更加清晰一些,发音更洪亮些,以保证远距离传输必然出现声音质量损失的情况下,各方参与人依然能听清发言。

4. 庭前准备书面化

为保障在线庭审的连贯、完整,加之在线庭审的笔录确认不如线下手写调整直接、便利,如临场口述不够精准确切,可能将产生不利影响。因此,建议庭前准备并同步做好电子化、书面化两套版本,必要时可将开庭陈述等电子文件及时上传,确保自身庭审表达意思完整准确、思路清晰、逻辑严谨、有章有法且庭审记录准确。

陈述、举证、质证、发问、回答、辩论等发言,要求观点明确、条理清晰,简洁明了、通俗易懂,语速适中,声音洪亮、普通话标准。

网上立案系针对电子化材料的形式真实性,断不可与证据的实质真实性、关联性、合法性混同,证据"三性"仍需要通过举证、质证程序予以审查。此外,该材料效力在一定条件下可以推翻,如其他当事人对材料真实性提出合理异议,或在后续审理过程中认为材料有瑕疵的,均可要求提供原件予以核对。

5. 重视庭审纪律

律师应规范着装,尽量穿正装出庭,不得随意脱离视频画面,不得拨打或接听电话。本书建议,对于出庭律师来说,应尽量选择在律所会议室等专门场地、使用专业设备参与在线庭审,以确保更为专业的庭审表现。

6. 庭后整理书面文书

借鉴线下开庭的工作经验和技能，结合庭审情况和变化，整理好完整的陈述或者答辩意见、代理词等书面文书，庭审结束后3～5日内在线提交，必要时可以将纸质版本随后邮寄。

三、程序转化

"屏对屏"向"面对面"转化。

《石家庄仲裁委员会互联网仲裁规则》第23条规定：程序转换

出现下列情形之一的，案件转为线下按照《仲裁规则》审理：

(1) 当事人应当向本会提交身份证明文件。申请人未向本会提交双方当事人的真实身份证明文件，被申请人也未补充提交，本会又无法通过网络审查的方式认定当事人身份信息的。

(2) 当事人对证据的真实性存在争议，而仲裁庭无法通过线上方式予以认定的。

(3) 双方当事人一致同意或者仲裁庭认为案件复杂的。

《太原仲裁委员会仲裁规则》(2021年版)

第101条规定：线上线下仲裁转换协同

(1) 在仲裁过程中，如存在当事人欠缺在线仲裁能力、不具备在线仲裁条件或者相应仲裁环节不宜在线办理等情形，提出相应仲裁环节转为线下进行的，应当在本会或者仲裁庭在线开展相应仲裁环节5日前提出申请，经本会或者仲裁庭审查同意的，相应仲裁环节转为线下进行，已经完成的在线仲裁活动具有法律效力。

(2) 当事人明确表示不同意对自己参与的全部或者部分仲裁环节适用在线仲裁的，本会或者仲裁庭针对该方当事人的全部或者部分仲裁活动应当在线下完成。

(3) 一方当事人不同意对调解、证据交换、询问、听证、开庭审理等需要各方当事人共同参与的仲裁环节适用在线仲裁，要求各方当事人均在线下完成的，应当提出具体理由。本会或者仲裁庭经审查，认为理由正当的，相应仲裁环节可以在线下完成。理由不成立的，相应仲裁环节可以采取同意方当事人线上、不同意方当事人线下的方式完成。

(4) 当事人已同意适用在线仲裁，但无正当理由不参与在线仲裁活动或者不作出相应仲裁行为，也未在合理期限内申请提出转为线下进行的，视为放弃相应仲裁权利或者不履行相应仲裁义务。

在案情复杂、证据繁多、有证人出庭作证、核对原件(尤其是双方持有原件内容不一致或者签名等有差异时)、查验实物等特殊情形下，应及时申请开通方式转换。

写作本章的意义不仅在于指导律师如何有效在线出庭，更在于提示律师同行抓住在线庭审改革的契机,抢占行业先机更好地发挥专业优势。若未来在线庭审全面铺开,有准备的律师就能为客户提供更优质的服务。只有在办案中不断积累经验、打磨机制、探索规则,才能提高自身执业能力。

第九章　涉仲裁案例精选

鉴于仲裁的不公开性，本章以通过公开途径获取的案例，整理仲裁实务中常见的争议焦点，结合“中国裁判文书网”检索的二百余件案例（主文部分援引案例之外新检索），以仲裁裁决的法律效力、仲裁司法审查报核程序、仲裁管辖与仲裁协议效力、撤销仲裁裁决司法审查标准、仲裁裁决执行、案外人不服仲裁裁决的救济途径等仲裁程序及仲裁与诉讼（执行）的衔接为主线，选取有典型意义的案例，总结其中的裁判规则，厘清仲裁司法审查的有效有限监督。基于仲裁一裁终局的性质和对当事人意思自治的尊重，法律规定司法对仲裁的监督实行有限监督的原则，一般不审查仲裁案件的事实、法律适用等仲裁自由裁量范畴事项，以期更好地理解和掌握《仲裁法》的实践状态，提升律师对法律的理解力。

一、互相冲突的裁判文书均具有法律效力

裁判规则：

互相冲突的生效判决或仲裁裁决，在未被依法撤销之前，均具有法律效力，且在法律效力上没有等级差别。在执行程序中，不能以另案生效判决直接否定本案生效仲裁裁决，本案应当继续执行，被执行人自动履行义务的，可以执行完毕方式结案。本案当事人或与本案有利害关系的另案当事人可以另行依法定程序申请撤销或不予执行本案仲裁裁决。

案号：

执行：广东省深圳市中级人民法院（2016）粤03执3355号民事裁定书。

执行异议：广东省深圳市中级人民法院（2018）粤03执异1288号民事裁定书。

执行复议：广东省高级人民法院（2019）粤执复256号民事裁定书。

二、仲裁司法审查应经法定报核程序

裁判规则：

依据最高人民法院《关于仲裁司法审查案件报核问题的有关规定》（法释〔2017〕21号）第2条第2款、第3条第1项的规定，①各中级人民法院或者专门人民法院办理非涉

① 最高人民法院《关于仲裁司法审查案件报核问题的有关规定》（法释〔2021〕21号）第2条规定：“各中级人民法院或者专门人民法院办理涉外涉港澳台仲裁司法审查案件，经审查拟认定仲裁协议无效，不予执行或者撤销我国内地仲裁机构的仲裁裁决，不予认可和执行香港特别行政区、澳门特别行政区、台湾地区仲裁裁决，不予承认和执行外国仲裁裁决，应当向本辖区所属高级人民法院报核；高级人民法院经审查拟同意的，应当向最高人民法院报核。待最高人民法院审核后，方可依最高人民法院的审核意见作出裁定。各中级人民法院或者专门人民法院办理非涉外涉港澳台仲裁司法审查案件，经审查拟认定仲裁协议无效，不予执行或者撤销我国内地仲裁机构的仲裁裁决，应当向本辖区所属高级人民法院报核；待高级人民法院审核后，方可依高级人民法院的审核意见作出裁定。”第3条规定：“本规定第二条第二款规定的非涉外涉港澳台仲裁司法审查案件，高级人民法院经审查，拟同意中级人民法院或者专门人民法院以违背社会公共利益为由不予执行或者撤销我国内地仲裁机构的仲裁裁决的，应当向最高人民法院报核，待最高人民法院审核后，方可依最高人民法院的审核意见作出裁定。”

外涉港澳台仲裁司法审查案件,经审查拟认定仲裁协议无效,不予执行或者撤销我国内地仲裁机构的仲裁裁决,应当向本辖区所属高级人民法院报核;待高级人民法院审核后,方可依高级人民法院的审核意见作出裁定。仲裁司法审查案件当事人住所地跨省级行政区域,高级人民法院经审核拟同意的,应当向最高人民法院报核,待最高人民法院审核后,方可依最高人民法院的审核意见作出裁定。本案仲裁裁决执行当事人住所地跨省级行政区域,新余市中级人民法院经审查认定不予执行中国国际经济贸易仲裁委员会作出的仲裁裁决,未向本院报核并经最高人民法院审核直接裁定不予执行,严重违反法定程序。

案号:江西省高级人民法院执行裁定书(2018)赣执复52号民事裁定书。

三、仲裁管辖与申请确认仲裁协议效力

1. 仲裁管辖

案例一:

裁判规则:

《协议》与《补充协议》就同一争议事项的解决方式约定不一致,以《补充协议》对争议管辖达成新的意思表示为准确定管辖。协议约定不明,按照法定管辖确定。

本院经审查认为,2019年7月,郝某某与容银公司签订《补充协议》,其中第5条约定:因本协议引起的或与本协议有关的任何争议,协商不成的,协议任何一方均有权向协议签署地有管辖权的人民法院提起诉讼;同时该《补充协议》首页载明:签署地为上海。虽然2015年《投资协议》曾约定相关争议应由上海仲裁委员会仲裁,但之后双方通过《补充协议》对争议管辖达成了新的意思表示,同意接受法院管辖,本案应以签订在后的《补充协议》作为确定管辖的依据。《补充协议》中仅载明签署地为上海,对具体地址约定不明,但双方对接受上海地区有管辖权法院管辖的意思表示真实、清楚。约定签署地无法确定的情形下,可以依照《民事诉讼法》的相关规定确定本案管辖。本案系股权转让纠纷,容银公司诉请要求郝某某支付股权收购款,即容银公司系接收货币一方,依法可由其所在地法院管辖。容银公司的注册地在一审法院辖区内,故一审法院管辖本案,并无不当。

案号:上海市高级人民法院(2021)沪民辖终19号民事裁定书。

案例二:

裁判规则:

损害公司利益纠纷应按照《民事诉讼法》有关管辖规定确定管辖。

关于本案应否由法院管辖的问题。本案系永保水泥公司以谭某某、西南水泥有限公司损害公司利益为由提起的诉讼,与谭某某及西南水泥有限公司之间的股权转让纠

纷并非同一法律关系。谭某某以其与西南水泥有限公司签订股权转让协议时约定的仲裁条款,否定协议之外的主体永保水泥公司向人民法院提起诉讼的权利,缺乏法律依据,本院不予支持。

案号:最高人民法院(2019)最高法民辖终 325 号民事裁定书。

2. 确认仲裁协议效力

裁判规则:《仲裁法》第 16 条、第 17 条是认定仲裁协议是否有效的法律依据。

本院认为,仲裁协议系当事人约定将争议提交仲裁解决的意思表示,有效的仲裁协议是实现当事人仲裁意愿的前提。根据《仲裁法》第 16 条的规定,仲裁协议应当具有下列内容:(1)请求仲裁的意思表示;(2)仲裁事项;(3)选定的仲裁委员会。根据《仲裁法》第 17 条的规定,有下列情形之一的,仲裁协议无效:(1)约定的仲裁事项超出法律规定的仲裁范围的;(2)无民事行为能力人或者限制民事行为能力人订立的仲裁协议;(3)一方采取胁迫手段,迫使对方订立仲裁协议的。以上法律条款是认定仲裁协议是否有效的依据。本案中,对于国晟公司提出的请求人民法院依法确认仲裁协议无效的申请理由,本院将依照上述法律规定先对《服务协议》中的仲裁协议效力进行审查,在此基础上进一步分析人民法院是否应当审查《服务协议》中的仲裁协议对《共管账户协议》的约束力。

(1)仲裁条款是否有效

国晟公司与机床销售公司所签订的五份《服务协议》均约定:协议履行过程中如有争议,双方应协商解决,协商不成的,任何一方有权向中国国际贸易仲裁委员会申请仲裁,仲裁费用(包括但不限于律师费等)由败诉方承担。虽然上述对仲裁机构的表述存在瑕疵,“中国国际贸易仲裁委员会”的名称不完全准确,但结合仲裁机构名称的具体情况,仅有中国国际经济贸易仲裁委员会与当事人的约定相似。根据《仲裁法司法解释》第 3 条的规定:“仲裁协议约定的仲裁机构名称不准确,但能够确定具体的仲裁机构的,应当认定选定了仲裁机构。”且双方当事人在仲裁司法审查中均认可约定的仲裁机构为中国国际经济贸易仲裁委员会,故应当认定中国国际经济贸易仲裁委员会是唯一对涉合同争议具有管辖权的仲裁机构。

根据《仲裁法》第 16 条的规定,仲裁协议包括合同中订立的仲裁条款和以其他书面方式在纠纷发生前或者纠纷发生后达成的请求仲裁的协议。所以我国法律对于仲裁协议的形式要件要求为“书面形式”,同时仲裁协议应当具备三项基本内容,即请求仲裁的意思表示、仲裁事项、选定的仲裁委员会,上述三项内容是审查仲裁协议的实质要件。五份《服务协议》中约定的仲裁条款均系以书面形式签订,有明确的仲裁意思表示、仲裁委员会、仲裁事项,符合《仲裁法》规定的仲裁协议合法有效的形式要件和实质要件,且本案所涉仲裁条款不存在《仲裁法》第 17 条规定的无效情形,故应认定为合法有效,五份《服务协议》中的各方当事人均可依据涉案仲裁协议向贸仲申请仲裁。

(2)人民法院是否有权通过审查关联合同的关系来确定仲裁条款的约束力

仲裁协议是当事人自愿将其争议提交仲裁解决的书面形式的文件,仲裁协议作为仲裁制度的基石,体现了当事人遵循意思自治原则自愿选择仲裁作为解决纠纷方式的意愿,因此仲裁协议是否存在并有效、仲裁协议对当事人是否具有约束力,是决定仲裁机构取得仲裁权而排除法院管辖的依据,是仲裁合法性与正当性的基础。本案当事人均认为仲裁条款有效,故对仲裁协议效力无争议。但在具体审查中,国晟公司提出《服务协议》与《共管账户协议》属于两份独立的合同,《服务协议》中约定的仲裁条款不适用于因《共管账户协议》产生的纠纷,故《共管账户协议》中未约定有合法有效的仲裁条款。对此,机床销售公司辩称,《共管账户协议》是《服务协议》的补充合同,应适用《服务协议》中约定的仲裁条款;且《共管账户协议》与《服务协议》的关系属于实体审理范围,超出了人民法院的受理审查范围,依法应当不予受理。上述分歧实为对仲裁协议约束力范围的争议。协议是当事人之间就某些事项达成合意的意思表示的载体,应以一定的合意范围为界限。在认定协议是否存在、是否有效时,必然涉及对协议履行范围的认定,也就是当事人达成合意的范围。《仲裁法》第16条规定,仲裁协议应当具有仲裁事项。仲裁事项实际上即为仲裁协议的约束力范围。只有在仲裁协议约束力范围内的争议,才属于仲裁事项。因此,仲裁条款对具体所涉协议是否具有约束力,亦应是仲裁条款效力审查应有之义。根据《民事案件案由规定》的规定,仲裁程序案件项下设申请确认仲裁协议效力的三级案由,申请确认仲裁协议效力的案件是当事人向人民法院提出的确认之诉,人民法院应当确认仲裁协议是否有效。对该类型案件进行司法审查的目的在于解决当事人之间是否存在有效的仲裁协议(仲裁条款),以及仲裁机构对争议案件是否有管辖权的问题。本案中,虽然各方当事人均认可《服务协议》中约定的仲裁条款有效,但上述认可并未从根本上解决本案所涉及的争议,即合法有效的仲裁条款是否适用于其他未约定争议解决方式的关联合同。对此本院认为,仲裁条款作为当事人之间的意思表示,在仲裁事项范围内具有约束力。在当事人认为关联合同不受仲裁条款约束时,解决仲裁条款的约束力范围属于确认仲裁协议效力司法审查案件的审查范围。人民法院应当根据案件争议具体情况,对仲裁条款的约束力范围进行审查。

(3)《共管账户协议》是否适用《服务协议》中的仲裁条款

首先,国晟公司与机床销售公司就购买基站设备签订了五份《服务协议》,并针对基站设备的服务费管理另行签订了《共管账户协议》。对于因购买、维护基站所应支付的服务费,均应由机床销售公司汇至国晟公司在香港汇丰银行开设的共管账户848－794988－838中,而该账户中的资金转出均应以取得机床销售公司与国晟公司的共同同意为基础。因此,在履行五份《服务协议》的过程中,必然会涉及对《共管账户协议》的履行。换言之,履行《共管账户协议》是履行《服务协议》的组成部分,在不履行《共管账户协议》的情况下,《服务协议》必然无法得到履行;且如果不履行《服务协议》,《共管账户协议》的履行与否也不存在实际意义。在此情况下,可以将《共管账户协议》与《服务协议》视为一个整体,对于因《共管账户协议》以及五份《服务协议》产生的争议,可以一并解决。其次,在具体约定方面,五份《服务协议》中均约定了合法有效的仲裁条款,而《共管账户协议》中并没有约定争议解决方式。因此,在涉及合同的争议解决方面,《共管账户协议》与《服务协议》的约定并不矛盾,《共管账户协议》并未否定《服务协议》中约定的仲裁条款。最后,基于以上两点分析,在《共管账户协议》未约定争议解决方式的情况下,对于因《共管账户协议》与《服务协议》产生的争议,应当依据《服务协议》中约定的仲裁条款处理。故在综合当事人订立案涉合同的整体情况下,应当认定《服务协议》中仲裁条款的约束力范围包含了《共管账户协议》,《共管账户协议》适用《服务协议》中约定的仲裁条款,故国晟公司提出的《共管账户协议》中没有合法有效仲裁条款的主张不能成立,本院不予支持。

案号:北京市第四中级人民法院(2021)京 04 民特 175 号民事裁定书。

3. 仲裁协议效力仲裁委已经作出处理决定的,法院不再受理

裁判规则:

仲裁司法审查程序可参照适用一审、二审的普通程序,但毕竟不同于一审、二审的普通程序。两上诉人提出的合议庭组成人员的告知、答辩状副本的发送以及开庭通知等,均系一审普通程序中的内容,在仲裁司法审查程序中并无明文规定。且(2016)沪 01 民特 78 号案件、(2017)沪 01 民特 190 号案件以及本案不属于同一案件,一审程序不存在违反《民事诉讼法司法解释》第 45 条的规定。本案一审合议庭成员也不存在法定的回避理由。故本案一审程序并无违法之处。根据一审查明的事实,两名上诉人在一审法院立案前已经向上海仲裁委员会提出了受理异议,且上海仲裁委员会出具了相应的决定书,两名上诉人此后向一审法院起诉确认仲裁协议效力,人民法院依法应不予受理。一审法院驳回两名上诉人的申请并无不当。

案号:上海市高级人民法院(2018)沪民终 498 号民事裁定书。

四、申请撤销仲裁裁决

1. 证据未经质证违反法定程序

裁判规则:

本案系申请撤销仲裁裁决之诉,人民法院应依据《仲裁法》及《民事诉讼法》等规定,对仲裁裁决是否存在应予撤销的法定情形进行司法审查。本案在 2015 年 4 月 9 日的仲裁庭审中,仲裁庭向申请人陈某栎询问宁夏中瑞发展煤业有限公司与宁夏中瑞煤

炭有限公司是否是同一公司，陈某栎回答为"同一公司"，至此仲裁庭应当根据当事人的主张和案件审理情况，确定当事人应当提供的证据及期限。仲裁庭在未对该事实的举证证明责任进行分配及相应举证期限进一步释明的情况下，依据举证证明责任规则裁决一方败诉与该规则的适用条件不符，亦违反了《仲裁法》第45条"证据应当在开庭时出示，当事人可以质证"的规定，应属仲裁程序违反法定程序。

案号：吉林省通化市中级人民法院（2016）吉05民初7号民事裁定书。

2. 仲裁裁决未被人民法院撤销，该裁决系生效法律文书，具有强制执行力；对拆迁补偿不满应通过相应途径解决，不能申请国家赔偿

裁判规则：

关于乐山中院执行行为是否违法问题及执行依据问题。陈某某主张拆迁属于行政争议，乐山仲裁委员会作出的仲裁裁决无效。执行依据不合法，但乐山仲裁委员会乐仲裁字（2011）第15号仲裁裁决未被人民法院撤销，该裁决系生效法律文书。陈某某未依法履行生效仲裁裁决确定的义务，乐山市中级人民法院根据乐山城建公司的执行申请进行强制执行，有合法执行依据。

乐山市中级人民法院强制腾退案涉房屋的执行行为有生效仲裁裁决为依据，执行过程中履行了公告、释明、送达、制作财产清单等程序，乐山市中级人民法院将腾空的房屋交付给乐山城建公司后即完成执行行为，没有证据表明乐山市中级人民法院另有参与对案涉房屋强制拆迁的执行行为。赔偿请求人主张的案涉房屋被拆除的损害事实与乐山市中级人民法院强制执行仲裁裁决腾退房屋的执行行为没有法律上的因果关系，乐山市中级人民法院即使在指定的缴费期间尚未届至即采取了强制腾退房屋的执行措施，亦不必然引致赔偿请求人所主张的损害后果。陈某某对案涉房屋拆迁补偿安置不满，应通过相应途径解决，其以人民法院在此过程中依据生效仲裁采取了腾退房屋的强制执行措施即向人民法院申请国家赔偿，不能得到支持，原审驳回其申请并无不当。

案号：最高人民法院（2019）最高法委赔监151号决定书。

3. 当事人申请撤销国内仲裁裁决案件，应依据《仲裁法》第58条的规定进行审查

案例一：

本院认为，本案是当事人申请撤销国内仲裁裁决案件，应依据《仲裁法》第58条的规定，对本案进行审查。《仲裁法》第58条规定，当事人提出证据证明裁决有下列情形之一的，可以向仲裁委员会所在地的中级人民法院申请撤销裁决：（1）没有仲裁协议的；（2）裁决的事项不属于仲裁协议的范围或者仲裁委员会无权仲裁的；（3）仲裁庭的组成或者仲裁的程序违反法定程序的；（4）裁决所根据的证据是伪造的；（5）对方当事人隐瞒了足以影响公正裁决的证据的；（6）仲裁员在仲裁该案时有索贿受贿，徇私舞弊，枉法裁决行为的。人民法院经组成合议庭审查核实裁决有前款规定情形之一的，应

当裁定撤销。人民法院认定该裁决违背社会公共利益的，应当裁定撤销。上述规定是人民法院撤销国内仲裁裁决的法定事由。本院根据上述规定，对邓某某申请撤销仲裁裁决的事由论述意见如下：

（1）最高人民法院《关于人民法院办理仲裁裁决执行案件若干问题的规定》第16条规定，符合下列条件的，人民法院应当认定为《民事诉讼法》第237条第2款第5项规定的“对方当事人向仲裁机构隐瞒了足以影响公正裁决的证据的”情形：第一，该证据属于认定案件基本事实的主要证据；第二，该证据仅为对方当事人掌握，但未向仲裁庭提交；第三，仲裁过程中知悉存在该证据，且要求对方当事人出示或者请求仲裁庭责令其提交，但对方当事人无正当理由未予出示或者提交。邓某某称刘某某在仲裁中隐瞒了刘某某胁迫邓某某签署《欠款协议书》的证据，但邓某某所称情形不属于上述“对方当事人隐瞒了足以影响公正裁决的证据”的情形。邓某某的此项主张，本院不予采信。其调取证据的申请，本院认为没有必要，不予准予。

（2）最高人民法院《关于人民法院办理仲裁裁决执行案件若干问题的规定》第15条规定，符合下列条件的，人民法院应当认定为《民事诉讼法》第237条第2款第4项规定的“裁决所根据的证据是伪造的”情形：第一，该证据已被仲裁裁决采信；第二，该证据属于认定案件基本事实的主要证据；第三，该证据经查明确属通过捏造、变造、提供虚假证明等非法方式形成或者获取，违反证据的客观性、关联性、合法性要求。邓某某称刘某某伪造了录音证据，但该证据仲裁庭并未采信，对于居住证明和房屋租赁合同，邓某某未能就刘某某通过捏造、变造、提供虚假证明等非法方式形成或获取上述两份证据予以证明。邓某某与此有关的主张，不符合上述“裁决所根据的证据是伪造的”情形，本院不予采信。

（3）《仲裁法司法解释》第20条规定，《仲裁法》第58条规定的“违反法定程序”，是指违反《仲裁法》规定的法定程序和当事人选择的仲裁规则可能影响案件正确裁决的情形。《仲裁法》和《北京仲裁委员会仲裁规则》并未对仲裁程序中当事人所委托的代理人数量进行规定和限制，邓某某的主张，缺乏法律依据，本院不予支持。

案号：北京市第四中级人民法院（2021）京04民特292号民事裁定书。

案例二：

本案是当事人申请撤销国内仲裁裁决案件，应依据《仲裁法》第58条的规定，对本案进行审查。

（1）建设工程承包合同纠纷不属于《仲裁法》第3条规定的不能仲裁的纠纷范围，大易置业公司与胶城建设公司之间的纠纷，系平等主体的法人之间发生的合同纠纷，可以仲裁。大易置业公司与此有关的主张，缺乏法律依据，本院不予支持。

（2）《中国国际经济贸易仲裁委员会仲裁规则》第8条第3款规定，向一方当事人或其仲裁代理人发送的仲裁文件,如经当面递交收件人或发送至收件人的营业地、注册地、住所地、惯常居住地或通讯地址,或经对方当事人合理查询不能找到上述任一地点,仲裁委员会仲裁院以挂号信或特快专递或能提供投递记录的包括公证送达、委托送达和留置送达在内的其他任何手段投递给收件人最后一个为人所知的营业地、注册地、住所地、惯常居住地或通讯地址,即视为有效送达。中国国际经济贸易仲裁委员会向大易置业公司的注册地送达仲裁通知、仲裁规则、仲裁员名册、仲裁申请书和证据材料等仲裁文件被退回,又向协议书中载明的大易置业公司的地址寄送了相应的仲裁通知和文件仍被退回,后以公证送达方式向协议书载明的大易置业公司的地址送达仲裁通知、文件和仲裁裁决书,符合《仲裁法》和仲裁规则的规定。大易置业公司称仲裁程序违法,缺乏事实依据,本院不予支持。

(3)最高人民法院《关于人民法院办理仲裁裁决执行案件若干问题的规定》第 15 条规定,符合下列条件的,人民法院应当认定为《民事诉讼法》第 237 条第 2 款第 4 项规定的“裁决所根据的证据是伪造的”情形:第一,该证据已被仲裁裁决采信;第二,该证据属于认定案件基本事实的主要证据;第三,该证据经查明确属通过捏造、变造、提供虚假证明等非法方式形成或者获取,违反证据的客观性、关联性、合法性要求。大易置业公司未能提供充分证据证明胶城建设公司伪造了裁决认定基本事实的主要证据,其以此为由请求撤销仲裁裁决,证据不足,本院不予支持。

(4)最高人民法院《关于人民法院办理仲裁裁决执行案件若干问题的规定》第 16 条规定,符合下列条件的,人民法院应当认定为《民事诉讼法》第 237 条第 2 款第 5 项规定的“对方当事人向仲裁机构隐瞒了足以影响公正裁决的证据的”情形:第一,该证据属于认定案件基本事实的主要证据;第二,该证据仅为对方当事人掌握,但未向仲裁庭提交;第三,仲裁过程中知悉存在该证据,且要求对方当事人出示或者请求仲裁庭责令其提交,但对方当事人无正当理由未予出示或者提交。大易置业公司未能提供充分证据证明胶城建设公司隐瞒了足以影响公正裁决的证据,其以此为由请求撤销仲裁裁决,证据不足,本院不予支持。

(5)最高人民法院《关于审理仲裁司法审查案件若干问题的规定》第 18 条规定,《仲裁法》第 58 条第 1 款第 6 项和《民事诉讼法》第 237 条第 2 款第 6 项规定的仲裁员在仲裁该案时有索贿受贿,徇私舞弊,枉法裁决行为,是指已经由生效刑事法律文书或者纪律处分决定所确认的行为。大易置业公司未能提供仲裁员因徇私舞弊、枉法仲裁而被纪律处分或者依法承担刑事责任的证据,其与此有关的意见,本院不予采信。

(6)争议裁决结果仅影响案件当事人之间的权利义务,不涉及为社会公众所享有、为整个社会发展存在所需要、具有公共性和社会性的社会公共利益。因此,该仲裁裁决未违反社会公共利益。大易置业公司以此为由请求撤销仲裁裁决,缺乏事实依据,本院不予支持。

案号：北京市第四中级人民法院(2021)京04民特350号民事裁定书。

4. 延期的请求是否能够准予、逾期提交的证据仲裁庭是否接受、鉴定申请是否准予等问题属于仲裁庭裁量权范畴，而非撤销仲裁裁决司法审查范围

裁判规则：

(1)《仲裁法司法解释》第3条规定，仲裁协议约定的仲裁机构名称不准确，但能够确定具体的仲裁机构的，应当认定选定了仲裁机构。双方之间部分合同中的仲裁条款约定为“向北京市仲裁委员会提请商事仲裁”，比“北京仲裁委员会”的名称多个“市”字，结合将仲裁地点设置在北京的仲裁委员会的实际情况，仅“北京仲裁委员会”与约定仲裁机构在表述上相似，其余仲裁机构与约定仲裁机构在表述上均有较大区别。该情形应系当事人对仲裁机构的名称表述不规范，不影响双方当事人将争议提交北京仲裁委员会进行仲裁的意思表示，不会产生歧义，应当认定为仲裁机构约定明确。中科宇图公司以仲裁条款约定不明、双方之间没有仲裁协议为由请求撤销仲裁裁决的主张，不能成立。

(2)《仲裁法司法解释》第20条规定，《仲裁法》第58条规定的“违反法定程序”，是指违反《仲裁法》规定的法定程序和当事人选择的仲裁规则可能影响案件正确裁决的情形。中科宇图公司并未能提供充分证据证明仲裁程序违法，对其与此有关的主张，本院不予支持。

(3)当事人关于延期的请求是否能够准予、逾期提交的证据仲裁庭是否接受、鉴定申请是否准予等问题属于仲裁庭裁量权范畴，而非撤销仲裁裁决司法审查范围，本院不予审查。

案号：北京市第四中级人民法院(2021)京04民特294号民事裁定书。

5. 隐瞒证据和枉法裁判的认定标准

裁判规则：

隐瞒了足以影响公正裁决的证据需要有证据证明；枉法裁判以生效文书为准；独立的诉求应单独主张，非撤裁事由。

(1)被申请人是否隐瞒了足以影响公正裁决的证据

本院认为，构成《仲裁法》第58条第1款第5项规定的“对方当事人隐瞒了足以影响公正裁决的证据”的情形，需符合以下几个要件：第一，该证据属于认定案件基本事实的主要证据；第二，该证据仅为对方当事人掌握，但未向仲裁庭提交；第三，仲裁过程中知悉存在该证据，且要求对方当事人出示或者请求仲裁庭责令提交，但对方当事人无正当理由未予出示或者提交。申请人在本案中主张被申请人隐瞒了双方达成分期付款合意的证据，但首先，申请人未向本院提交其所谓隐瞒的上述证据的具体载体及内容，本

院无从判断该证据是否真实存在，亦无法结合证据内容来判断该证据是否会对仲裁裁决的结果造成实质性影响。其次，若该证据确实存在，则申请人作为达成合意的当事方亦应持有该证据，其完全可以在仲裁中进行举证，故该证据不属于仅为被申请人单方掌握的证据。反之，若该证据不存在，则自然也不存在被申请人隐瞒证据的情形。因此，申请人主张被申请人隐瞒了足以影响公正裁决的证据，缺乏事实和法律依据，本院不予支持。

(2)仲裁员是否存在枉法裁决的行为

本院认为，根据最高人民法院《关于审理仲裁司法审查案件若干问题的规定》第18条的规定，《仲裁法》第58条规定的“仲裁员在仲裁该案时有索贿受贿，徇私舞弊，枉法裁决行为”是指已经由生效刑事法律文书或者纪律处分决定所确认的行为。本案中，申请人虽主张仲裁员存在枉法裁决的行为，但未能按上述规定提交相应的证据证明，而其陈述的所谓“枉法裁决”的事由均系针对案件事实认定、法律适用提出的异议，该些异议不在申请撤销仲裁裁决案件的审查范围之内，本院无权作出评判。对仲裁裁决不认同并不代表仲裁员存在枉法裁决的行为，申请人的该项主张缺乏证据佐证，本院不予支持。

此外，被申请人在本案中以仲裁庭错误认定支付主体为由，主张仲裁员存在枉法裁决的行为，并据此要求撤销仲裁裁决。对此，本院认为，被申请人的上述意见实质上已构成独立的诉请，而非针对申请人提出的撤销仲裁裁决的申请所作的抗辩，若其认为本仲裁裁决存在可撤销的情形，应当另行提出撤销仲裁裁决的申请。在被申请人未提出申请的情况下，本院对其陈述的上述意见不作审查和评判。

案号：上海市第一中级人民法院(2020)沪01民特699号民事裁定书。

五、案外人对仲裁裁决不服的救济途径

1. 案外人对执行依据仲裁裁决不服不应当通过执行异议之诉程序救济，而应向人民法院申请不予执行仲裁裁决

《民事诉讼法》第234条规定：“执行过程中，案外人对执行标的提出书面异议的，人民法院应当自收到书面异议之日起十五日内审查，理由成立的，裁定中止对该标的的执行；理由不成立的，裁定驳回。案外人、当事人对裁定不服，认为原判决、裁定错误的，依照审判监督程序办理；与原判决、裁定无关的，可以自裁定送达之日起十五日内向人民法院提起诉讼。”依照前述规定，案外人对执行依据不服的，不应当通过执行异议之诉程序救济，而应当通过审判监督程序办理。但是，本案特殊之处在于，一方面，本案执行依据为仲裁裁决，现行法律仅赋予仲裁当事人可以申请撤销仲裁裁决，案外人无法通过该程序申请撤销仲裁裁决，也无法通过审判监督程序抑或是第三人撤销之诉制度纠正仲

裁裁决。另一方面，陈某某提出执行异议的时间是在 2015 年，此时法律、司法解释并未明确规定案外人申请不予执行仲裁裁决应通过何种程序寻求救济，加之在原审审理过程中当事人均未提交《退房协议》，未对生效仲裁裁决是否错误提出异议，因此，原审法院通过执行异议之诉对本案进行审理，并无不当。

对于案外人申请不予执行仲裁裁决的救济程序，2018 年 3 月 1 日起施行的最高人民法院《关于人民法院办理仲裁裁决执行案件若干问题的规定》明确赋予案外人可以通过申请不予执行仲裁裁决程序寻求救济的权利。

案号：最高人民法院（2020）最高法民申 62 号民事裁定书。

2. 诉讼请求虽不符合案外人执行异议之诉的受理条件，但符合案外人申请不予执行仲裁裁决的受理条件，应当按照案外人申请不予执行仲裁裁决进行立案审查

本院再审认为，一审、二审法院按照案外人执行异议之诉受理本案并作出实体判决，程序错误、适用法律明显不当。

陈某某在一审的诉讼请求中明确提出不予执行（2015）绵仲裁字第 197 号仲裁裁决，并主张聚鑫公司与唐某某之间不存在真实的房屋买卖合同关系，仲裁程序违法、裁决结果侵害了其合法权益。因此陈某某的诉讼请求与执行依据有关，根据《民事诉讼法司法解释》第 305 第 1 款第 2 项之规定，陈某某的起诉不符合案外人提起执行异议之诉的受理条件。而陈某某提出的其他关于聚鑫公司为其办理预告登记、权属证书及交付房屋、支付逾期交房违约金的诉讼请求，并非请求确认其权利，亦不属于《民事诉讼法司法解释》第 312 条第 2 款规定的可以在案外人执行异议之诉中一并审理的范围。一审、二审法院按照案外人执行异议之诉受理本案并作出实体判决，适用法律错误。

最高人民法院《关于人民法院办理仲裁裁决执行案件若干问题的规定》第 2 条第 3 款规定："被执行人、案外人对仲裁裁决执行案件申请不予执行的，负责执行的中级人民法院应当另行立案审查处理。"第 9 条规定："案外人向人民法院申请不予执行仲裁裁决或者仲裁调解书的，应当提交申请书以及证明其请求成立的证据材料，并符合下列条件：（一）有证据证明仲裁案件当事人恶意申请仲裁或者虚假仲裁，损害其合法权益；（二）案外人主张的合法权益所涉及的执行标的尚未执行终结；（三）自知道或者应当知道人民法院对该标的采取执行措施之日起三十日内提出。"该司法解释于 2018 年 3 月 1 日起施行，尚未执行终结的执行案件，适用该规定。考虑到陈某某起诉时，尚未出台该司法解释，按照当时的法律规定，其只能通过提出执行异议和执行异议之诉寻求权利救济。而新的司法解释施行之时，陈某某已提起上诉，二审法院也于 2018 年 10 月 9 日受理立案。对于在两审程序之间新出台的程序性规定，不宜苛求当事人在"自知道或应当知道人民法院对该标的采取执行措施之日起三十日内"向执行法院提交申请书，申请不予执行仲裁裁决。且陈某某的起诉状中已明确提出了不予执行仲裁裁决的主张，可视

为其已向人民法院提出了不予执行仲裁裁决的申请。本案已经历了一审、二审和再审，若再简单驳回当事人起诉则不利于当事人的权利保护。从有利于新、旧程序衔接，减轻当事人诉累的角度出发，本院认为，陈某某的请求虽不符合案外人执行异议之诉的受理条件，但符合案外人申请不予执行仲裁裁决的受理条件。一审法院作为案涉仲裁裁决的执行法院，应当对本案按照案外人申请不予执行仲裁裁决进行立案审查。

案号：最高人民法院（2020）最高法民再 28 号民事裁定裁定书。

3. 案外人主张驳回执行申请，不属于案外人异议的审查范围

裁判规则：

案外人申请不予执行仲裁裁决应当同时具备的四个条件，人民法院应当据此进行审查，只有符合上述法定条件的，才可以裁定不予执行。本案中，李某一作为案外人申请不予执行仲裁裁决，从其提交的证据来看，仅能证明其与李某二签订了《房屋买卖合同》以及其占有使用涉案房屋的情况。且根据查明的事实，李某一曾以相同理由向北京市第三中级人民法院提出案外人异议，主张对涉案房屋的所有权，该异议已被北京市第三中级人民法院裁定驳回。因此，本案不符合不予执行的条件，李某一提出不予执行仲裁裁决的申请缺乏事实和法律依据。李某一作为案外人主张驳回执行申请，不属于案外人异议的审查范围。如李某一认为李某二不能履行《房屋买卖合同》致使其合法权益受到侵害，应当通过法律规定的其他途径寻求救济。

案号：最高人民法院（2019）最高法执监 241 号执行裁定书。

4. 案外人申请不予执行仲裁裁决的主体资格审查

裁判规则：另一仲裁裁决的债权人，其可依据规定向法院申请不予执行本案仲裁调解书。

关于刘某某是否为提起申请不予执行本案仲裁裁决的适格主体。最高人民法院《关于人民法院办理仲裁裁决执行案件若干问题的规定》第 9 条规定："案外人向人民法院申请不予执行仲裁裁决或者仲裁调解书的，应当提交申请书以及证明其请求成立的证据材料，并符合下列条件：（一）有证据证明仲裁案件当事人恶意申请仲裁或者虚假仲裁，损害其合法权益；（二）案外人主张的合法权益所涉及的执行标的尚未执行终结；（三）自知道或者应当知道人民法院对该标的采取执行措施之日起三十日内提出。"本案案外人刘某某系基于对徐某某、恒增公司的债权申请不予执行本案仲裁调解书。该债权能否得到清偿与徐某某、恒增公司的清偿能力相关联。张某某与徐某某、恒增公司之间虚假仲裁的结果将导致徐某某、恒增公司清偿能力明显降低，影响到刘某某债权的实现。刘某某的合法债权不应排除于最高人民法院《关于人民法院办理仲裁裁决执行案件若干问题的规定》第 9 条规定的"合法权益"之外。因此，天津市高级人民法院认定刘某某不符合案外人申请不予执行仲裁调解书的法定条件错误，应当予以纠正。本案刘某

某作为另一仲裁裁决的债权人，其可依据规定向法院申请不予执行本案仲裁调解书。

案号：最高人民法院(2020)最高法执监10号执行裁定书。

5.最高人民法院《关于人民法院办理仲裁裁决执行案件若干问题的规定》实施前，案外人无权向人民法院申请不予执行仲裁裁决或者仲裁调解书

裁判规则：

最高人民法院《关于人民法院办理仲裁裁决执行案件若干问题的规定》第24条规定，本规定自2018年3月1日起施行，本院以前发布的司法解释与本规定不一致的，以本规定为准。本规定施行前已经执行终结的执行案件，不适用本规定；本规定施行后尚未执行终结的执行案件，适用本规定。根据上述规定，最高人民法院《关于人民法院办理仲裁裁决执行案件若干问题的规定》施行前，即2018年3月1日前，已经执行终结的执行案件，不适用最高人民法院《关于人民法院办理仲裁裁决执行案件若干问题的规定》。在最高人民法院《关于人民法院办理仲裁裁决执行案件若干问题的规定》实施前，案外人无权向人民法院申请不予执行仲裁裁决或者仲裁调解书。因此，宏恩公司只有依照最高人民法院《关于人民法院办理仲裁裁决执行案件若干问题的规定》的规定，才能向人民法院申请不予执行382号仲裁调解书。综上，本案所涉执行案件是否执行终结是认定本案能否适用最高人民法院《关于人民法院办理仲裁裁决执行案件若干问题的规定》的关键，东营市中级人民法院和山东省高级人民法院理应查明该事实。从东营市中级人民法院和山东省高级人民法院异议、复议案件查明的事实来看，以及驳回盛运公司的理由来看，东营市中级人民法院和山东省高级人民法院并未查明本案所涉执行案件是否终结执行的情况，即依据最高人民法院《关于人民法院办理仲裁裁决执行案件若干问题的规定》支持宏恩公司的不予执行申请，显属事实不清。

案号：最高人民法院(2020)最高法执监29号执行裁定书。

6.案外人申请不予执行仲裁裁决或仲裁调解书，限于"有证据证明仲裁案件当事人恶意申请仲裁或者虚假仲裁，损害其合法权益"的情形

裁判规则：

关于案外人要求不予执行仲裁调解书的问题。仲裁裁决一裁终局是其基本特征，相关法律和司法解释虽然对不服仲裁裁决规定了救济途径，但为维护仲裁制度本身的特点同时也明确了给予救济的特定情形。在执行程序中，不予执行仲裁裁决或仲裁调解书一般为仲裁当事人的一种法定救济途径，对于案外人的救济，根据最高人民法院《关于人民法院办理仲裁裁决执行案件若干问题的规定》第9条"案外人向人民法院申请不予执行仲裁裁决或者仲裁调解书的，应当提交申请书以及证明其请求成立的证据材料，并符合下列条件：(一)有证据证明仲裁案件当事人恶意申请仲裁或者虚假仲裁，损害其合法权益；(二)案外人主张的合法权益所涉及的执行标的尚未执行终结；

(三)自知道或者应当知道人民法院对该标的采取执行措施之日起三十日内提出”和第18条“案外人根据本规定第九条申请不予执行仲裁裁决或者仲裁调解书,符合下列条件的,人民法院应当支持:(一)案外人系权利或者利益的主体;(二)案外人主张的权利或者利益合法、真实;(三)仲裁案件当事人之间存在虚构法律关系,捏造案件事实的情形;(四)仲裁裁决主文或者仲裁调解书处理当事人民事权利义务的结果部分或者全部错误,损害案外人合法权益”的规定,案外人申请不予执行仲裁裁决或仲裁调解书,限于“有证据证明仲裁案件当事人恶意申请仲裁或者虚假仲裁,损害其合法权益”情形。这里的恶意仲裁、虚假仲裁指当事人之间的实体债权债务关系虚假或者双方恶意串通进行仲裁,中交一航一公司所提异议主要是认为仲裁调解书中关于票据的部分内容涉嫌恶意,在其发出公告表明案涉电子商业承兑汇票涉嫌诈骗不予承兑后,仲裁各方仍确认质权,存在恶意或重大过失,不符合前述规定的情形及证明标准,不足以认定仲裁调解书当事人恶意申请仲裁。至于案涉电子商业承兑汇票关系是否涉及刑事案件从而应当中止执行,其在异议时未提出,复议裁定认为其可以另行提出并无不当。

案号:最高人民法院(2019)最高法执监518号执行裁定书。

六、仲裁裁决执行

1. 对执行依据的实体审查,不属于执行异议、复议程序应依法审查的范围,异议、复议程序不能予以审查

对执行依据的实体审查,不属于执行异议、复议程序应依法审查的范围,异议、复议程序不能予以审查。

本院认为,本案农行大连分行对案涉中山大厦享有优先受偿权是据以执行的(2006)大仲字第246250号仲裁裁决所确定的。恒元大酒店公司提出异议、复议及向本院申诉,其主要理由是针对本案执行依据,主张仲裁裁决确认农行大连分行对中山大厦享有优先受偿权错误,损害其作为中山大酒店公司债权人的利益,不应得到执行。因恒元大酒店公司向大连市中级人民法院提出异议时,当时司法解释尚未确立案外人申请不予执行仲裁裁决制度,因此辽宁市高级人民法院认为主张执行依据错误,不属于执行异议程序的审查处理范围,大连市中级人民法院不受理其异议,并无不当。2018年3月1日最高人民法院《关于人民法院办理仲裁裁决执行案件若干问题的规定》施行后,恒元大酒店公司针对本案仲裁裁决,已另行提出不予执行申请,大连市中级人民法院已经受理并作出裁定,相关主张应在另案中审查处理。

案号:最高人民法院(2018)最高法执监437号执行裁定书。

2. 法院不能依职权裁定不予执行仲裁裁决，亦不能适用执行异议、复议程序审查

裁判规则：

本院认为本案的焦点问题有两个：一是人民法院能否依职权以涉嫌非法集资犯罪为由对仲裁裁决不予执行；二是适用执行异议、复议程序审查不予执行仲裁裁决裁定是否正确。

(1)关于人民法院能否依职权以涉嫌非法集资犯罪为由对仲裁裁决不予执行的问题

对于被执行人申请撤销仲裁裁决被驳回后，执行法院能否依职权裁定不予执行仲裁裁决的问题。《民事诉讼法》第 237 条第 2 款及第 3 款规定了不予执行生效仲裁裁决的法定情形，包括：第一，当事人在合同中没有订有仲裁条款或者事后没有达成书面仲裁协议的；第二，裁决的事项不属于仲裁协议的范围或者仲裁机构无权仲裁的；第三，仲裁庭的组成或者仲裁的程序违反法定程序的；第四，裁决所根据的证据是伪造的；第五，对方当事人向仲裁机构隐瞒了足以影响公正裁决的证据的；第六，仲裁员在仲裁该案时有贪污受贿、徇私舞弊、枉法裁决行为的。人民法院认定执行该裁决违背社会公共利益的。一般认为，人民法院只有在仲裁裁决违背公共利益的情况下，方可依职权裁定不予执行仲裁裁决。根据湖南省高级人民法院查明的事实，本案系民间借贷纠纷案件，申请执行人邓某某及被执行人师大附中耒阳分校均未发现存在涉嫌非法集资的行为事实。衡阳市中级人民法院异议裁定称“在执行过程中发现该案涉及非法集资，公安机关已立案侦查”，湖南省高级人民法院复议裁定称“邓某某与师大附中耒阳分校之间仅存在民间借贷关系，涉嫌非法集资犯罪的系案外人鼎和担保公司”，本案不存在执行主体或执行标的涉犯罪线索的情形。即便认为本案涉嫌非法集资犯罪嫌疑，根据《关于办理非法集资刑事案件若干问题的意见》第 7 条第 2 款的规定，亦应当裁定中止执行，将有关材料移送公安机关或者检察机关，而不属于对仲裁裁决裁定不予执行的情形。因此，衡阳市中级人民法院依职权以本案涉及非法集资犯罪为由认定应不予执行仲裁裁决属认定事实及适用法律错误。

(2)关于适用执行异议、复议程序审查不予执行仲裁裁决裁定的问题

《民事诉讼法》第 244 条第 5 款规定：“仲裁裁决被人民法院裁定不予执行的，当事人可以根据双方达成的书面仲裁协议重新申请仲裁，也可以向人民法院起诉。”最高人民法院《关于人民法院办理仲裁裁决执行案件若干问题的规定》第 22 条第 1 款：“人民法院裁定不予执行仲裁裁决、驳回或者不予受理不予执行仲裁裁决申请后，当事人对该裁定提出执行异议或者申请复议的，人民法院不予受理。”据此，不予执行仲裁裁决执行裁定，是从实体上否定了仲裁裁决的效力，如对该裁定不服的，只能重新申请仲裁或向人民法院起诉，不应适用执行异议、复议程序进行审查。衡阳市中级人民法院及湖南省

高级人民法院适用执行异议、复议程序审查本案错误。

同时,根据最高人民法院《关于仲裁司法审查案件报核问题的有关规定》第2条第2款的规定:“各中级人民法院或者专门人民法院办理非涉外涉港澳台仲裁司法审查案件,经审查拟认定仲裁协议无效,不予执行或者撤销我国内地仲裁机构的仲裁裁决,应当向本辖区所属高级人民法院报核;待高级人民法院审核后,方可依高级人民法院的审核意见作出裁定。”本案衡阳市中级人民法院经审查拟对仲裁裁决不予执行后,未向湖南省高级人民法院报核,未经湖南省高级人民法院审核直接作出不予执行仲裁裁决的执行裁定,确属不当。另申诉人提出复议案件立案后未向其发受理通知书的问题,经查属实,亦属不当。

案号:最高人民法院(2020)最高法执监93号执行裁定书。

3. 仲裁裁决执行管辖错误应依法纠正,不予执行仲裁裁决审查遗漏异议请求应当予以审查

裁判规则:

(1)关于望花法院受理执行案件是否违反管辖规定的问题。《仲裁法司法解释》第29条规定,当事人申请执行仲裁裁决案件,由被执行人住所地或者被执行的财产所在地的中级人民法院管辖。本案中,申请执行人申请执行的是抚顺仲裁委员会作出的抚仲字(2015)第139号裁决书,申请执行人理应依法向被执行人所在地或者被执行的财产所在地的中级人民法院申请执行。执行程序中,执行法院发现本院确无管辖权的,应当撤销案件,并告知申请执行人向有管辖权的人民法院申请执行,或者将案件移送有管辖权的人民法院执行。申诉人虽并未在规定期限内提出管辖权异议,但在执行监督程序中发现,属于执行监督的内容,因此,执行法院应当在查明事实的基础上,依法予以纠正。

(2)关于异议程序中是否遗漏奇奥丰公司请求的问题。本案中,根据查明的事实,抚顺市中级人民法院受理异议案件时,申请不予执行仲裁裁决的申请人为许某某、奇奥丰公司,但抚顺市中级人民法院在异议审查及异议执行裁定中,并未对奇奥丰公司的请求进行审查,抚顺市中级人民法院(2018)辽04执异106号裁定遗漏了奇奥丰公司异议请求。根据《异议、复议规定》第23条第1款第4项的规定,异议裁定遗漏异议请求或者存在其他严重违反法定程序的情形,应裁定撤销异议裁定,发回作出裁定的人民法院重新审查。本案中,辽宁省高级人民法院作出的(2018)辽执复228号裁定对此未依法作出相应处理,显属错误,应予撤销。

案号:最高人民法院(2019)最高法执监177号执行裁定书。

4. 未履行土地拆迁清理义务,不属于执行内容不明确驳回执行申请的情形

未履行土地拆迁清理义务,在强制执行过程中,确有特殊情况、符合中止或终结本

次执行程序条件的,可以依法中止或终结本次执行程序,但不得以“裁决不具有可执行性”为由而拒不执行,否则将陷入当事人不自动履行就不能强制执行的悖论。

裁判规则:

最高人民法院《关于人民法院办理仲裁裁决执行案件若干问题的规定》第 3 条规定:“仲裁裁决或者仲裁调解书执行内容具有下列情形之一导致无法执行的,人民法院可以裁定驳回执行申请;导致部分无法执行的,可以裁定驳回该部分的执行申请;导致部分无法执行且该部分与其他部分不可分的,可以裁定驳回执行申请。(一)权利义务主体不明确;(二)金钱给付具体数额不明确或者计算方法不明确导致无法计算出具体数额;(三)交付的特定物不明确或者无法确定;(四)行为履行的标准、对象、范围不明确。仲裁裁决或者仲裁调解书仅确定继续履行合同,但对继续履行的权利义务,以及履行的方式、期限等具体内容不明确,导致无法执行的,依照前款规定处理。”本案中,执行依据青岛仲裁委青仲裁字(2016)第 479 号仲裁裁决第一项裁决内容为,崂山自然资源局应继续履行案涉合同,于该裁决送达之日起 6 个月内完成对案涉土地尚存的地面附着物的拆迁清理义务并向华建公司交付案涉土地。该裁决内容的权利义务主体明确,交付标的确定,履行标准、对象、范围明确,不属于最高人民法院《关于人民法院办理仲裁裁决执行案件若干问题的规定》第 3 条有关驳回仲裁裁决执行申请的情形,崂山自然资源局认为青岛仲裁委青仲裁字(2016)第 479 号仲裁裁决第一项裁决内容不具有可执行性的主张不成立,青岛市中级人民法院、山东省高级人民法院依据最高人民法院《关于人民法院办理仲裁裁决执行案件若干问题的规定》第 3 条驳回华建公司的执行申请系认定事实错误,适用法律不当,应予纠正。

根据青岛仲裁委青仲裁字(2016)第 479 号仲裁裁决第一项,崂山自然资源局应于该裁决书送达之日起 6 个月内完成相应的拆迁清理义务并向华建公司交付案涉土地。如果崂山自然资源局未在该生效仲裁裁决限定的期限内完成相应的拆迁清理义务,则执行法院应当根据申请执行人的申请强制崂山自然资源局履行,而并非是由执行法院直接去完成该拆迁清理义务,因此,青岛市中级人民法院关于“房屋征收与补偿工作依照法定程序由相关人民政府负责,故对于人民法院而言,该项裁决不具有可执行性”的裁判理由不能成立。诚然,崂山自然资源局作为行政主管部门,在履行拆迁清理义务过程中要依照法定程序进行,但这并不意味着其可以此为由拒不履行生效仲裁裁决确定的义务,也不意味着执行法院可以此为由拒不执行,如果在强制执行过程中,确有特殊情况、符合中止或终结本次执行程序条件的,可以依法中止或终结本次执行程序,但不得以“裁决不具有可执行性”为由而拒不执行。同理,在崂山自然资源局未按生效仲裁裁决确定的期限完成拆迁清理义务的情况下,执行法院应该依法强制其履行义务,而不能将其义务未履行视为尚不具备执行条件,否则无异于是对不履行义务行为持消极放任态度，陷入当事人不自动履行就不能强制执行的逻辑悖论。故山东省高级人民法院关于“在崂山自然资源局对拆迁工件未完成的情况下，该案还不具备执行的条件”的裁判理由亦不能成立。

案号：最高人民法院（2019）最高法执监 289 号执行裁定书。

5. 法院有权依职权审查执行依据仲裁调解书是否违背公共利益

裁判规则：

根据最高人民法院《关于人民法院办理仲裁裁决执行案件若干问题的规定》第 17 条的规定，被执行人申请不予执行仲裁调解书或者根据当事人之间的和解协议、调解协议作出的仲裁裁决，人民法院不予支持，但该仲裁调解书或者仲裁裁决违背社会公共利益的除外。因此，九江市中级人民法院有权对涉案仲裁调解书是否违背公共利益进行审查。根据最高人民法院《关于仲裁司法审查案件报核问题的有关规定》第 3 条的规定，以违背社会公共利益为由不予执行或者撤销我国内地仲裁机构的仲裁裁决，应当向本院报核，待本院审核后，方可依本院的审核意见作出裁定。经查，九江市中级人民法院（2017）赣 04 执异 25 号执行裁定，未向本院报核，亦未经江西省高级人民法院审核，故该院作出不予执行仲裁调解书的裁定违反法定程序。

案号：最高人民法院（2019）最高法执监 82 号执行裁定书。

七、其他

1. 案件事实和证据的认定属于仲裁庭判断范围

裁判规则：

关于恒元大酒店公司提出的《最高额抵押合同》仅经董事会决议而未经股东会决议是否应为无效问题，此属于法律适用问题，在不存在虚构法律关系、捏造案件事实的情况下，仲裁庭有权根据具体案件情况进行判断。

案号：最高人民法院（2019）最高法执监 52 号执行裁定书。

2. 仲裁庭就证据的认定并不属于撤销仲裁裁决案件的审理范围

裁判规则：

关于仲裁程序是否违反法定程序，本院认为，《上海仲裁委员会仲裁规则》第 36 条第 2 款所规定的证据的认定并不属于就程序性事项的规定，亦不属于针对仲裁庭行为的禁止性规定，而是就仲裁庭认定证据的指引性、赋权性规定。根据该规定，仲裁庭有权综合案件整体情况认定证据。而仲裁庭对于在案证据的认定系案件实体审理的范畴，除《仲裁法》第 58 条第 1 款第 4 项、第 5 项规定的情形外，仲裁庭就证据的认定并不属于撤销仲裁裁决案件的审理范围。因此，对延锋百利得公司该项撤裁理由，本院不予采纳。

案号：上海市第一中级人民法院(2021)沪01民特135号民事裁定书。

3. 分别通过仲裁与诉讼主张权利是否构成重复主张权利的判断

裁判规则：

是否构成重复主张权利，应以主张权利的基础、权利针对的对象等因素判断。

本案是与南京仲裁委员会(2015)宁裁字第344－16号案件是否构成锐懿公司重复主张权利，锐懿公司能否在本案中就144604844.07元再提起诉讼的问题。本院认为，锐懿公司提起本案诉讼不是就南京仲裁委员会(2015)宁裁字第344－16号案件的裁决事项重复主张权利，锐懿公司可以提起本案诉讼。理由是：一方面，南京仲裁委员会(2015)宁裁字第344－16号裁决书是就锐懿公司与星联公司等之间《委托贷款借款合同》项下未偿还款项进行的裁决。在该仲裁案件中，锐懿公司是要求星联公司偿还《委托贷款借款合同》项下的本金和利息等款项。锐懿公司主张权利的基础是其与星联公司之间的委托贷款法律关系，权利针对的对象是委托贷款债务人星联公司。另一方面，为了实现委托贷款涉及款项的偿还，锐懿公司与星联公司在该委托贷款法律关系之外又签订了本案中所涉的《BT款转让协议》。锐懿公司在本案中以债权转让为基础主张权利，权利对象是上述安投公司等三单位。锐懿公司在仲裁案件中主张权利的基础、权利针对的对象与本案均不一致，本案不属于锐懿公司重复主张权利的案件。安投公司等三单位主张以锐懿公司重复主张权利为由请求法院驳回锐懿公司诉讼请求，不能成立。

案号：最高人民法院(2018)最高法民终1255号民事判决书。

4. 仲裁裁决也应裁决承担迟延履行期间债务利息

裁判规则：迟延履行债务利息是法定义务，仲裁裁决作为执行依据也应依法计算。

关于二十一中学应否承担迟延履行期间债务利息的问题。根据《民事诉讼法》(2017)第253条、《民事诉讼法司法解释》第506条及最高人民法院《关于执行程序计算迟延履行期间的债务利息适用法律若干问题的解释》第2条的规定，被执行人未按判决、裁定和其他法律文书指定的期间履行给付金钱义务的，应当加倍支付迟延履行期间的债务利息。被执行人迟延履行的，迟延履行期间的利息自判决、裁定和其他法律文书指定的履行期间届满之日起计算。生效法律文书未确定履行期间的，自法律文书生效之日起计算。根据上述法律规定，支付迟延履行期间的债务利息是被执行人未如期履行执行依据确定的金钱债务所应承担的法定义务，迟延履行期间的债务利息应严格依照法律及司法解释规定的方式计算。本案中，根据已查明的事实，2010年11月21日，石嘴山仲裁委员会作出331号仲裁裁决，裁决二十一中学向二建公司支付利息补贴及违约金、窝工损失费及违约金、招投标费。在执行过程中，二十一中学与二建公司于2012年6月10日达成执行和解协议，但并未按照该和解协议履行完毕。2015年2月4

日恢复执行后,2015 年底才履行完毕,执行法院认定二十一中学应承担本案恢复执行后至实际履行完毕之间的迟延履行债务利息,具有事实和法律依据。二十一中学关于其不应向二建公司支付迟延履行期间的债务利息的申诉主张不能成立。

案号:最高人民法院(2019)最高法执监 446 号执行裁定书。

5. 当事人迟到未按缺席程序审理,并非违反法定程序的情形,仲裁司法审查是有限监督

裁判规则:

关于申请人提出的当事人迟到的问题,根据《仲裁规则》第 44 条的规定,未经仲裁庭准许,当事人参加庭审迟到半小时以上的,可视为缺席该次庭审,仲裁庭可以进行缺席审理。上述规则并非强制性规定,实质系赋权性规定,即赋予仲裁庭享有自行决定是否就该种情况进行缺席审理的权利。实际上,当事人能够出庭参加庭审有利于查清案件事实,仲裁庭决定待当事人到达后再就案件进行审理系基于对案情持有谨慎的态度并希望能够全面查清案件事实。申请人提出的该主张并无事实依据,故本院对申请人的该主张不予采纳。

此外,需要指出的是,仲裁实行一裁终局的制度,人民法院对于申请撤销仲裁裁决案件的审查并不是仲裁的上诉审或再审,故适用的程序、审查的范围均不同于民事诉讼中的二审或再审。基于仲裁一裁终局的性质和对当事人意思自治的尊重,法律规定司法对仲裁的监督实行有限监督的原则,人民法院对申请撤销仲裁裁决案件的审查仅限于我国《仲裁法》第 58 条规定的情形,对于超出该条规定的事由,法院无权进行审查和认定。同时,在审查时以被动审查和形式审查为主,即仅根据当事人的主张和举证进行审查,而不能主动干预;在审查时除《仲裁法》第 58 条所列情形涉及的相关事实外,一般不对仲裁案件的事实、法律适用进行审查。申请人在本案中提出的大部分主张已经超出了申请撤销仲裁裁决案件的审查范围,本院无权作出评判。既然当事人约定将争议提交仲裁解决,则仲裁庭对双方的争议拥有裁决权,这也是当事人通过仲裁解决纠纷所应当承受的结果。

案号:上海市第一中级人民法院(2021)沪 01 民特 171 号民事裁定书。

6. 未对当事人的诉讼权利和义务造成实质影响的程序问题不进行重审

裁判规则:

根据法院审理查明的事实,在上海仲裁委员会受理(2018)沪仲案字第 3031 号仲裁案件后,沧州天佑公司以《四方协议》上加盖的其公司公章系伪造、相关仲裁条款对其不成立、不生效为由,向上海仲裁委员会提出管辖权异议。上海仲裁委员会经审理作出仲裁决定书,对相关仲裁协议的效力作出了相应认定。沧州天佑公司上诉称,其仅向仲裁机构提出管辖权异议,并未提出确认仲裁协议效力的申请,仲裁决定书也仅对管辖权

异议作出处理，并未对仲裁协议的效力作出决定，故其仍有权请求人民法院对仲裁协议的效力进行确认。对此，本院认为，仲裁协议效力是确定仲裁管辖权的基础，仲裁决定书对仲裁机构就案件作出有权管辖决定的同时，实质上也就意味着其对仲裁协议的效力作出了确认。尽管仲裁机构对相关证据仅作了表面的形式审查，但其已对管辖权争议作出了明确的程序性决定，其中隐含了对仲裁协议效力的确认。依照《仲裁法司法解释》第 13 条第 2 款之规定，仲裁机构对仲裁协议的效力作出决定后，当事人向人民法院申请确认仲裁协议效力或者申请撤销仲裁机构的决定的，人民法院应当不予受理。据此，沧州天佑公司要求人民法院再就仲裁协议效力进行确认的上诉请求于法无据，本院不予支持。如果沧州天佑公司日后对仲裁机构作出的实体裁决仍有异议，可依法另行主张权利。需要指出的是，一审法院在审理本案过程确实存在未按规定向当事人告知合议庭组成人员和裁定书遗漏告知当事人上诉权的问题，应在今后的审判活动中加以改进。但上述程序瑕疵尚未对当事人的诉讼权利和义务造成实质影响，亦未影响本院对于本案二审的依法处理。为了有利于本案纠纷的及时解决、节约诉讼成本，不宜仅就上述程序问题再进行重审。

案号：上海市高级人民法院(2019)沪民终 334 号民事裁定书。

附录：常用商事仲裁相关法律、司法解释和文件

一、全国人大法律及党中央和国务院相关文件

1.《中华人民共和国仲裁法》/(2017 年修正)

2. 中共中央办公厅、国务院办公厅印发《关于完善仲裁制度提高公信力的若干意见》/(2019 年版)

3. 国务院办公厅《关于贯彻实施〈中华人民共和国仲裁法〉需要明确几个问题的通知》/(1996 年版)

4.《仲裁委员会仲裁暂行规则和示范文本》/(1995 年版)

5.《仲裁委员会章程示范文本》/(1995 年版)

6.《重新组建仲裁机构方案》/(1995 年版)

7.《仲裁委员会登记暂行办法》/(1995 年版)

8.《仲裁委员会收费办法》/国办发〔1995〕44 号

二、司法部文件

司法部印发《全国仲裁行业发展秩序清理整顿专项行动工作方案》/(2019 年版)

三、最高人民法院相关司法解释和文件

1. 最高人民法院《关于适用〈中华人民共和国仲裁法〉若干问题的解释》/法释〔2006〕7 号(2008 年修正)

2. 最高人民法院《关于建立健全诉讼与非诉讼相衔接的矛盾纠纷解决机制的若干意见》/法发〔2009〕45 号

3. 最高人民法院《关于正确审理仲裁司法审查案件有关问题的通知》/法〔2013〕194 号

4. 最高人民法院《关于仲裁司法审查案件报核问题的有关规定》/法释〔2017〕21 号、法释〔2021〕21 号

5. 最高人民法院《关于审理仲裁司法审查案件若干问题的规定》/法释〔2017〕22 号

6. 最高人民法院《关于仲裁司法审查案件归口办理有关问题的通知》/法〔2017〕152 号

7. 最高人民法院《关于人民法院办理仲裁裁决执行案件若干问题的规定》/法释

〔2018〕5 号

8. 最高人民法院《关于仲裁机构“先予仲裁”裁决或者调解书立案、执行等法律适用问题的批复》/法释〔2018〕10 号

9. 最高人民法院办公厅《关于确定首批纳入“一站式”国际商事纠纷多元化解决机制的国际商事仲裁及调解机构的通知》/法办〔2018〕212 号

10. 最高人民法院《关于内地与香港特别行政区法院就仲裁程序相互协助保全的安排》/法释〔2019〕14 号

11. 最高人民法院《关于贯彻执行〈最高人民法院内地与香港特别行政区法院就仲裁程序相互协助保全的安排〉的通知》/法〔2019〕207 号

12. 最高人民法院《关于适用〈中华人民共和国民事诉讼法〉的解释》/（2020 年修正，2022 年修正）

13. 最高人民法院《关于人民法院执行工作若干问题的规定（试行）》/（2020 年修正）

14. 最高人民法院《关于适用〈中华人民共和国民事诉讼法〉执行程序若干问题的解释》/（2020 年修正）

15. 最高人民法院《关于人民法院民事执行中查封、扣押、冻结财产的规定》/（2020 年修正）

16. 最高人民法院《关于人民法院民事执行中拍卖、变卖财产的规定》/（2020 年修正）

17. 最高人民法院《关于人民法院办理财产保全案件若干问题的规定》/（2020 年修正）

18. 最高人民法院《关于人民法院办理执行异议和复议案件若干问题的规定》/（2020 年修正）

19.《人民法院在线诉讼规则》/法释〔2021〕12 号

20. 最高人民法院《关于深化人民法院一站式多元解纷机制建设推动矛盾纠纷源头化解的实施意见》/法发〔2021〕25 号

四、部分仲裁机构仲裁规则及指引

1.《中国国际经济贸易仲裁委员会仲裁规则》（2015 年版）

2.《中国国际经济贸易仲裁委员会证据指引》

3.《北京仲裁委员会仲裁规则》

4.《上海仲裁委员会仲裁规则》

5.《广州仲裁委员会仲裁规则》（2021 年版）

6.《深圳国际仲裁院仲裁规则》
7.《武汉仲裁委员会仲裁规则》
8.《太原仲裁委员会仲裁规则》(2015 年版和 2021 年版)
9.《太原仲裁委员会办案细则》
10.《太原仲裁委员会收费及退费办法》
11.《哈尔滨仲裁委员会仲裁规则》
12.《石家庄仲裁委员会新版仲裁规则》
13.《济南仲裁委员会仲裁规则》(2020 年版)
14.《济南仲裁委员会金融仲裁规则》(2020 年版)
15.《西安仲裁委员会仲裁规则》
16.《长沙仲裁委员会仲裁规则》
17.《天津仲裁委员会仲裁暂行规则》(2014 年版)
18.《中国广州仲裁委员会网络仲裁规则》
19.《武汉仲裁委员会网上仲裁规则》
20.《深圳国际仲裁院网络仲裁规则》
21.《潍坊仲裁委员会互联网仲裁规则(试行)》
22.《长沙仲裁委员会网络仲裁规则》
23.《天津仲裁委员会建设工程合同纠纷案件仲裁指引》
24.《贵阳仲裁委员会仲裁规则》
25.《北京仲裁委员会/北京国际仲裁中心关于网上开庭的工作指引(试行)》
26.《青岛仲裁委员会仲裁规则》(2022 年版)
27.《烟台仲裁委员会仲裁规则》
28.《重庆仲裁委员会仲裁规则》
29.《汉中仲裁委员会仲裁规则》
30.《吕梁仲裁委员会仲裁规则》
31.《朔州仲裁委员会仲裁规则》
32.《晋城仲裁委员会仲裁规则》
33.《大同仲裁委员会仲裁规则》

参考文献

1. 北京仲裁委员会、北京国际仲裁中心编:《中国商事争议解决年度观察(2020)》,中国法制出版社 2020 年版。

2. 北京仲裁委员会、北京国际仲裁中心编:《中国商事争议解决年度观察(2019)》,中国法制出版社 2019 年版。

3. 最高人民法院民法典贯彻实施领导小组主编:《中华人民共和国民法典理解与适用》,人民法院出版社 2020 年版。

4. 孙巍:《中国仲裁法律与实务》(第 2 版),法律出版社 2020 年版。

5. 韩德云、彭瑶主编:《法律咨询》,法律出版社 2018 年版。

6. 梁慧星:《裁判的方法》(第 3 版),法律出版社 2017 年版。

7. 李乾贵、胡弘、吕振宝:《现代仲裁法学研究》,中国政法大学出版社 2018 年版。

后 记

仲裁是国际通行的当事人自治纠纷解决方式，是我国多元化纠纷解决机制和社会治理体系的重要组成部分，也是我国法治化、国际化、便利化营商环境的要素之一。仲裁更是律师的重要业务。随着执业年限和工作经验的增长，笔者对律师这一职业群体的社会生态有了更加深刻的理解和认识。法律服务的基础在于"信任"，法律服务的本质是寻找解释与适用法律规范解决实际问题。法律规范是"道"，法律适用方法是"术"。从法律适用来讲，都强调事实和法律的连接，虽然法律的表现形式不同，有成文法即法律条文，有判例法，但是在类案检索要求下，应当综合运用多种方式进行法律适用规则检索。法律适用中的关键问题都是法律规定的必备要素是否在本案中真实地存在，类案裁判规则适用的前提在于检索的类案与承办的个案具有可比性。法律适用的形式规律决定了法律适用的基本思路和框架是相通的，我们应该秉持开放的态度，持续学习，在个案中既能区别也能联系，取他人之所长、补己身之短。对律师而言，业务是律师生存与发展之基，服务与提升是律师永恒的两大主题，创造服务价值是律师的追求，在办案中修德精业方能提升执业能力。专业是承办具体业务的基本要求也是律师职业发展的追求，专业不是凭空而来的，而是需要投入、付出、坚持与包容，其间有出差奔波，也有挑灯夜战的辛劳，更有在几十万字甚至在上百万字里面搜索有价值信息或者观点的眼花缭乱。律师是个不断学习不断实践的职业，所有的业务学习都是为了实践（解决问题），而实践也往往是最好的学习途径。律师只有熟读熟知法律条文，结合个案认真思考、研究，才能准确理解适用，形成自己独特的办案风格和强有力的辩论技能。律师的很多工作在于学习、积累、消化和输出。培养、激发求知欲的同时养成良好的学习习惯，是律师执业能力提升的必修课。学习无止境，奋斗无止境。学习能力是律师的一项重要能力，这个学习不限于专业知识的学习和应用，而应该是对与服务对象、服务领域、服务事项密切相关的各方面知识的学习和应用。律师当用心记录在每一个办案节点上遇到的"知识点"，这是一项有关知识管理的系统性工作，需长期坚持学习、学习、再学习，积累、积累、再积累。路漫漫其修远兮，每天坚持有半个小时以上的阅读量，当从量的积累跨越到质的飞跃后，认知社会、认知客户、认知业务的能力，发现问题、提出问题、研究问题、解决问题的能力，逻辑思维判断的能力，语言文字表达的能力将会大大提升，这对于律师的执业生涯是非常有帮助的。一页纸的厚度可以忽略不计，但一本 365 页书的厚度就不可小觑，十本书的厚度则大为可观。一天积累一页纸，一年一本书，十年就是十本书。律师要养成及时总结积累办案经验的良好习惯,只有日积月累,长期沉淀,才会不断升华,不断进步。有书相伴,终身成长。任何时候,法律人买什么都不如买知识,积累什么都不如积累经验。

特别感谢原山西省司法厅律师管理处处长、山西省律师协会秘书长李原生先生在本书定位、命题、结构以及行文等方面给予的悉心指导与帮助,更要感谢律师届德高望重的仲裁专家、山西华炬律师事务所主任孙智先生欣然为本书作序。

每一本书的出版都离不开一群人的共同努力,感谢在本书写作过程给予指导和帮助的所有人。